外贸企业出口退税研究

刘健康　魏自花　吕慧芳　著

中国商务出版社
·北京·

图书在版编目（CIP）数据

外贸企业出口退税研究 / 刘健康，魏自花，吕慧芳
著 . -- 北京 : 中国商务出版社 , 2024. 8. -- ISBN 978-
7-5103-5307-9

Ⅰ . F812.424

中国国家版本馆 CIP 数据核字第 20243PB239 号

外贸企业出口退税研究

刘健康　魏自花　吕慧芳　著

出版发行：中国商务出版社有限公司

地　　址：北京市东城区安定门外大街东后巷 28 号　　邮　　编：100710

网　　址：http : //www.cctpress.com

联系电话：010-64515150（发行部）　　010-64212247（总编室）
　　　　　010-64515210（事业部）　　010-64248236（印制部）

责任编辑：吕　伟

排　　版：北京嘉年华文图文制作有限责任公司

印　　刷：北京印匠彩色印刷有限公司

开　　本：710 毫米 × 1000 毫米　1/16

印　　张：16.5　　　　　　　　　　字　　数：253 千字

版　　次：2024 年 8 月第 1 版　　　印　　次：2024 年 8 月第 1 次印刷

书　　号：ISBN 978-7-5103-5307-9

定　　价：79.00 元

前　言

在全球经济一体化的浪潮中，外贸企业作为连接国内外市场的桥梁，其健康稳定的发展对促进国际贸易发展、推动经济增长具有不可估量的价值。近年来，随着国际贸易环境的日益复杂多变，包括贸易保护主义的抬头、全球经济增速放缓及国际市场竞争的加剧，外贸企业面临着前所未有的挑战与机遇。在这样的背景下，如何有效利用国家政策支持，特别是出口退税政策，以降低成本、增强竞争力，成为外贸企业普遍关注的重要课题。

出口退税，作为国家为促进出口、优化出口产品结构而实施的一项重要财税政策，对外贸企业而言，不仅是减轻税负、增加现金流的直接手段，更是提升国际市场竞争力、促进产品结构升级的关键策略。通过退还出口商品在国内生产和流通环节中已缴纳的增值税和消费税，出口退税政策有效降低了出口产品的成本价格，使得我国商品在国际市场上更具价格优势，从而助力外贸企业开拓海外市场，扩大出口规模。

本书正是在这样的背景下应运而生，旨在全面而深入地剖析出口退税政策的内涵、发展历程、实施现状及其对外贸企业的影响。本书不仅详细阐述了出口退税政策的具体操作流程、注意事项及风险防控，还深入探讨了在当前国际贸易环境下，外贸企业如何灵活运用出口退税政策，优化财务管理结构，提升经营效益。

在撰写过程中，作者力求内容全面、准确，语言通俗易懂，使读者能够轻松掌握出口退税的精髓。同时，充分考虑到外贸企业在实际操作中可能遇到的各种问题与挑战，提出了更具针对性的解决方案与建议，希望能为外贸企业的健康发展贡献一分力量。

本书直接或间接借鉴了中外学者们的成功经验与学术成果，在此，向他们表示最诚挚的谢意。然而，由于出口退税政策涉及面广、变化频繁，加之作者自身学识与能力的局限，本书难免存在不足。在此，我们恳请广大读者不吝赐教，提出宝贵意见与建议，以便在未来的修订与完善中不断进步。

全书由商丘学院的刘健康、魏自花和吕慧芳撰写。具体分工如下：刘健康撰写第二章、第三章、第四章、第七章和第八章（共计11.1万字）；魏自花撰写第一章、第九章、第十章和第十一章（共计7.6万字）；吕慧芳撰写第五章和第六章（共计6.6万字）。

项目名称：新发展格局下河南外贸高质量发展测度与优化路径
项目负责人：刘健康
项目批准号：2024-ZDJH-337

项目名称：数字经济发展促进碳减排的机理与对策研究
项目编号：2025-ZDJH-392
负责人：魏自花

作者
2024年7月

目　录

第一章 绪论

第一节 研究背景与意义

一、全球化背景下外贸企业的发展趋势

在全球化的浪潮中，外贸企业作为连接国内外市场的桥梁，其发展趋势日益受到国际经济环境的影响。随着贸易自由化、投资便利化及区域经济一体化的深入发展，外贸企业面临着前所未有的机遇与挑战。一方面，全球市场的开放为外贸企业提供了更广阔的销售渠道和资源配置空间，使得企业能够利用国际资源优化生产结构，提升产品竞争力。另一方面，国际贸易环境的复杂多变，如贸易保护主义的抬头、国际贸易规则的调整等，也给外贸企业带来了诸多不确定性。因此，外贸企业需要紧跟全球化趋势，不断创新发展模式，提升核心竞争力。

在此背景下，外贸企业纷纷寻求转型升级的路径，从传统的产品出口向技术、品牌、服务等高附加值领域延伸。这一过程中，出口退税政策作为政府支持外贸发展的重要手段，其对外贸企业的引导作用愈发凸显。通过合理的退税政策，政府可以有效降低外贸企业的出口成本，增强其在国际市场上的价格竞争力，从而推动外贸企业更好地融入全球化进程，实现可持续发展。

二、出口退税政策在外贸企业中的作用

出口退税政策是国家为鼓励出口而制定的一项税收优惠政策，其核心在于退还出口商品在国内生产和流通过程中已缴纳的间接税。这一政策在外贸企业中发挥着至关重要的作用。

首先，出口退税政策直接减轻了外贸企业的税收负担，降低了出口成本。对于出口型企业而言，退税资金往往占据其经营现金流的重要部分，对于缓解企业资金压力和提高资金周转率具有重要意义。其次，退税政策增强了外贸企业的国际竞争力。在国际市场上，价格是企业竞争的关键因素之一。通过退税政策，外贸企业可以在保持利润水平的同时，以更具竞争力的价格销售产品，从而扩大市场份额，提升品牌影响力。最后，退税政策还促进了外贸企业的技术创新和产业升级。在退税政策的激励下，外贸企业有更多的资金投入到研发、设计、品牌建设等高附加值环节，推动产业结构向高端化、智能化方向发展。

三、出口退税制度研究对提升外贸竞争力的意义

出口退税制度研究不仅有助于深入理解退税政策的内在机理和运作机制，还为优化退税政策、提升外贸竞争力提供了重要的理论支撑和实践指导。

一方面，通过系统研究出口退税制度的历史沿革、现状问题及进行国际比较，可以揭示退税政策在促进外贸发展方面的作用机理和潜在问题。这有助于政策制定者更加科学地制定和调整退税政策，确保政策的有效性和针对性。另一方面，研究还可以为外贸企业提供实用的退税策略和管理方法。通过深入了解退税政策的操作流程、审核标准及风险防范措施，外贸企业可以更加高效地利用退税政策，降低退税成本，提高退税效率，从而进一步提升企业的国际竞争力。

四、当前外贸企业出口退税面临的机遇与挑战

当前，外贸企业在享受出口退税政策带来的机遇的同时，也面临着诸

多挑战。

从机遇方面来看，随着全球经济一体化的深入发展，国际贸易环境日益开放，为外贸企业提供了更加广阔的市场空间和发展机遇。同时，我国政府也在不断优化退税政策，提高退税效率和服务水平，为外贸企业提供了更加便捷、高效的退税服务。这些都有利于外贸企业降低出口成本、提升竞争力。

然而，挑战也同样不容忽视。一方面，国际贸易环境的复杂多变给外贸企业带来了诸多不确定性。如贸易保护主义的抬头、国际贸易摩擦的加剧等都可能影响外贸企业的出口业务。另一方面，退税政策本身也存在一些问题和不足。如退税政策频繁调整导致的不确定性、退税周期长资金占用成本高、退税审核程序复杂等问题都增加了外贸企业的运营成本和风险。因此，外贸企业需要密切关注国际贸易形势和政策动态，加强内部管理和风险防控能力，以应对这些挑战。

第二节　研究目的与问题提出

一、明确研究出口退税制度的目的与重要性

研究出口退税制度的目的，在于深入剖析这一政策工具在外贸企业运营中的核心作用与潜在影响，进而为政策制定者提供科学依据，以促进外贸行业健康、持续地发展。出口退税作为国际贸易中的重要激励机制，其直接目的是通过税收返还的方式，减轻外贸企业的出口成本负担，提升产品在国际市场上的竞争力。然而，更深层次的目的则在于通过政策引导，促进外贸企业优化产品结构，提高技术含量和附加值，推动产业升级和转型。

明确这一研究目的的重要性在于，它直接关系到外贸企业在全球经济一体化背景下能否抓住机遇、应对挑战，实现可持续发展。在全球贸易环境日益复杂多变的今天，出口退税政策作为政府宏观调控的重要手段之一，

其有效性和合理性直接关系到外贸企业的生存与发展。因此，通过深入研究出口退税制度，不仅可以为外贸企业提供实用的政策指导，还可以为政府优化政策环境、提升服务效能提供有力支持。

二、分析外贸企业在出口退税过程中遇到的主要问题

外贸企业在享受出口退税政策带来的实惠时，也面临着诸多问题和挑战。这些问题主要集中在以下几个方面：一是退税政策频繁调整带来的不确定性。由于国际贸易环境和国内经济形势的变化，出口退税政策往往需要适时调整以应对新情况、新问题。然而，这种频繁调整往往给外贸企业带来困扰，增加了企业的运营成本和风险。二是退税流程复杂、周期长。当前，出口退税流程涉及多个部门和环节，审核程序繁琐且耗时较长，导致企业资金占用成本增加，影响了企业的资金周转效率。三是退税信息不透明、不对称。部分外贸企业在退税过程中因信息不对称而难以准确把握政策动态和退税标准，从而增加了退税的难度和成本。

这些问题不仅影响了外贸企业的正常运营和发展，也制约了出口退税政策的有效实施。因此，深入分析这些问题产生的原因和根源，提出切实可行的解决方案，对于提升外贸企业的竞争力和促进出口退税政策的优化具有重要意义。

三、提出优化出口退税制度以支持外贸企业发展的具体问题

针对外贸企业在出口退税过程中遇到的主要问题，研究需要提出一系列具体的问题来探讨如何优化出口退税制度以更好地支持外贸企业发展。这些问题包括但不限于：如何平衡退税政策的稳定性和灵活性？如何简化退税流程、缩短退税周期以降低企业成本？如何加强退税信息的透明度和对称性以提高企业的政策把握能力？此外，还需要关注如何根据外贸企业的不同类型和特点制定差异化的退税政策以满足其个性化需求；如何加强跨部门协作和信息共享以提高退税效率和服务水平等问题。

这些问题的提出旨在引导研究深入剖析出口退税制度的内在机理和运

作机制，为政策制定者提供有针对性的政策建议和实践指导。通过优化出口退税制度，可以更好地发挥其在促进外贸企业发展、推动产业升级和转型中的积极作用。

四、研究问题的理论与实践价值探讨

研究出口退税制度及其优化问题不仅具有重要的理论价值，还具备显著的实践意义。从理论层面来看，该研究有助于丰富和完善国际贸易理论中关于政策工具及其效果评估的相关内容。通过深入探讨出口退税政策的内在机理和运作机制及其在不同情境下的实施效果，可以为国际贸易理论的发展提供新的视角和思路。同时该研究还有助于揭示政策制定与执行过程中的复杂性和不确定性因素，为政策领域的研究提供新的案例和素材。

从实践层面来看，该研究对于提升外贸企业的竞争力和促进出口退税政策的优化具有重要的现实意义。通过深入分析外贸企业在出口退税过程中遇到的主要问题并提出切实可行的解决方案，可以为外贸企业提供实用的政策指导，帮助其更好地应对国际贸易环境的挑战和机遇。同时该研究还可以为政府优化政策环境、提升服务效能提供有力支持，推动出口退税政策更加符合市场需求和企业实际情况，从而发挥更大的政策效应和社会价值。

第三节 研究方法与技术路线

一、文献综述法：梳理国内外出口退税制度研究成果

在研究方法的选择上，文献综述法作为本研究的基础性工具，对于全面把握国内外出口退税制度的研究现状、理论框架及实践经验具有重要意义。通过系统搜集、整理和分析国内外关于出口退税制度的学术论文、政策文件、研究报告及行业报告等文献资料，我们旨在梳理出口退税制度的发展历程、理论基础、政策演变及其实施效果。这一过程不仅有助于我们

了解出口退税制度的国内外差异和共性，还能为我们后续的研究提供坚实的理论支撑和丰富的实践参考。

在文献综述过程中，我们将重点关注以下几个方面：一是出口退税制度的理论基础，包括其产生的历史背景、理论依据及政策目标；二是国内外出口退税制度的比较研究，分析不同国家和地区在退税政策设计、实施机制及监管措施等方面的异同；三是出口退税制度的实施效果评估，探讨退税政策对企业出口行为、国际竞争力及宏观经济的影响；四是出口退税制度面临的挑战与改革方向，分析当前退税政策存在的问题和不足，提出优化建议。

通过文献综述法，我们能够形成对出口退税制度的全面认识，为后续研究提供坚实的理论基础和清晰的研究框架。

二、问卷调查法：收集外贸企业对退税制度的反馈

问卷调查法作为本研究的重要数据来源之一，旨在直接了解外贸企业对当前出口退税制度的满意度、需求及改进建议。通过设计科学合理的问卷，我们将针对外贸企业的不同规模、行业类型及经营特点进行广泛调研，收集第一手数据资料。

问卷内容将涵盖以下几个方面：一是外贸企业对出口退税政策的认知程度及满意度评价；二是企业在退税申请、审核及资金到账等环节的实际情况和遇到的问题；三是企业对退税政策优化方向的期望和建议；四是退税政策对企业出口业务及经营绩效的影响。

通过问卷调查法，我们能够获取大量真实、客观的数据资料，为深入分析外贸企业在出口退税过程中遇到的主要问题提供有力支持。同时，这些数据也将为政策制定者提供有价值的参考信息，帮助他们更好地了解企业需求和市场动态，从而制定出更加符合实际、更加有效的退税政策。

三、技术路线设计：从理论到实践的研究路径规划

本研究的技术路线设计将遵循从理论到实践、从宏观到微观的研究路

径规划。具体而言，我们将首先通过文献综述法梳理国内外出口退税制度的研究成果和理论基础；其次结合问卷调查法和数据分析技术对外贸企业的退税实践进行深入研究；最后基于研究结果提出优化出口退税制度的具体建议和政策建议。

在技术路线实施过程中，我们将注重以下几个方面的有机结合：一是理论分析与实证研究相结合，通过理论分析明确研究方向和重点问题，通过实证研究验证理论假设并发现新问题；二是定量分析与定性分析相结合，通过定量分析获取客观数据资料并进行统计分析以揭示规律性问题；通过定性分析深入剖析问题本质并提出有针对性的解决方案；三是多学科交叉融合研究方法的运用，充分借鉴经济学、管理学、法学等相关学科的研究成果和方法论工具，以拓宽研究视野和深化研究深度。

通过科学合理的技术路线设计，我们能够从多个角度、多个层面对出口退税制度进行深入研究和探讨，为政策制定者提供全面、系统、科学的研究报告和政策建议。

第二章 理论基础

第一节 出口退税制度的理论框架

一、出口退税的基本概念与基本原理

(一) 基本概念

出口退税,作为国际贸易中的一项重要政策工具,其基本概念涉及多个层面。从广义上讲,出口退税是指一国政府为鼓励本国产品出口,对出口商品在国内生产和流通过程中已缴纳的间接税(主要是增值税和消费税)予以退还或免征的一种税收制度。这一制度旨在消除出口商品在国际市场上的价格劣势,提高本国商品的国际竞争力,促进对外贸易的发展。

具体而言,出口退税的适用范围通常包括所有符合国家规定条件的出口商品。这些商品在出口前,其生产、加工、运输等环节均需要按照国内税法规定缴纳增值税和消费税。然而,当这些商品实际出口时,政府会根据出口退税政策,将其在国内已缴纳的税款部分或全部退还给出口企业。这样,出口商品在国际市场上的售价就可以不包含这些已退税的税款,从而以更具竞争力的价格参与国际竞争。

此外,出口退税还涉及一系列复杂的操作流程和监管机制。出口企业需要按照相关规定,向海关、税务等部门提交必要的出口单证和退税申请资料,经过审核确认无误后,方可获得退税款。同时,政府也会加强对出

口退税的监管力度，防止骗税、逃税等不法行为的发生，确保退税政策的公平性和有效性。

（二）基本原理

出口退税的基本原理主要基于以下几个方面：

（1）避免国际双重征税：在国际贸易中，如果出口商品在国内已经缴纳了增值税和消费税等间接税，而在进口国又被征收类似的税收，就会导致国际双重征税现象的发生。这不仅会增加出口商品的成本，降低其国际竞争力，还会阻碍国际贸易的顺畅进行。因此，通过实行出口退税政策，可以有效避免国际双重征税问题，促进国际贸易的公平发展。

（2）增强国际竞争力：出口退税政策通过退还出口商品在国内已缴纳的税款，降低了出口商品的成本和价格，从而提高了其在国际市场上的竞争力。这对于促进本国商品的出口、扩大国际市场份额具有重要意义。同时，出口退税政策还有助于优化出口商品结构，推动产业升级和转型发展。

（3）促进资源优化配置：出口退税政策可以引导企业根据市场需求和自身优势调整生产结构和产品结构，实现资源的优化配置。通过退还出口商品在国内已缴纳的税款，政府可以鼓励企业加大研发投入、提高产品质量和技术含量、开拓新兴市场等举措，以提升企业的国际竞争力和可持续发展能力。

（4）进行宏观调控：出口退税政策还是政府进行宏观调控的重要手段之一。政府可以通过调整出口退税率来影响出口商品的价格和数量，进而调节国际收支平衡、促进经济增长和就业等宏观经济目标的实现。例如，在经济增长放缓或外需不足的情况下，政府可以适当提高出口退税率以刺激出口增长；而在经济过热或通货膨胀压力较大的情况下，则可以适当降低出口退税率以控制出口规模、缓解通胀压力。

综上所述，出口退税作为国际贸易中的一项重要政策工具，其基本概念和基本原理均体现了政府对于促进出口、增强国际竞争力、优化资源配置及实现宏观调控目标等方面的考虑和安排。

二、出口退税制度的理论依据与政策目标

（一）理论依据

出口退税制度的理论依据主要根植于国际税收原则和国际贸易理论，其核心在于促进国际贸易的公平与效率。具体来说，这一制度主要基于以下两大理论支撑：

1.消费地课税原则

消费地课税原则是国际公认的国内商品课税原则，它强调对商品应在最终消费地进行征税，以避免双重征税现象的发生。在国际贸易中，如果出口商品在国内生产、流通环节已缴纳了增值税、消费税等间接税，而在进口国又被征收类似税收，则会导致双重征税，增加出口商品的成本，降低其国际竞争力。因此，根据消费地课税原则，出口国应对出口商品已缴纳的国内间接税予以退还，以确保出口商品以不含税价格进入国际市场，实现公平竞争。

2.税负转嫁理论

税负转嫁理论指出，在商品的生产和流通过程中，间接税的实际承担者往往是最终消费者。因此，对出口商品而言，其所含的间接税理应通过退税机制退还给实际承担者——进口国的消费者，以避免将本国税负转嫁给其他国家。这一理论为出口退税制度的实施提供了重要的理论依据，即出口退税是实现国际税收公平和避免税负转嫁的必要手段。

此外，出口退税制度还体现了税收中性原则和国民待遇原则。税收中性原则要求税收不应对经济主体的决策产生扭曲作用，而出口退税制度通过退还出口商品在国内已缴纳的税款，降低了出口商品的成本和价格，有助于消除税收对出口贸易的扭曲作用。国民待遇原则则要求一国在国际贸易中给予外国商品与国内商品同等的待遇，出口退税制度通过退还出口商品在国内已缴纳的税款，实现了进口国与出口国商品在税负上的平等对待，符合国民待遇原则的要求。

（二）政策目标

出口退税制度的政策目标主要体现在以下几个方面：

1.促进对外贸易发展

出口退税制度通过退还出口商品在国内已缴纳的税款，降低了出口商品的成本和价格，提高了其在国际市场上的竞争力。这有助于扩大出口规模、增加外汇收入、促进对外贸易的持续发展。同时，出口退税政策还可以引导企业根据市场需求调整产品结构、提高产品质量和技术含量、开拓新兴市场等举措，以进一步提升出口商品的国际竞争力。

2.优化资源配置

出口退税政策可以通过税收杠杆作用引导企业优化资源配置。一方面，对于符合国家产业发展方向和外贸出口战略的商品给予较高的退税率支持，有助于推动产业升级和转型发展；另一方面，对于高耗能、高污染、低附加值的出口商品则适当降低或取消退税率以限制其出口规模，从而促进资源节约和环境保护。

3.促进经济增长和就业

出口退税政策作为宏观经济调控的重要手段之一，可以通过扩大出口规模来拉动经济增长和增加就业机会。出口企业的快速发展可以带动相关产业链上下游企业的发展壮大，形成产业集聚效应和规模效应；同时，出口规模的扩大也可以带动国内生产要素的优化配置和生产效率的提升，从而进一步促进经济增长和就业增加。

4.维护国家经济安全

在全球经济一体化日益加深的背景下，对外贸易已成为国家经济安全的重要组成部分。出口退税政策通过提高出口商品的国际竞争力来扩大出口规模、增加外汇收入、稳定国际收支平衡等举措有助于维护国家经济安全。此外，在国际贸易摩擦和争端不断增多的情况下，出口退税政策还可以作为应对国际贸易保护主义的重要手段之一，以维护国家利益和企业权益。

三、出口退税制度的构成要素与运行机制

（一）构成要素

出口退税制度作为国际贸易政策的重要组成部分，其构成要素复杂而精细，主要包括以下几个方面：

1.退税主体与范围

出口退税的主体通常是指依法办理工商登记、税务登记、对外贸易经营者备案登记，自营或委托出口货物的单位或个体工商户，以及符合特定条件的其他企业。退税范围则涵盖了出口企业出口的货物、视同出口货物、对外提供加工修理修配劳务、跨境提供应税行为等，以及国家明确规定的其他可以实行增值税、消费税退（免）税政策的货物。这些规定确保了退税政策的精准性和有效性，避免了资源的浪费和滥用。

2.退税率与税种

退税率是出口退税制度中的核心要素之一，它直接决定了退税的额度。目前，我国出口产品的退税率与增值税征税率保持一致，主要分为13%、9%、6%、0%四档，具体退税率根据货物的种类、出口目的地等因素而定。同时，退税税种主要包括增值税和消费税，这两种税在商品的生产和流通环节中普遍征收，是出口退税的主要对象。

3.退税条件与流程

出口退税并非无条件进行，而是需要满足一系列严格的条件。这些条件包括出口货物必须是增值税、消费税征收范围内的货物，必须是报关离境出口的货物，必须是在财务上作出口销售处理的货物，以及必须是已收汇并经核销的货物等。满足这些条件的出口企业，可以按照规定的流程向税务机关提交退税申请，经过审核确认无误后，方可获得退税款。

4.退税管理与监督

出口退税制度的有效运行离不开严格的管理和监督机制。税务机关负责退税申请的审核、审批和退税款的发放工作，同时加强对退税企业的日常管理和监督检查，确保退税政策的正确执行和退税资金的安全使用。此

外，政府还通过完善法律法规、加强部门协作、推广电子化退税等方式，不断提高退税管理的效率和质量。

（二）运行机制

出口退税制度的运行机制是一个复杂而高效的系统，主要包括以下几个环节：

1.申请与审核

出口企业在满足退税条件后，需要按照规定的流程向税务机关提交退税申请。申请材料通常包括出口货物报关单、增值税专用发票、外汇核销单等相关单证。税务机关在收到申请后，会对申请材料进行严格审核，确认其真实性、完整性和合规性。审核过程中，税务机关会利用现代化的信息手段进行比对和校验，以提高审核的准确性和效率。

2.审批与退税

经过审核确认无误的退税申请，税务机关会进行审批并开具退税通知书。退税通知书是退税企业领取退税款的重要凭证。退税企业凭退税通知书和银行账户信息到指定银行办理退税手续。银行在收到退税通知书后，会按照规定的程序将退税款划入退税企业的银行账户中。这样，退税企业就可以及时获得退税款并用于生产经营活动。

3.监督与检查

为了确保退税政策的正确执行和退税资金的安全使用，税务机关会加强对退税企业的日常管理和监督检查。监督检查的方式包括定期抽查、专项检查、风险评估等。通过监督检查，税务机关可以及时发现和纠正退税过程中的问题和漏洞，防止骗税、逃税等不法行为的发生。同时，税务机关还会加强对退税政策的宣传和培训力度，以提高退税企业的法律意识和业务水平。

4.信息化与智能化

随着信息技术的不断发展和应用，出口退税制度也逐步实现了信息化和智能化。税务机关通过建立和完善出口退税信息系统，实现了退税申请、审核、审批、退税等各个环节的全程电子化操作。这不仅提高了退税管理的效率和质量，还降低了退税成本并提高了退税资金的安全性。同时，税务机关还利用大数据、人工智能等先进技术对退税数据进行分析和挖掘，为政策制定和风险管理提供有力支持。

四、出口退税制度在国际贸易中的地位与作用

（一）地位

出口退税制度在国际贸易中占据着举足轻重的地位，是各国普遍采用的一项重要的国际贸易政策工具。其地位主要体现在以下几个方面：

（1）国际通行惯例：出口退税作为国际贸易中的一项基本制度，已被世界各国广泛接受并采纳。它体现了税收中性原则和国民待遇原则，有助于消除国际贸易中的税收壁垒，促进贸易自由化和便利化。

（2）政策核心组成部分：出口退税制度是国家对外贸易政策的重要组成部分，与关税政策、汇率政策等共同构成了国家对外贸易调控的政策体系。通过调整出口退税率和退税范围等手段，国家可以灵活应对国际贸易形势的变化，维护国家经济安全和利益。

（3）促进出口的重要动力：出口退税制度通过退还出口商品在国内已缴纳的税款，降低了出口商品的成本和价格，提高了其在国际市场上的竞争力。这为企业扩大出口规模、增加外汇收入提供了有力支持，成为推动出口贸易发展的重要动力。

（4）优化资源配置的杠杆：出口退税制度还可以作为优化资源配置的杠杆。通过设定不同的退税率和退税范围，国家可以引导企业调整生产结构和产品结构，促进产业升级和转型发展。同时，还可以鼓励企业开拓新兴市场、参与国际竞争，提高整个产业链的竞争力。

（二）作用

出口退税制度在国际贸易中的作用是多方面的，具体表现在以下几个方面：

（1）增强出口商品竞争力：出口退税制度通过退还出口商品在国内已缴纳的税款，降低了出口商品的成本和价格，使其在国际市场上更具竞

争力。这有助于企业扩大市场份额、提高盈利能力，进而推动整个行业的发展。

（2）促进国际贸易平衡：出口退税制度有助于调节国际收支平衡。通过退还出口商品在国内已缴纳的税款，国家可以增加外汇收入、减少外汇支出，从而缓解国际收支压力。这有助于维护国家经济安全和稳定。

（3）优化出口商品结构：出口退税制度可以引导企业根据市场需求和自身优势调整生产结构和产品结构。通过设定不同的退税率和退税范围，国家可以鼓励企业生产高技术含量、高附加值的产品并出口到国际市场，从而优化出口商品结构并提升整个产业链的竞争力。

（4）推动产业升级和转型：出口退税制度还可以作为推动产业升级和转型的重要手段。通过调整退税率和退税范围等手段，国家可以引导企业加大研发投入、提高产品质量和技术含量、开拓新兴市场等举措。这将有助于推动产业升级和转型并提升整个行业的竞争力。

（5）促进经济可持续发展：出口退税制度对于促进经济可持续发展也具有重要意义。通过推动出口贸易的发展并带动相关产业链上下游企业的发展壮大，出口退税制度有助于形成产业集聚效应和规模效应并促进经济的持续增长。同时，通过优化资源配置和推动产业升级等措施，出口退税制度还有助于提高资源的利用效率并降低环境污染等负面影响，从而实现经济的可持续发展。

第二节　出口退税制度的国际视角

一、国际出口退税制度的比较与借鉴

（一）国际出口退税制度的比较分析

在国际贸易中，出口退税制度作为一种重要的贸易促进措施，被广泛应用于各国以促进出口、增强国际竞争力。通过比较分析法国、意大利、德国、希腊和韩国这五个国家的出口退税制度，我们可以发现它们在总体制度安排上存在诸多相似之处，同时也有各自独特的特点。

1.出口产品零税率政策

这五个国家均对出口产品实行零税率政策，即不征收出口环节的增值税，并退还出口商品在以前各环节已缴纳的增值税。这一政策旨在消除出口产品的税收负担，降低出口成本，从而提高国际市场的价格竞争力。这种零税率政策是国际通行的做法，反映了各国在出口退税政策上的共识。

2.退税管理方式

在退税管理方式上，这些国家普遍采用了"免、抵、退"的税收制度。具体来说，就是免征出口环节的增值税，对应购进原材料的增值税税款实行"抵、退"税办法。这种制度设计不仅简化了退税流程，还提高了退税效率。同时，各国还通过设立专门的税务监察机构，对退税过程进行严格的监督和管理，以确保退税资金的合法使用，防止偷税、骗税行为的发生。

3.信息化管理水平

信息化在出口退税管理中扮演着至关重要的角色。法国、意大利、德国、希腊和韩国等国家均建立了现代化的信息网络系统，实现了税务部门与海关、银行等相关部门的信息共享和实时传输。这种高度信息化的管理方式使得税务部门能够随时掌握企业的进出口情况，对退税申请进行快速审核和处理，大大提高了退税的效率和准确性。

4.严格的监督与惩罚机制

为了有效防止偷税、骗税行为的发生，这些国家均建立了严格的监督与惩罚机制。对于查出的偷骗税企业，一般处以高额罚款并加收滞纳金；对于有偷骗税劣迹的企业，则取消其享受出口退税政策的资格。此外，各国还通过加强税务监察和执法力度，提高违法成本，降低企业偷骗税的动机。

（二）国际出口退税制度对我国的启示与借鉴

通过对国际出口退税制度的比较分析，我们可以从中获得许多有益的启示和借鉴，以进一步完善我国的出口退税制度。

1.坚持并完善"免、抵、退"税制度

我国已经在生产型出口企业中普遍实行了"免、抵、退"税制度，并取得了显著成效。未来应继续坚持并不断完善这一制度，扩大其适用范围，提高退税效率。同时，可以借鉴国际经验，适当扩大"抵"税范围，如允许出口企业用进口原材料应纳增值税和国内销售产品应纳增值税进行抵扣，以进一步减轻企业负担。

2.加强信息化建设

信息化建设是提高出口退税管理效率的关键。我国应加快税务部门与海关、银行等相关部门的信息系统建设，实现信息共享和实时传输。通过建立现代化的信息网络系统，税务部门可以实时掌握企业的进出口情况，对退税申请进行快速审核和处理，提高退税的准确性和效率。

3.强化监督与惩罚机制

为了防止偷税、骗税行为的发生，我国应进一步加强税务监察和执法力度，建立健全的监督与惩罚机制。对于查出的偷骗税企业，应依法严惩并公开曝光；对于有偷骗税劣迹的企业，应取消其享受出口退税政策的资格并追究其法律责任。同时，还应加强对退税资金的监管力度，确保退税资金的合法使用。

4.推进征退一体化改革

征退一体化是提高出口退税管理效率的有效途径。我国应加快推进征退一体化改革步伐，在全国范围内实现征税机关与退税机关的合并。通过减少退税审核环节和缩短退税期限，提高出口退税运作的可监控性和效率。同时，还应加强对退税人员的培训和管理力度，提高其业务素质和服务水平。

综上所述，通过比较分析国际出口退税制度并借鉴其成功经验，我国可以进一步完善自身的出口退税制度，提高退税效率和管理水平，从而为企业创造更加公平、透明、高效的出口环境，促进外贸事业的持续健康发展。

二、WTO框架下出口退税的国际规则、实践与挑战

(一) WTO框架下出口退税的国际规则

在WTO框架下，出口退税制度作为国际贸易中促进出口、避免双重征税的重要手段，受到广泛的关注与规范。以下从几个方面详细阐述WTO框

架下出口退税的国际规则。

1.中性原则的坚持

WTO坚持的中性原则，是出口退税制度的核心原则之一。该原则强调不干预市场机制在全球范围内的有效运行，旨在通过出口退税制度鼓励产品以不含税价格参与国际市场竞争，同时克服重复征税问题。具体而言，出口退税制度应确保出口产品在进入国际市场时，不因其在国内已缴纳的税款而处于不利地位，从而维护国际竞争的公平性。

2.避免双重征税

双重征税是国际贸易中普遍存在的问题，也是WTO框架下出口退税制度需要解决的重要议题。WTO规则要求各成员国在出口退税时，应确保退税额度不超过产品在国内已缴纳的税款，以避免在国际市场上产生双重征税。这一规定旨在保护出口产品的国际竞争力，防止因税收负担过重而导致的市场扭曲。

3.补贴与反倾销的界限

WTO对出口退税与补贴、反倾销的界限进行了明确划分。根据WTO的规定，只要出口退税额度未超过产品在国内已缴纳的税款，就不应被视为补贴行为，从而避免了因退税而引发的反倾销调查。这一规定为出口退税制度提供了法律保障，同时也对成员国的退税政策提出了明确要求。

4.透明度与一致性要求

WTO还强调出口退税制度的透明度与一致性要求。各成员国在制定和实施出口退税政策时，应确保政策的公开、透明和一致性，避免对国际贸易造成不必要的障碍和扭曲。同时，WTO还鼓励成员国之间加强沟通和协调，共同推动出口退税制度的不断完善和发展。

(二) WTO框架下出口退税的实践与挑战

在WTO框架下，各国在出口退税制度的实践中积累了丰富的经验，但也面临着诸多挑战。以下从几个方面进行阐述。

1.实践中的成功经验

许多WTO成员方在出口退税制度的实践中取得了显著成效。这些国家通过制定合理的退税政策、加强退税管理、提高退税效率等措施，有效促进了出口增长和国际贸易的发展。同时，这些国家还注重与国际社会的沟通和协调，积极参与WTO规则的制定和完善工作，为国际贸易的健康发展做出了积极贡献。

2.面临的挑战与问题

然而，在出口退税制度的实践中也面临着诸多挑战和问题。一方面，随着国际贸易的不断发展和变化，各国之间的贸易竞争日益激烈，出口退税政策的制定和实施难度不断增大。另一方面，一些国家为了获取不正当的竞争优势，可能会采取不规范的退税政策或滥用退税制度，从而对国际贸易造成不利影响。此外，WTO规则本身也存在一定的局限性和不足之处，需要不断完善和修订，以适应国际贸易发展的需要。

3.应对策略与建议

为了应对这些挑战和问题，各国应采取积极的应对策略和建议。第一，各国应坚持WTO框架下的中性原则和避免双重征税原则，制定合理的出口退税政策；第二，各国应加强退税管理和监管力度，提高退税效率和准确性；第三，各国应积极参与WTO规则的制定和完善工作，推动国际贸易规则的公平、公正和透明；第四，各国应加强国际合作和交流，共同应对国际贸易中的挑战和问题，推动国际贸易的健康发展。

三、主要贸易国家出口退税制度的特色分析

在国际贸易体系中，出口退税制度作为促进出口、提升国际竞争力的重要手段，被各大贸易国家广泛采用并各具特色。以下从四个方面对主要贸易国家的出口退税制度进行特色分析。

（一）美国出口退税制度的灵活性与市场导向

美国的出口退税制度以其灵活性和市场导向为显著特色。美国没有统一的出口退税政策，而是根据具体商品、出口目的地及国际贸易协定灵活调整退税政策。这种灵活性使得美国能够根据不同商品在国际市场的竞争力情况，精准施策，提升出口商品的国际竞争力。同时，美国出口退税政策还紧密关联其国内税法体系，确保退税政策的合法性和有效性。此外，

美国还注重通过国际贸易协定推动出口退税制度的国际合作，降低贸易壁垒，促进贸易自由化。

（二）欧盟出口退税制度的统一性与信息化

欧盟作为世界上最大的经济体之一，其出口退税制度以统一性和信息化为显著特色。欧盟成员国之间通过协调与合作，建立了统一的出口退税政策框架，确保各成员国在退税政策上的一致性和公平性。这种统一性不仅降低了企业在不同成员国之间开展出口业务的复杂性，还提高了退税效率。同时，欧盟还注重信息化建设，通过建立高效的电子退税系统，实现退税申请、审核、支付等环节的电子化操作，提高了退税的准确性和及时性。此外，欧盟还加强了与其他国家和地区的税务合作，共同打击跨境税收欺诈行为。

（三）日本出口退税制度的精准扶持与产业升级

日本的出口退税制度以精准扶持和产业升级为显著特色。日本政府通过制定详细的出口退税政策，对具有竞争优势的产业和领域给予重点支持，推动产业升级和转型。例如，对于高科技产业和绿色产业等新兴产业，日本政府提供了更高的退税比例和更优惠的税收政策，以鼓励企业加大研发投入和技术创新。此外，日本政府还注重与行业协会和企业的沟通与合作，根据产业发展趋势和市场需求动态调整退税政策，确保政策的针对性和有效性。这种精准扶持不仅促进了日本出口贸易的持续增长，还推动了国内产业结构的优化和升级。

（四）中国出口退税制度的完善性与政策调整

中国的出口退税制度以完善性和政策调整为显著特色。中国作为世界最大的出口国之一，其出口退税制度经过多年的发展和完善，已经形成了较为完整的政策体系。中国政府根据国内外经济形势的变化和国际贸易规则的要求，适时调整出口退税政策，以应对各种挑战和机遇。例如，在面临人民币汇率升值压力和国际贸易保护主义抬头的情况下，中国政府通过提高出口退税率等措施，减轻企业负担，稳定出口增长。同时，中国政府还注重加强退税管理和监管力度，提高退税效率和准确性，防止骗取出口退税等违法行为的发生。此外，中国政府还积极推动出口退税制度的国际合作与交流，借鉴国际先进经验和实践做法，不断完善和优化自身制度。这种完善性和政策调整不仅促进了中国出口贸易的健康发展，还为中国经济持续稳定增长提供了有力支撑。

四、国际经验对我国出口退税制度的启示

在全球化日益加深的今天，国际经验为我国出口退税制度的优化与完善提供了宝贵的启示。通过深入分析主要贸易国家的出口退税制度特色，我们可以从以下四个方面汲取经验，以推动我国出口退税制度的进一步发展。

（一）强化政策灵活性与市场适应性

国际经验表明，灵活的出口退税政策能够更好地适应市场变化，提升出口商品的国际竞争力。美国出口退税制度的灵活性为我国提供了重要借鉴。我国应建立更加灵活的退税政策调整机制，根据国内外经济形势、产业结构变化及国际贸易环境等因素，适时调整退税政策，确保政策的有效性和针对性。同时，加强政策宣传与解读，提高企业对退税政策的认知度和利用率，促进政策效果的充分发挥。

（二）推进信息化建设与智能化管理

欧盟的出口退税制度在信息化建设方面取得了显著成效，这为我国提供了重要启示。我国应加快出口退税信息化建设步伐，利用大数据、云计算等现代信息技术手段，构建高效、便捷的电子退税系统。通过实现退税申请、审核、支付等环节的电子化操作，提高退税效率和准确性，降低企业成本。同时，加强税务部门与其他政府部门、金融机构等的信息共享与协作，形成合力，共同打击骗取出口退税等违法行为。此外，推动智能化管理在退税领域的应用，利用人工智能等技术手段提高退税管理的智能化水平。

（三）注重精准扶持与产业升级

日本的出口退税制度在精准扶持和产业升级方面取得了显著成效，这为我国提供了重要参考。我国应更加注重出口退税政策的精准性，根据不同产业、不同产品的特点和需求，制定差异化的退税政策。对于高科技产业、绿色产业等新兴产业和重点发展领域，应给予更高的退税比例和更优惠的税收政策，以鼓励企业加大研发投入和技术创新力度。同时，加强与产业政策的协同配合，形成合力，共同推动产业升级和转型。通过精准扶持和产业升级，提升我国出口产品的附加值和国际竞争力。

（四）加强国际合作与交流

在全球化的背景下，加强国际合作与交流对于推动我国出口退税制度的完善具有重要意义。我国应积极参与国际税收规则的制定和修订工作，加强与其他国家和地区的税务合作与交流。通过分享经验、交流信息、协调政策等方式，共同应对跨境税收挑战和问题。同时，借鉴国际先进经验和实践做法，不断完善和优化我国出口退税制度。此外，加强与国际组织的合作与交流，如WTO、OECD等，了解国际税收动态和趋势，为我国出口退税制度的改革和发展提供有力支持。通过加强国际合作与交流，推动我国出口退税制度与国际接轨，提升我国在国际税收领域的影响力和话语权。

第三节　出口退税制度的经济学分析

一、出口退税的微观经济效应：企业成本与利润

（一）企业成本降低与出口竞争力提升

出口退税政策在微观经济层面对企业的直接影响体现在显著降低了企

业的出口成本。这一政策通过退还企业在国内生产和流通环节所缴纳的增值税和消费税，直接减轻了企业的财务负担。增值税和消费税作为商品成本的重要组成部分，其退还意味着企业能够以更低的成本价格在国际市场上竞争。在利润不变的情况下，成本的降低直接导致出口产品价格的下降，进而增强了产品在国际市场上的价格竞争力。这种价格优势不仅有助于企业扩大市场份额，还能吸引更多的国际买家，从而增加出口量，实现规模经济效应。

此外，出口退税政策还间接促进了企业生产效率的提升。为了充分利用退税政策带来的成本优势，企业会倾向于优化生产流程，提高产品质量和技术含量，以进一步巩固和扩大市场地位。这种内生性的动力促使企业不断进行技术创新和管理创新，进而形成良性循环，不断提升企业的整体竞争力。

（二）利润增加与财务结构优化

出口退税政策对企业利润的正面影响是显而易见的。如前所述，退税款作为企业的一项额外收入，直接增加了企业的净利润。这不仅提升了企业的盈利能力，还为企业的可持续发展提供了坚实的财务基础。在激烈的市场竞争中，企业可以利用这部分增加的利润进行再投资，扩大生产规模，研发新产品，或者开拓新的市场领域，从而进一步巩固和扩大其市场地位。

同时，出口退税政策还有助于优化企业的财务结构。退税款的及时到账可以显著改善企业的现金流状况，减少企业对外部融资的依赖，降低融资成本。这对于缓解企业资金压力、提高资金使用效率具有重要意义。此外，良好的现金流状况还有助于企业更好地应对市场风险和经营波动，保持稳健的财务状态。

（三）经营决策与资源配置的灵活性增强

出口退税政策的变化会直接影响企业的经营决策和资源配置。当退税政策调整时，企业需要根据新的政策环境重新评估其出口业务的成本和收益，并据此调整生产计划和市场策略。例如，当退税率上调时，企业可能会增加出口产品的种类和数量，以充分利用政策红利；而当退税率下调时，企业则可能需要调整产品结构，降低对退税依赖度较高的产品的生产比例，以减少成本上升带来的不利影响。

这种经营决策的灵活性不仅有助于企业更好地适应市场变化和政策调整，还促进了资源的优化配置。企业可以根据市场需求和政策导向，灵活调整生产资源和生产要素的投入比例，以实现资源的最优配置和最大化利用。这不仅提高了企业的生产效率和市场响应能力，还增强了企业的整体竞争力和抗风险能力。

（四）市场扩张与国际贸易合作的深化

出口退税政策在推动企业市场扩张和深化国际贸易合作方面发挥着重要作用。通过降低出口成本和提高产品竞争力，企业能够更容易地进入新的国际市场或扩大在现有市场的份额。这不仅有助于企业实现市场多元化和降低市场集中度风险，还促进了国际贸易的繁荣和发展。

同时，出口退税政策还为企业与国际贸易伙伴之间的合作提供了有力支持。退税政策的稳定性和可预测性有助于增强国际买家对中国出口产品的信心和信任度，从而推动双边或多边贸易关系的深化和发展。企业可以利用这一政策优势加强与国际贸易伙伴的沟通和合作，共同应对市场挑战和机遇，实现互利共赢的发展目标。

综上所述，出口退税政策在微观经济层面对企业具有深远的影响。它不仅降低了企业的出口成本、提高了产品竞争力和盈利能力，还增强了企业经营决策的灵活性和资源配置的优化能力，推动了企业的市场扩张和国际贸易合作的深化。因此，在制定和执行出口退税政策时，应充分考虑其微观经济效应和企业的实际需求，以实现政策效益的最大化。

二、出口退税的宏观经济效应：贸易平衡与经济增长

（一）贸易平衡的调节与优化

出口退税政策在宏观经济层面首先体现在对贸易平衡的调节与优化上。在全球经济一体化的背景下，各国之间的贸易往来日益频繁，贸易平衡成

为衡量一个国家经济健康与否的重要指标。出口退税政策通过调整出口产品的成本结构，间接影响了国际贸易的流向和规模。当一国政府提高出口退税率时，出口产品的成本降低，价格竞争力增强，从而促进了出口的增长。在进口保持不变或增长相对缓慢的情况下，这种出口的增长有助于改善贸易平衡，甚至形成贸易顺差，为国家带来外汇储备的增加和经济的稳定增长。

此外，出口退税政策还可以根据不同行业和产品的需求情况进行差异化调整，以引导出口结构的优化。例如，对于高技术含量、高附加值的产品给予更高的退税支持，可以激励企业加大研发投入，提升产品质量和技术水平，进而在国际市场上占据更有利的位置。这种结构优化不仅有助于提升国家整体出口竞争力，还能推动国内产业结构的升级和转型。

（二）经济增长的推动与拉动

出口退税政策对经济增长的推动与拉动作用显著。从宏观经济的角度看，出口是拉动经济增长的重要引擎之一。出口退税政策通过降低出口成本，促进了出口的增长，进而带动了相关产业的发展和就业的增加。这种乘数效应使得出口退税政策对经济增长的贡献远超过其直接退税金额本身。

具体而言，出口退税政策首先直接促进了出口企业的生产和销售活动，增加了企业的收入和利润。这些增加的收入和利润部分会转化为企业的再投资和生产扩张，进而带动上游原材料供应商和下游服务提供商等相关产业的发展。同时，出口的增长还促进了国际贸易的繁荣和货币流通的加速，为经济增长提供了更多的动力和活力。

（三）财政收入的长期增长与可持续性

虽然出口退税政策在短期内会减少政府的财政收入（因为需要退还企业已缴纳的税款），但从长期来看，它有助于促进财政收入的可持续增长。一方面，出口退税政策通过促进出口增长和经济发展，扩大了税基和税源，为政府提供了更多的税收来源。另一方面，随着企业盈利能力和市场竞争力的提升，企业的纳税能力也会相应增强，从而增加了政府的税收收入。

此外，出口退税政策还有助于提高财政支出的效率和效果。通过优化出口结构、提升产品质量和技术水平，出口退税政策可以引导企业将更多的资源投入到具有市场竞争力和发展潜力的领域，从而提高财政支出的针对性和有效性。这种良性循环不仅有助于促进经济的稳定增长，还能为政府提供更多的财政资源来支持社会福利、基础设施建设等公共事业的发展。

（四）国际竞争力的提升与全球贸易地位的巩固

出口退税政策在国际层面有助于提升国家的整体竞争力和巩固全球贸易地位。通过降低出口成本和提高产品竞争力，出口退税政策使得本国产品在国际市场上更具吸引力，从而扩大了市场份额和影响力。这种竞争力的提升不仅有助于企业在国际市场上占据更有利的位置，还能推动国家整体贸易地位的提升和巩固。

同时，出口退税政策还有助于加强与其他国家的贸易合作和伙伴关系。通过提供优惠的退税政策，本国可以吸引更多的国际买家和合作伙伴，促进双边或多边贸易关系的深化和发展。这种合作关系的建立不仅有助于扩大出口市场、优化贸易结构，还能为国家带来更多的发展机遇和合作空间。在全球经济一体化的背景下，加强与其他国家的贸易合作和伙伴关系对于提升国家整体竞争力和巩固全球贸易地位具有重要意义。

三、出口退税政策的外部性分析：环境与社会影响

（一）环境保护与绿色发展的促进

出口退税政策在外部性分析中，首先体现在对环境保护与绿色发展的促进上。随着全球对可持续发展和环境保护的重视，绿色贸易已成为国际贸易的重要趋势。出口退税政策可以通过差异化退税率，引导企业向环保、低碳、绿色方向发展。对于符合环保标准、采用清洁生产技术、生产绿色产品的企业，政府可以给予更高的出口退税支持，从而激励企业加大环保投入，推动产业绿色升级。这种政策导向有助于减少环境污染，提高资源利用效率，促进经济与环境的协调发展。

同时，出口退税政策还可以与环保法规相结合，形成协同效应。政府可以制定更加严格的环保标准，对不符合标准的企业减少或取消出口退税

优惠，以此倒逼企业进行环保改造和升级。这种"胡萝卜加大棒"的政策组合，既能够激励企业积极采取环保措施，又能够惩罚违规行为，有效促进环境保护和绿色发展。

（二）社会福祉与就业保障

出口退税政策在外部性分析中，还体现在对社会福祉与就业保障的积极贡献上。出口退税政策的实施，促进了出口企业的生产和销售活动，进而带动了相关产业链的发展。这种产业链的延伸和拓展，不仅增加了企业的经济效益，还为社会创造了更多的就业机会。出口退税政策通过降低出口成本，提高了出口企业的国际竞争力，使得企业能够在国际市场上获得更多的订单和收入，从而有更多的资金用于扩大生产规模、提高生产效率、增加员工薪酬等，进而提升了整个社会的福祉水平。

此外，出口退税政策还有助于缓解就业压力，稳定社会就业形势。在全球经济不景气的背景下，就业问题成为各国政府关注的焦点。出口退税政策的实施，可以促进出口企业的稳定发展，减少企业裁员和倒闭的风险，从而保障了员工的就业稳定。同时，随着出口企业的不断发展壮大，还会吸引更多的劳动力加入到相关产业链中来，进一步缓解就业压力。

（三）国际贸易秩序的维护与国际合作

出口退税政策在外部性分析中，还涉及对国际贸易秩序的维护与国际合作的促进。作为国际贸易惯例之一，出口退税政策有助于避免国家间重复征税，促进贸易自由化和便利化。通过实施出口退税政策，各国政府可以更加公平地参与国际贸易竞争，减少贸易壁垒和贸易摩擦的发生。这种公平竞争的国际贸易环境有助于维护国际贸易秩序的稳定和可持续发展。

同时，出口退税政策还可以促进国际间的合作与交流。在全球化背景下，各国之间的经济联系日益紧密，国际贸易成为推动全球经济增长的重要动力。通过实施出口退税政策，各国政府可以加强在贸易政策、贸易规则等方面的沟通与协调，共同推动国际贸易体系的完善和发展。此外，出口退税政策还可以促进跨国公司的合作与发展，推动国际资本和技术的流动与转移，为全球经济的繁荣与发展贡献力量。

（四）政策效果与长期发展的可持续性

最后，出口退税政策的外部性分析还需要关注其政策效果与长期发展的可持续性。出口退税政策作为政府宏观调控的重要手段之一，其政策效果直接关系到国家经济的稳定和发展。因此，在制定和实施出口退税政策时，需要充分考虑其政策效果及其长期发展的可持续性。一方面，政府需要加强对出口退税政策的监督和评估工作，及时发现并纠正政策执行中的问题和不足；另一方面，政府还需要根据国内外经济形势的变化和国际贸易环境的发展趋势，适时调整和完善出口退税政策的内容和标准。只有这样，才能确保出口退税政策在促进经济发展、保护生态环境、维护社会福祉等方面发挥积极作用的同时，也能够实现长期发展的可持续性。

四、出口退税制度的经济效率与公平性评价

（一）经济效率视角：资源优化配置与成本降低

出口退税制度在经济效率方面的评价，首要体现在其对资源优化配置和成本降低的积极作用上。该制度通过退还出口企业在国内生产环节已缴纳的间接税（如增值税、消费税等），直接降低了出口商品的成本，从而提升了其国际竞争力。这种成本降低效应不仅有助于企业扩大出口规模，还能引导资源向具有比较优势和国际竞争力的产业和部门流动，实现资源的优化配置。

从更宏观的角度来看，出口退税制度促进了国际贸易的顺利进行，减少了贸易壁垒和摩擦，提高了国际贸易的效率和便利性。通过降低出口成本，该制度促进了商品和服务的国际流通，加速了全球经济一体化的进程。这种经济效率的提升，不仅有助于本国经济的增长和繁荣，也对全球经济的稳定和发展做出了积极贡献。

（二）公平性原则：税负平衡与国际竞争力

出口退税制度在公平性方面的评价，主要体现在其有助于实现税负平

衡和提升国际竞争力上。由于各国税制存在差异，导致出口商品在含税量上可能存在差异，进而影响其国际竞争力。出口退税制度的实施，通过退还出口商品在国内生产环节已缴纳的税款，使得出口商品在国际市场上能够以不含税的价格进行竞争，从而实现了税负的公平和平衡。

此外，出口退税制度还有助于提升本国出口商品的国际竞争力。通过降低出口成本，该制度使得本国出口商品在价格上更具优势，从而能够吸引更多的国际买家。这种国际竞争力的提升，不仅有助于扩大出口规模，还能带动相关产业的发展和升级，实现经济的良性循环。

（三）政策稳定性与可预测性：企业决策与市场信心

出口退税制度的稳定性和可预测性，对于企业的决策制定和市场信心的维护至关重要。一个稳定、可预测的出口退税政策环境，能够为企业提供明确的成本预期和收益预期，从而帮助企业更好地制订生产和销售计划。这种稳定性和可预测性还有助于降低企业的运营风险和不确定性，增强企业的市场信心和投资意愿。

同时，政策的稳定性和可预测性也是维护国际贸易秩序和促进国际经济合作的重要保障。一个频繁变动的出口退税政策环境，不仅会增加企业的运营成本和市场风险，还可能引发国际贸易伙伴的不满和担忧，从而影响国际贸易的顺利进行。因此，政府应努力保持出口退税政策的稳定性和可预测性，为企业和国际贸易伙伴提供一个稳定、可信赖的政策环境。

（四）制度完善与持续优化：经济效应与社会效益的平衡

出口退税制度的完善与持续优化，是实现其经济效应与社会效益平衡的关键。一方面，政府应根据国内外经济形势的变化和国际贸易环境的发展趋势，适时调整和完善出口退税政策的内容和标准。这包括优化退税流程、提高退税效率、加强监管力度等方面的工作，以确保出口退税政策能够充分发挥其积极作用。另一方面，政府还应关注出口退税政策可能带来的负面影响和社会成本。例如，过高的退税率可能导致国家财政负担加重、税收扭曲效应加剧等问题；而过低的退税率则可能无法有效激励企业出口、降低国际竞争力等。因此，在完善和优化出口退税制度时，政府需要综合考虑各种因素和影响，努力实现经济效应与社会效益的平衡和最大化。

第四节　外贸企业视角下的出口退税制度

一、外贸企业对出口退税制度的依赖程度分析

（一）经济效应与退税依赖的形成

出口退税制度作为政府支持外贸出口的重要手段，对外贸企业具有显著的经济效应。该制度通过退还出口商品在国内生产和流通过程中缴纳的税款，降低了出口企业的成本，增强了其在国际市场上的竞争力。然而，随着出口退税政策的不断调整和优化，部分外贸企业逐渐形成了对退税制度的依赖。这种依赖主要表现在两个方面：一是企业将退税视为利润的重要来源，甚至在某些情况下，退税款成为企业维持运营的关键资金；二是企业在进行市场定价和策略规划时，将退税政策作为重要的考量因素，导致其在国际市场上的议价能力受到限制。

从经济效应的角度来看，出口退税政策确实为企业带来了实实在在的利益，如增加了出口产品的利润空间、提高了企业的国际竞争力等。然而，这种利益并非无成本的，它可能导致企业忽视自身核心竞争力的提升，转而依赖政策红利来维持生存。长此以往，这种依赖可能会削弱企业的市场适应能力和抗风险能力，不利于企业的长远发展。

（二）退税政策调整与企业应对

出口退税政策的调整对外贸企业具有深远的影响。一方面，政策调整可能带来退税率的提高或降低，直接影响企业的出口成本和利润水平；另一方面，政策调整还可能改变企业的市场预期和决策方向，影响企业的长期发展战略。

面对退税政策的调整，外贸企业往往采取多种策略来应对。一方面，企业会密切关注政策动态，及时调整出口产品的结构和市场布局，以适应政策变化；另一方面，企业也会通过加强内部管理、提高生产效率等方式来降低成本，以缓解退税政策调整带来的压力。然而，对于部分高度依赖退税政策的企业而言，政策调整可能带来较大的经营风险和市场不确定性，使其难以迅速适应市场变化。

（三）退税依赖与企业竞争力

退税依赖在一定程度上影响了外贸企业的竞争力。首先，退税依赖使企业忽视了自身核心竞争力的提升，如技术创新、品牌建设、市场开拓等，导致企业在国际市场上的竞争力下降。其次，退税依赖还可能使企业陷入价格战的恶性循环，通过降低价格来争夺市场份额，进一步压缩了企业的利润空间。最后，退税依赖还可能使企业忽视市场需求的变化和消费者偏好的转移，导致产品结构和市场定位与市场需求脱节。

为了提升竞争力，外贸企业需要逐步减少对退税政策的依赖，转而通过提高产品质量、加强品牌建设、拓展市场渠道等方式来提升自身实力。同时，企业还需要加强市场调研和预测能力，准确把握市场需求的变化趋势和消费者偏好的转移方向，以便及时调整产品结构和市场策略。

（四）退税制度的优化与企业的长远发展

针对外贸企业对出口退税制度的依赖问题，政府需要从制度层面进行优化和完善。首先，政府应建立更加稳定、可预期的退税政策体系，减少政策调整的频率和幅度，以降低企业面临的政策风险和市场不确定性。其次，政府应加强对退税政策的监管和评估工作，确保政策的有效执行和预期效果的实现。同时，政府还应鼓励和支持企业进行技术创新和品牌建设等核心竞争力提升活动，以帮助企业摆脱对退税政策的依赖。

对于外贸企业而言，要实现长远发展，必须逐步减少对退税政策的依赖。这要求企业加强自身建设和管理创新工作，提高产品质量和服务水平；加强品牌建设和市场开拓工作，提升企业在国际市场上的知名度和美誉度；加强技术研发和创新能力培养工作，以适应市场的变化和消费者需求的变化。只有这样，外贸企业才能在激烈的市场竞争中立于不败之地，实现可持续发展。

二、出口退税制度对外贸企业经营策略的影响

（一）成本结构与价格竞争力的调整

出口退税制度对外贸企业的成本结构有着直接且显著的影响。退税政策通过退还企业在国内生产和流通环节所缴纳的增值税、消费税等间接税，有效降低了出口产品的成本。这种成本降低直接转化为价格竞争力，使得外贸企业在国际市场上能够以更具吸引力的价格销售产品，从而扩大市场份额。

随着退税制度的调整，外贸企业需要灵活调整其经营策略以应对成本结构的变化。当退税率提高时，企业可以选择保持现有价格水平以获取更高的利润，或者降低价格以进一步提升市场竞争力。相反，当退税率降低时，企业可能需要通过提高生产效率、优化供应链管理等方式来降低成本，以维持原有的价格竞争力。这种成本结构与价格竞争力的动态调整，要求外贸企业应具备高度的市场敏感性和快速的响应能力。

（二）市场布局与产品结构的优化

出口退税制度还影响着外贸企业的市场布局和产品结构。不同国家和地区对进口产品的税收政策存在差异，这导致企业在不同市场上的成本结构和竞争力也会有所不同。因此，外贸企业需要根据退税政策及目标市场的税收政策，灵活调整市场布局和产品结构。

具体而言，企业可以优先选择那些退税政策较为优惠、市场需求旺盛的市场作为重点开拓对象。同时，针对不同市场的消费者偏好和竞争态势，企业还可以调整产品结构，推出更符合市场需求的产品。例如，在退税政策支持下，企业可以加大高技术含量、高附加值产品的出口力度，以提升在国际市场上的竞争力和品牌影响力。

（三）经营策略与风险管理的融合

出口退税制度不仅影响着外贸企业的成本结构和市场竞争力，还对企业的经营策略和风险管理提出了新的要求。一方面，企业需要密切关注退税政策的变化趋势，及时调整经营策略以适应市场变化。例如，在退税政策调整前，企业可以通过加大出口量、提前收款等方式来规避政策调整带来的风险。另一方面，企业还需要加强风险管理能力，建立健全的风险管理体系。由于退税政策涉及多个环节和部门，企业在申请退税过程中可能会面临各种风险和挑战。因此，企业需要加强内部管理，提高财务透明度，确保退税申请的真实性和合规性。同时，企业还需要加强与税务、海关等部门的沟通协调，确保退税款项能够及时、准确地到账。

（四）技术创新与转型升级的推动

出口退税制度在一定程度上也推动了外贸企业的技术创新和转型升级。退税政策通过降低企业成本、提高价格竞争力等方式，为企业提供了更多的资金支持和市场机会。这使得企业有更多的资源和动力投入技术创新和转型升级中。

技术创新和转型升级是外贸企业实现可持续发展的关键。通过技术创新，企业可以开发出更具竞争力的新产品和新技术，提高产品质量和附加值。同时，转型升级也有助于企业在优化生产流程、提高生产效率、降低生产成本等方面取得突破。这些都将进一步提升企业的市场竞争力和盈利能力。

因此，外贸企业需要充分利用出口退税政策带来的机遇和挑战，加强技术创新和转型升级的力度。通过不断提高自主创新能力、加强产学研合作等方式来推动企业的技术进步和产业升级。这将有助于企业实现可持续发展并在国际市场上占据更有利的位置。

三、外贸企业在退税过程中面临的挑战与应对策略

（一）退税政策复杂性与理解难度

外贸企业在退税过程中面临的首要挑战在于退税政策的复杂性与理解难度。各国退税政策往往包含众多细节和条款，且随着国际贸易环境的变化而不断调整。这使得企业需要投入大量时间和精力去研究和理解政策内容，以确保退税申请的准确性和合规性。然而，由于政策的专业性和复杂性，许多企业在实际操作中往往难以全面把握政策要求，导致退税申请出现错误或遗漏。

针对这一挑战，外贸企业应采取以下应对策略：一是建立专业的退税团队或委托专业的退税服务机构，确保退税工作的专业性和准确性；二是加强政策学习和培训，提高员工对退税政策的理解和掌握程度；三是与税务、海关等部门保持密切沟通，及时了解政策动态和变化，以便及时调整经营策略。

（二）退税申请材料的准备与审核

退税申请材料的准备与审核是外贸企业在退税过程中面临的另一大挑战。退税申请需要提交一系列的文件和材料，如销售合同、发票、装箱单等，以证明出口商品的真实性和合法性。这些材料的准备和审核过程繁琐且复杂，需要企业耗费大量的人力、物力和时间。同时，由于退税政策对材料的要求严格，任何细微的错误或遗漏都可能导致退税申请被拒绝。

为了应对这一挑战，外贸企业应建立健全的内部管理体系，确保销售合同、发票等文件的准确性和完整性。同时，企业可以引入电子化的文件管理和存档系统，提高文件的整理和审核效率。此外，企业还可以委托专业的第三方机构对申请文件进行审核和认证，以提高申请通过率。

（三）退税资金回笼周期与资金压力

退税资金的回笼周期是外贸企业在退税过程中需要面对的重要挑战之

一。在一些国家，退税资金的返还周期可能较长，这给企业的资金流动带来了一定的困扰。特别是对于小微出口企业来说，这种资金延迟可能对其业务发展产生不利影响。

为了缓解这一压力，外贸企业可以采取以下策略：一是提前预估退税资金的返还周期，并做好资金调度和流动的规划；二是与银行建立良好的合作关系，以便在需要时获得低成本的贷款支持；三是与买家就退税资金的支付条件进行协商，以缩短退税资金的返还周期。通过这些措施，企业可以更好地管理其资金流动，确保业务的正常运营。

（四）退税政策变动与风险防控

退税政策的变动性和不确定性也是外贸企业在退税过程中需要面对的风险之一。政策的变化可能导致企业原有的退税策略失效或需要调整，从而给企业带来经营风险。此外，退税过程中还可能存在滥用与风险问题，如虚假申报、骗取退税等，这些问题不仅会影响企业的声誉和信誉，还可能引发法律纠纷和处罚。

为了应对这些风险，外贸企业应密切关注退税政策的变化趋势，及时调整经营策略以适应政策变化。同时，企业应加强内部风险管理，建立健全的风险防控机制，确保退税申请的真实性和合规性。此外，企业还可以与税务、海关等部门建立紧密的合作关系，共同打击退税领域的违法行为，维护良好的市场秩序和公平竞争环境。

综上所述，外贸企业在退税过程中面临着诸多挑战和困难。然而，通过采取有效的应对策略和措施，企业可以克服这些挑战并充分利用退税政策带来的机遇和利益。这将有助于企业在国际市场上保持竞争力并实现可持续发展。

四、外贸企业对出口退税制度改革的期望与建议

（一）简化退税流程，提高办理效率

外贸企业普遍期望出口退税制度能够进一步简化退税流程，提高办理

效率。当前，退税流程涉及多个环节和部门，手续繁琐，耗时长，给企业带来了不小的负担。因此，企业呼吁政府相关部门能够优化退税流程，减少不必要的审批环节，推动退税业务电子化、自动化，实现"一站式"服务，从而加快退税资金的到账速度，缓解企业资金压力。

为了实现这一目标，建议政府加强跨部门协作，建立信息共享机制，减少重复审核和资料提交。同时，加大对退税系统的投入，提升系统的稳定性和效率，确保退税业务能够高效、准确地完成。此外，还可以探索建立退税快速通道，对符合条件的优质企业提供更加便捷的退税服务。

（二）稳定退税政策，增强可预期性

外贸企业对退税政策的稳定性有着强烈的期望。政策的频繁变动不仅增加了企业的经营风险，还影响了企业的长期规划和战略决策。因此，企业希望政府能够保持退税政策的相对稳定，减少政策调整的频率和幅度，为企业提供一个可预期的经营环境。

为了实现这一目标，建议政府在制定和调整退税政策时，充分考虑企业的实际情况和需求，广泛征求企业意见，确保政策的科学性和合理性。同时，政府还应加强政策宣传和解读工作，提高政策的透明度和可理解性，帮助企业更好地把握政策导向和机遇。

（三）优化退税政策，支持产业升级

外贸企业还期望出口退税制度能够进一步优化，以更好地支持产业升级和高质量发展。当前，随着国际贸易形势的变化和国内经济结构的调整，企业面临着转型升级的迫切需求。因此，企业希望政府能够根据不同行业、不同产品的特点，制定差异化的退税政策，鼓励企业加大研发投入，提高产品质量和附加值，推动产业升级和转型。

为了实现这一目标，建议政府在制定退税政策时，应充分考虑不同行业、不同产品的竞争力状况和市场需求变化，对高技术含量、高附加值的产品给予更高的退税支持。同时，政府还可以加大对新兴产业和绿色产业的支持力度，通过退税政策引导企业向这些领域发展。

（四）加强监管与惩处，维护市场秩序

外贸企业在享受退税政策带来的利益的同时，也期望政府能够加强监管与惩处力度，维护良好的市场秩序和公平竞争环境。退税政策的滥用和违法行为不仅损害了企业的合法权益，还破坏了市场的公平竞争秩序。因此，企业希望政府能够加大对退税领域的监管力度，严厉打击骗取退税、虚假申报等违法行为。

为了实现这一目标，建议政府建立健全的退税监管体系，加强对退税申请的审核和复核工作，确保退税资金的真实性和合规性。同时，政府还应加大对违法行为的惩处力度，提高违法成本，形成有效的震慑作用。此外，政府还可以加强与企业的沟通与合作，共同打击退税领域的违法行为，维护良好的市场秩序和公平竞争环境。

第三章　出口退税制度的现状与问题

第一节　出口退税制度的历史沿革

一、国际出口退税制度的起源与发展

（一）起源、历史背景与沿革

国际出口退税制度的起源可追溯至15世纪资本主义发展的初期，这一时期正值资本原始积累的关键阶段。重商主义理论家如威廉·斯塔福、托马斯·孟等提出，国家应通过设置高额奖金或鼓励措施来促进本国商品的输出，以扩大国际市场份额。他们主张，当商品出口后，应将原征收的税款退还给出口厂商，以降低出口商品的成本，从而在国际市场上获得价格优势。这一思想逐渐演变为出口退税制度的雏形，为后世国际贸易政策的发展奠定了基础。

随着时间的推移，到了19世纪后期，欧洲国家的国内市场逐渐饱和，政府开始积极鼓励企业开拓国外市场。出口退税政策在此背景下应运而生，成为国家支持出口、促进经济增长的重要手段。20世纪初，随着世界贸易的不断发展，越来越多的国家开始实行出口退税政策，以提高本国商品在国际市场上的竞争力。这一制度不仅在发达的资本主义国家得到广泛应用，也逐渐在广大的发展中国家中推广开来，成为国际贸易体系中的重要组成部分。

（二）国际间税收协调与规则制定

出口退税制度的实施需要遵循国际间税收协调的原则。由于各国的税制不尽相同，国际间税收差异会导致出口货物成本的税负不同，进而违背国际市场上公平竞争的基本原则。因此，出口退税制度在发展过程中，逐渐形成了遵循国际惯例和属地管理原则的国际共识。

《关税和贸易总协定》（GATT）及其后续的世界贸易组织（WTO）等国际组织，在推动国际贸易自由化、便利化的过程中，对出口退税制度进行了规范和协调。GATT第六条明确规定，一缔约国领土的产品输出到另一缔约国领土时，不得因其免纳相同产品在原产国或输出国用于消费时所须完纳的税捐或因这种税捐已经退税，而对其征收反倾销税或反补贴税。这一规定为各国实施出口退税政策提供了国际法律基础，保障了国际贸易的公平性和透明度。

（三）政策调整与优化

随着全球经济形势的变化和国际贸易格局的演进，出口退税政策也经历了不断的调整和优化。一方面，各国政府根据本国经济发展的需要和国际贸易环境的变化，适时调整出口退税的税率和范围，以更好地发挥政策的激励作用。另一方面，随着信息技术的快速发展和国际贸易方式的不断创新，出口退税政策的实施方式也在逐步向电子化、智能化方向转变，提高了政策执行的效率和准确性。

在中国，出口退税政策的实施可以追溯到1979年。随着中国对外开放的不断深入和经济的快速发展，出口退税政策在中国经济发展中扮演了重要角色。中国政府根据国内外经济形势的变化，多次对出口退税政策进行调整和优化，以适应经济发展的需要。例如，近年来中国政府通过提高部分产品的出口退税率、简化退税流程等措施，进一步激发了企业出口的积极性，促进了外贸稳定增长。

（四）未来发展趋势与挑战

展望未来，国际出口退税制度将面临新的发展趋势和挑战。一方面，随着全球经济一体化的深入发展，国际贸易竞争将更加激烈，各国政府将更加重视出口退税政策的制定和实施，以增强本国商品的国际竞争力。另一方面，随着数字经济的兴起和国际贸易方式的变革，出口退税政策的实施也将面临新的挑战和机遇。如何适应数字经济的发展趋势，创新出口退税政策的实施方式，提高政策执行的效率和准确性，将成为各国政府需要重点关注的问题。

同时，国际税收协调的加强也将对出口退税制度的发展产生深远影响。随着国际税收规则的不断完善和各国税收政策的逐步趋同，出口退税制度将更加规范、透明和公平。这将有助于减少国际贸易中的税收摩擦和争端，促进国际贸易的健康发展。

二、中国出口退税制度的建立

（一）历史背景与政策初现

在中国出口退税制度的建立初期，其历史背景深刻地影响了这一制度的诞生与发展。自改革开放以来，中国逐渐从封闭的计划经济体制向市场经济体制转型，对外开放成为国家发展的重要战略。在这一背景下，为了鼓励企业积极参与国际竞争，提升出口产品的国际竞争力，出口退税制度应运而生。

初期的出口退税政策，主要目的是通过退还出口商品在国内生产和流通环节已缴纳的间接税，使出口商品以不含税价格进入国际市场，从而在国际市场上获得价格优势。这一政策的出台，不仅符合国际贸易惯例，也符合中国当时经济发展的实际需要。

（二）制度框架与初步实施

在制度框架方面，中国出口退税制度的建立初期，主要遵循了国际通行的做法，并结合中国国情进行了适当的调整。1985年，中国开始实行全面的出口退税政策，主要退还增值税和消费税等间接税。这一政策的实施，标志着中国出口退税制度框架的初步形成。

在初步实施过程中，中国政府采取了一系列措施来确保出口退税政策的顺利执行。首先，明确了退税的范围和税率，对符合条件的出口商品给予相应的退税优惠。其次，建立了退税申报和审核机制，规范了退税流程，提高了退税效率。此外，还加强了退税资金的监管和管理，确保了退税资金的安全和有效使用。

（三）政策效果与影响

中国出口退税制度的建立初期，其政策效果逐渐显现，并对中国经济发展产生了深远影响。一方面，出口退税政策降低了出口企业的税负，提高了出口产品的价格竞争力，促进了出口贸易的增长。另一方面，出口退税政策还带动了相关产业的发展，促进了产业结构的优化和升级。

具体而言，出口退税政策的实施使得中国出口商品在国际市场上更具竞争力，吸引了更多的国际订单和客户资源。同时，随着出口贸易的增长，也带动了国内生产、加工、运输等相关产业的发展，形成了良好的产业协同效应。此外，出口退税政策还促进了中国对外贸易的多元化发展，降低了对单一市场的依赖程度，提高了中国经济的抗风险能力。

（四）面临的挑战与应对措施

在中国出口退税制度的建立初期，也面临着一些挑战和困难。首先，由于当时中国税制尚不完善，退税政策的执行过程中存在一些漏洞和问题，如退税资金不足、退税流程繁琐等。其次，随着国际贸易形势的变化和国际竞争的加剧，中国出口退税政策也需要不断调整和优化，以适应新的形势和需求。

为了应对这些挑战和困难，中国政府采取了一系列应对措施。一方面，加强了退税资金的筹集和管理，确保退税资金的充足和有效使用。另一方面，不断优化退税流程和服务质量，提高退税效率和便捷性。同时，还加强了与国际社会的沟通和合作，积极参与国际税收规则的制定和修订工作，为中国出口退税制度的健康发展提供了有力保障。

三、出口退税政策的主要调整

(一) 初步探索与逐步确立阶段 (1985—1993年)

自1985年中国开始实行全面的出口退税政策以来，这一阶段的主要特征是政策的初步探索和逐步确立。在这一时期，中国正处于改革开放初期，对外贸易刚刚起步，出口退税政策作为促进出口的重要手段被引入并付诸实践。政府通过退还出口商品在国内生产和流通环节已缴纳的间接税，降低出口企业的税负，提高出口产品的国际竞争力。

此阶段，出口退税政策经历了从无到有、从简单到复杂的过程。政府逐步明确了退税的范围、税率和申报流程，建立了相应的退税管理机制。同时，随着对外贸易的不断发展，出口退税政策在促进出口增长、优化产业结构等方面发挥了积极作用。然而，由于当时中国税制尚不完善，退税政策在执行过程中也暴露出一些问题，如退税资金不足、退税流程繁琐等。

(二) 调整优化与应对挑战阶段 (1994—2003年)

进入20世纪90年代，中国出口退税政策进入了调整优化与应对挑战的新阶段。1994年，中国进行了税制改革，建立了以增值税为主体的流转税制度，为出口退税政策提供了更加坚实的制度基础。同时，随着亚洲金融危机的爆发和全球经济形势的变化，中国出口退税政策也面临着新的挑战和机遇。

在这一阶段，中国政府对出口退税政策进行了多次调整和优化。一方面，根据国内外经济形势的变化和出口贸易的实际情况，适时调整退税税率和范围，以更好地发挥政策的激励作用。另一方面，加强退税资金的筹集和管理，优化退税流程和服务质量，提高退税效率和便捷性。此外，还加强了与国际社会的沟通和合作，积极参与国际税收规则的制定和修订工作。

(三) 应对危机与深化改革阶段 (2004—2008年)

进入21世纪后，中国出口退税政策再次面临新的挑战。2004年，受人民币升值压力的影响，中国出口退税政策进行了重大调整，部分商品的退税率被调低。这一调整旨在缓解人民币升值对出口企业的冲击，同时促进出口结构的优化和升级。

在这一阶段，中国政府还加强了出口退税政策的监管和管理力度。通过完善退税申报和审核机制、加强退税资金的监管和使用效益评估等措施，确保退税政策的规范执行和有效落实。同时，还积极推动出口退税政策的信息化建设，提高退税管理的科技含量和智能化水平。

（四）稳定发展与持续创新阶段（2009年至今）

自2008年全球金融危机以来，中国出口退税政策进入了稳定发展与持续创新的新阶段。为了应对国际金融危机对出口贸易的冲击，中国政府采取了一系列措施来稳定出口退税政策。一方面，适时上调部分商品的退税率，以减轻出口企业的税负压力；另一方面，加强退税政策的宣传和培训力度，提高出口企业对退税政策的认知度和利用率。

此外，中国政府还积极推动出口退税政策的持续创新。通过引入新的退税方式、优化退税流程、加强退税风险管理等措施，不断提高退税政策的科学性和有效性。同时，还加强与国际社会的合作与交流，借鉴国际先进经验和技术手段来完善中国的出口退税制度。

综上所述，中国出口退税政策经历了初步探索与逐步确立、调整优化与应对挑战、应对危机与深化改革及稳定发展与持续创新四个主要调整阶段。在每个阶段中，中国政府都根据国内外经济形势的变化和出口贸易的实际情况对出口退税政策进行了相应的调整和优化，以更好地发挥政策的激励作用并促进中国对外贸易的健康发展。

四、中国出口退税制度的改革动向

近年来，出口退税制度的改革动向体现了国家对外贸出口政策的持续优化与调整，旨在增强出口产品竞争力，促进外贸稳定增长，同时推动国内产业结构升级和经济高质量发展。以下从四个方面对我国出口退税制度的改革动向进行深入分析。

（一）政策调整与优化

近年来，出口退税政策经历了多次调整与优化，以更好地适应国内外经济形势的变化。一方面，政府通过调整出口退税率，对特定行业或产品进行支持或限制。例如，对于高新技术产品、节能环保产品等符合国家发展战略方向的出口产品，往往给予较高的退税率，以鼓励其出口；而对于高污染、高能耗等资源消耗型产品，则可能降低或取消退税率，以引导企业转型升级。这种差异化的退税率政策，有助于优化出口产品结构，推动产业升级。另一方面，政府还通过简化退税流程、提高退税效率等措施，减轻企业负担，提升出口企业的竞争力。例如，通过推广电子退税系统、实现无纸化申报等方式，大大缩短了退税时间，降低了企业的财务成本和时间成本。同时，加强与其他部门的协调合作，如海关、税务、外汇管理等部门的信息共享和联合监管，也有效提高了退税的准确性和及时性。

（二）支持外贸稳定增长

出口退税制度作为支持外贸稳定增长的重要手段之一，近年来得到了进一步强化。在全球经济面临诸多不确定性和挑战的背景下，我国政府通过稳定出口退税政策，为出口企业提供了有力保障。通过保持退税率的基本稳定，减少政策波动对企业经营的影响，帮助企业稳定预期、增强信心。同时，针对一些受外部环境影响较大的行业或产品，政府还适时出台了临时性的退税支持政策，以帮助企业渡过难关、恢复发展。

（三）促进产业升级与结构调整

出口退税制度的改革还体现了对产业升级与结构调整的引导和支持。通过调整退税率结构，政府可以引导企业向高技术、高附加值的产品和服务转型。例如，对于具有自主知识产权、核心技术的出口产品，给予更高的退税率支持；而对于传统劳动密集型、低附加值的产品，则可能降低或取消退税率，以促使其转型升级。这种政策导向有助于推动国内产业结构的优化升级，提高出口产品的技术含量和附加值。

（四）加强监管与风险防范

在出口退税制度改革中，加强监管与风险防范也是重要的一环。随着退税规模的不断扩大和退税流程的日益简化，如何有效防范和打击骗税行为成为一个亟待解决的问题。为此，政府采取了一系列措施加强监管和风险防控。例如，加强退税审核力度，利用大数据、云计算等现代信息技术手段提高审核的准确性和效率；建立健全风险预警和应对机制，及时发现和处置退税过程中的风险点；加大对骗税行为的打击力度，依法严惩骗税分子和企业。这些措施有效保障了出口退税制度的健康运行和退税资金的安全。

综上所述，近年来出口退税制度的改革动向体现了国家对外贸出口政策的持续优化与调整。通过政策调整与优化、支持外贸稳定增长、促进产业升级与结构调整及加强监管与风险防范等多方面的努力，出口退税制度在推动外贸发展、促进产业升级和经济高质量发展方面发挥了重要作用。未来，随着国内外经济形势的不断变化和国际贸易环境的日益复杂多变，出口退税制度还将继续面临新的挑战和机遇。因此，政府和企业需要密切关注政策动态和市场变化，加强沟通协调和合作配合，共同推动出口退税制度的不断完善和发展。

第二节　当前出口退税制度的实施现状

一、出口退税政策的主要内容与适用范围

（一）政策背景与目的

出口退税政策是国家为鼓励出口、增强国际竞争力而实施的一项重要税收优惠政策。该政策的核心在于，对出口货物在国内生产和流通过程中已缴纳的增值税和消费税进行部分或全部退还，从而减轻出口企业的税收

负担，使其在国际市场上以更具竞争力的价格销售产品。此举不仅有助于促进外贸增长，稳定外贸基本盘，还能够推动国内产业升级，优化出口产品结构，增强经济发展的内生动力，并促进高水平对外开放。

（二）主要内容

出口退税政策的主要内容包括三个方面：出口免税、出口退税和出口不免税也不退税。其中，出口免税并退税政策是最为常见和重要的形式，它要求对本国出口销售环节免税，同时对出口前采购环节的进项税额进行退还，实现出口货物的零税率。这种政策安排旨在确保出口企业在国际市场上享有公平的税收待遇，提升其国际竞争力。出口免税但不退税政策则适用于某些特定情况，如出口货物在前一道生产、销售环节或进口环节已免税，因此出口时无须再退税。而出口不免税也不退税政策则针对国家限制或禁止出口的货物，这些货物在出口环节视同内销，需要照常征税。

（三）适用范围

出口退税政策的适用范围广泛，涵盖了依法办理市场主体登记、对外贸易经营者备案登记的自营或委托出口货物的单位或个体工商户。具体来说，以下类型的出口货物可以享受出口退税政策：一是有出口经营权的内（外）资生产企业自营出口或委托外贸企业代理出口的自产货物；二是有出口经营权的外贸企业收购后直接出口或委托其他外贸企业代理出口的货物；三是生产企业（无进出口权）委托外贸企业代理出口的自产货物；四是保税区内企业从区外有进出口权的企业购进直接出口或加工后再出口的货物；五是特定企业出口的货物，如对外承包工程公司运出境外用于对外承包项目的货物、对外承接修理修配业务的企业用于对外修理修配的货物等。

此外，值得注意的是，出口退税政策并非无条件适用于所有出口货物。根据政策规定，只有同时满足以下四个条件的出口货物才能享受退税待遇：一是必须属于增值税、消费税征税范围的货物；二是必须报关离境；三是必须在财务上做销售处理；四是必须收汇并已核销。这些条件确保了出口退税政策的精准性和有效性，防止了税收流失和不当退税现象的发生。

（四）政策实施效果与展望

自出口退税政策实施以来，其在促进外贸增长、优化出口产品结构、提升国际竞争力等方面取得了显著成效。随着全球经济形势的不断变化和国际贸易环境的日益复杂，出口退税政策也需要不断进行调整和完善。未来，政策制定者将继续关注国内外经济形势的变化，适时调整出口退税政策的具体内容和适用范围，以更好地服务于经济社会发展大局和推动高水平对外开放。同时，税务部门也将不断优化退税流程、提高退税效率和服务质量，为出口企业提供更加便捷、高效的退税服务。

综上所述，出口退税政策作为国家鼓励出口、增强国际竞争力的重要税收优惠政策，在促进外贸增长、优化出口产品结构、提升国际竞争力等方面发挥着重要作用。未来，随着政策的不断调整和完善及税务部门服务质量的不断提升，出口退税政策将继续为我国外贸事业的健康发展提供有力支持。

二、出口退税的办理流程与审批机制

（一）办理流程概述

出口退税的办理流程是确保企业能够及时、准确地获得出口退税的重要环节。一般而言，该流程包括前期准备、申报提交、审核审批和退税款发放四个主要阶段。在这个过程中，企业需要准备充分的退税材料，按照规定的程序向税务机关提交申请，并经过严格的审核审批后，最终获得退税款。

在前期准备阶段，企业需要取得有关部门批准其经营出口产品业务的文件和工商行政管理部门核发的工商登记证明，并完成出口企业退税登记。同时，企业还需要收集并整理出口退税所需的各类单证，如报关单、出口发票、进货发票等，并确保这些单证的真实性和完整性。

（二）申报提交流程

申报提交是出口退税流程中的关键环节。企业需要按照税务机关的要求，通过指定的电子申报系统或纸质申报方式，向税务机关提交出口退税申请及相关材料。在提交申请时，企业需要确保申报数据的准确性和一致性，避免因数据错误或不一致而导致退税申请被驳回或延迟处理。

在提交申请后，税务机关会对企业的申报材料进行初步审核。这一环节主要检查企业提交的材料是否齐全、规范，以及申报数据是否存在明显错误。如果初步审核通过，税务机关将受理企业的退税申请，并进入下一阶段的审核审批流程。

（三）审核审批机制

审核审批是出口退税流程中的核心环节。税务机关在受理企业的退税申请后，会按照规定的程序和标准，对申报的单证和数据进行全面、细致的审核。审核内容通常包括出口货物的真实性、出口价格的合理性、退税凭证的有效性等方面。

在审核过程中，税务机关可能会采取多种方式进行核实和比对，如与海关、外汇管理等部门进行数据交换和比对，以确保退税申请的真实性和准确性。同时，税务机关还会对存在疑点或问题的申报进行重点审核和调查，必要时会要求企业提供补充材料或进行说明。

经过严格的审核审批后，如果税务机关认为企业的退税申请符合相关政策和规定，将会办理退税手续，并将退税款汇入企业指定的银行账户。此时，企业需要按照税务机关的要求，提供必要的银行账户信息和相关手续，以便顺利领取退税款。

（四）退税款发放与后续管理

退税款的发放是出口退税流程的最后一个环节。在退税款发放前，税务机关会进行最终的复核和确认工作，确保退税款的准确性和安全性。一旦确认无误，税务机关将按照规定的程序和时间表，将退税款汇入企业指定的银行账户。

在退税款发放后，税务机关还会对企业的退税情况进行后续管理和监督。这包括对企业的退税资料进行归档和保存，以便日后查阅和审计；同时，税务机关还会对企业的退税情况进行定期检查和评估，以确保企业遵守相关政策和规定，防止税收流失和不当退税现象的发生。

此外，为了提高出口退税的效率和准确性，税务机关还不断推动信息化建设和流程优化工作。通过引入先进的电子申报系统和数据交换平台，实现退税申报、审核、审批和退税款发放的全程电子化操作；同时，加强与其他政府部门和企业的信息共享和协作机制建设，提高退税工作的协同性和效率性。

综上所述，出口退税的办理流程与审批机制是一个复杂而严谨的过程。企业需要充分了解相关政策和规定要求，认真准备和提交退税申请；税务机关则需要按照规定的程序和标准进行严格的审核审批工作，确保退税款的准确性和安全性。通过双方的共同努力和协作配合，可以推动出口退税工作的顺利开展和高效运行。

三、出口退税的税率结构与退税方式

（一）税率结构概述

出口退税的税率结构是出口退税政策的重要组成部分，它直接决定了出口企业能够获得的退税金额，进而影响企业的出口成本和竞争力。我国出口退税的税率结构根据出口货物的种类、性质及国内税收政策的不同而有所差异。一般来说，出口退税的税率分为多个档次，以适应不同行业和产品的实际情况。

在税率设置上，我国遵循"征多少退多少""未征不退彻底退税"的基本原则，即出口货物在国内生产和流通过程中实际缴纳的增值税和消费税，在货物报关出口后，按照规定的退税率予以退还。退税率的高低往往与国家的产业政策、出口导向及国际贸易环境等因素密切相关。

具体来说，我国出口退税的税率结构通常包括13%、11%、9%等多个档次。这些税率的设定考虑了多种因素，如产品的附加值、技术含量、出口竞争力及国内资源消耗等。对于高附加值、高技术含量的产品，往往给予较高的退税率以鼓励出口；而对于资源消耗型、低附加值的产品，则可能设定较低的退税率或不予退税，以引导企业转型升级和优化出口结构。

（二）退税方式解析

出口退税的退税方式主要分为两种：免抵退税和免退税。这两种方式在适用范围、计算方法和操作流程上存在一定的差异。

1.免抵退税方式

这种方式主要适用于生产企业自营出口或委托外贸企业代理出口的自产货物。在免抵退税方式下，生产企业出口自产货物所耗用的原材料、零部件、燃料、动力等所含应予退还的进项税额，首先抵顶内销货物的应纳税额。当生产企业出口的自产货物在当月内应抵顶的进项税额大于应纳税额时，对未抵顶完的部分予以退税。这种方式体现了"免、抵、退"三者的有机结合，既减轻了企业的税收负担，又避免了重复征税的问题。

2.免退税方式

这种方式主要适用于外贸企业收购后直接出口或委托其他外贸企业代理出口的货物。在免退税方式下，外贸企业对其收购的出口货物实行免税政策，即免征出口销售环节的增值税；同时，对于出口货物在国内采购环节所支付的增值税进项税额，按照规定的退税率予以退还。这种方式简化了退税流程，提高了退税效率，有利于外贸企业更好地开展出口业务。

（三）税率调整与动态变化

出口退税的税率并非一成不变，而是会根据国内外经济形势、产业政策及国际贸易环境的变化而进行调整。近年来，为了应对全球经济下行压力、促进外贸稳定增长和优化出口结构，我国多次对出口退税政策进行了调整和优化。这些调整包括提高部分产品的退税率、扩大退税范围、简化退税流程等措施，旨在为企业减负增效、提升出口竞争力。

值得注意的是，出口退税税率的调整往往需要综合考虑多种因素，如财政承受能力、产业发展需求及国际贸易规则等。因此，在税率调整过程中，政府会充分听取企业意见、开展调研论证并征求相关部门意见后作出决策。

（四）退税政策的国际比较与启示

从国际视角来看，出口退税政策是许多国家普遍采用的一种贸易促进措施。不同国家在退税政策的具体实施上存在差异，但也有一些共同之处。例如，许多国家都通过设定不同的退税率来引导企业优化出口结构、提升产品竞争力；同时加强退税管理、提高退税效率以减轻企业负担。

通过对国际退税政策的比较和分析可以为我国出口退税政策的完善提供有益的启示。一方面可以借鉴国际先进经验优化我国退税政策的制定和实施；另一方面，可以加强国际合作与交流，共同推动全球贸易的繁荣与发展。

综上所述，出口退税的税率结构与退税方式是出口退税政策的重要组成部分。通过合理的税率设置和灵活的退税方式选择不仅可以为企业减负增效、提升出口竞争力，同时政府也需要根据国内外经济形势的变化及时对退税政策进行调整和优化，以更好地服务于经济社会发展大局。

四、出口退税对外贸企业的实际影响分析

（一）经济效益的显著提升

出口退税政策对外贸企业最直接且显著的影响在于经济效益的提升。通过退还出口货物在国内生产和流通环节已缴纳的增值税和消费税，企业得以减少税收负担，进而降低出口成本，提升产品在国际市场上的价格竞争力。这一政策优惠使得外贸企业在面对国际市场竞争时，能够以更加灵活的价格策略吸引客户，扩大市场份额。同时，退税资金的快速回流也为企业提供了更多的流动资金，有助于缓解资金压力，促进企业的健康稳定发展。

具体而言，对于信用评级高、纳税记录良好的外贸企业，出口退税政策还通过简化退税流程、缩短退税时间等措施，进一步提高了退税效率，降低了企业的运营成本。这不仅有助于提升企业的利润空间，还有助于增

强企业的国际竞争力，为企业的长远发展奠定坚实基础。

（二）经营策略的灵活调整

出口退税政策的调整往往伴随着国内外经济形势和国际贸易环境的变化。外贸企业需要密切关注政策动向，灵活调整经营策略以适应市场变化。例如，当出口退税率提高时，企业可以借此机会增加出口量，扩大市场份额；而当退税率降低时，企业则需要考虑通过提高产品质量、降低生产成本等方式来保持竞争力。此外，企业还可以根据退税政策的差异化调整，优化出口产品结构，向高技术含量、高附加值的产品转型，以获取更高的退税收益。

在经营策略的调整过程中，外贸企业需要加强市场调研和风险评估，确保决策的科学性和合理性。同时，企业还需要加强与政府部门、行业协会及上下游企业的沟通与合作，共同应对市场挑战和机遇。

（三）产业结构的优化升级

出口退税政策在促进外贸企业经济效益提升和经营策略调整的同时，也对产业结构的优化升级产生了积极影响。通过调整不同行业和产品的出口退税率，政府可以引导企业优化出口产品结构，推动产业升级和结构调整。例如，对于高耗能、高污染、资源性产品等"两高一资"企业，政府可能会维持或降低其出口退税率，以限制其出口规模并促使其向更环保、更节能的方向转型；而对于高新技术产业等国家重点鼓励发展的行业，政府则会通过提高出口退税率等方式来降低企业的出口成本，鼓励更多的企业投入到这些行业中来。

产业结构的优化升级不仅有助于提升我国出口产品的整体质量和竞争力，还有助于促进经济的高质量发展。在这个过程中，外贸企业需要积极响应政策导向，加强技术创新和产品研发，不断提升自身的核心竞争力和市场地位。

（四）国际贸易环境的积极影响

出口退税政策不仅对外贸企业和国内经济产生积极影响，还对国际贸易环境产生正面效应。通过降低出口企业的税收负担和成本，提高产品的国际竞争力，出口退税政策有助于扩大我国的出口规模和市场份额，增强我国在全球贸易中的地位和影响力。同时，这一政策还有助于促进国际贸易的公平性和透明度，推动全球贸易的繁荣与发展。

在国际贸易环境日益复杂多变的背景下，出口退税政策成为我国政府支持外贸企业发展的重要手段之一。通过不断完善和优化退税政策，我国政府将继续为外贸企业提供有力支持，助力企业在国际市场上取得更大成就。同时，外贸企业也需要加强自身建设和提升管理水平，以更好地应对国际贸易环境的挑战和机遇。

第三节　出口退税制度存在的问题

一、退税政策频繁调整导致的不确定性

出口退税制度作为国家鼓励出口、提升国际竞争力的重要政策工具，其稳定性和可预测性对于出口企业而言至关重要。然而，长期以来，我国出口退税政策频繁调整，给出口企业带来了极大的不确定性。这种不确定性不仅体现在退税率的频繁变动上，还涉及退税对象的范围、退税条件的变更等多个方面。

退税政策的频繁调整使得出口企业难以制定长期的经营规划。企业在面对市场变化时，需要不断调整其出口策略和生产计划，以适应新的退税政策。然而，由于政策调整的时间节点和具体内容往往难以预测，企业往往难以做出及时有效的应对。这不仅增加了企业的运营成本，还可能影响企业的市场竞争力。

此外，退税政策的频繁调整还可能导致出口企业面临税负不稳定的风险。企业在生产、销售过程中，需要投入大量资金和资源，而退税政策的变动可能使得企业预期的退税收益无法实现，从而加重企业的财务负担。

这种税负不稳定的风险，不仅影响企业的资金流动性，还可能对企业的经营决策产生负面影响。

二、退税周期长、资金占用成本高

出口退税的周期较长，一直是困扰出口企业的一大问题。从货物出口到退税款到账，往往需要经历多个环节和较长的时间周期。这种长时间的等待不仅增加了企业的资金占用成本，还可能影响企业的正常运营。

退税周期长的原因主要有两个方面：一是退税审核程序的复杂性，需要企业提交大量的证明材料和文件，并经过多个部门的审核；二是退税资金的拨付流程繁琐，需要经历多个层级的审批和划拨。这些环节的存在，使得退税款无法及时到达企业账户，造成企业资金的长时间占用。

资金占用成本高的问题，对于出口企业而言尤为突出。由于出口企业往往需要垫付大量的资金用于生产、采购和运输等环节，退税款的延迟到账无疑增加了企业的资金压力。这不仅可能导致企业资金链紧张，还可能影响企业的融资能力和信用评级。

三、退税审核程序复杂，效率待提升

出口退税的审核程序相对复杂，需要企业提交大量的证明材料和文件，并经过多个部门的审核。这种复杂的审核程序不仅增加了企业的操作难度和成本，还可能导致退税申请的审核时间延长，影响退税效率。

退税审核程序的复杂性主要体现在以下几个方面：一是审核标准的多样性，不同部门、不同地区的审核标准可能存在差异；二是审核环节的繁琐性，企业需要经过多个环节的审核才能最终获得退税款；三是审核人员的专业性要求高，需要具备一定的税收、财务和外贸等方面的知识。

为了提升退税审核效率，需要进一步优化审核程序，简化审核流程。具体而言，可以加强部门之间的沟通协调，统一审核标准；推广使用电子化审核手段，减少纸质材料的提交和流转；加强审核人员的培训和管理，提高其专业素质和审核效率。

四、骗退税现象频发，监管机制待完善

骗退税现象一直是出口退税领域的一大顽疾。不法分子通过伪造单证、虚开发票等手段骗取国家退税款，严重扰乱了出口退税秩序，损害了国家和企业的利益。

骗退税现象频发的原因主要有两个方面：一是退税政策的漏洞和监管机制的不足；二是企业自身的合规意识和风险管理能力较弱。退税政策的漏洞和监管机制的不足使得不法分子有机可乘，而企业自身的合规意识和风险管理能力较弱则使得企业难以有效防范骗退税风险。

为了完善监管机制，遏制骗退税现象的发生，需要从以下几个方面入手：一是加强退税政策的宣传和解读，提高企业和公众的合规意识；二是完善退税审核和监管机制，加强对退税申请的审核和监控；三是加大对骗退税行为的打击力度，依法严惩不法分子；四是加强企业自身的合规建设和风险管理，建立健全内部控制制度和风险预警机制。

综上所述，出口退税制度在促进出口、提升国际竞争力方面发挥了重要作用，但也存在一些亟待解决的问题。通过加强政策稳定性、优化退税流程、提升审核效率和完善监管机制等措施，可以进一步完善出口退税制度，更好地服务于出口企业和国家经济发展。

第四节　出口退税制度面临的挑战

一、全球经济形势变化对出口退税的影响

全球经济形势的波动对出口退税制度产生了深远的影响。随着全球经济一体化的深入发展，各国经济相互依存度不断提高，全球经济形势的任何风吹草动都可能对出口退税政策产生连锁反应。

首先，全球经济增速的放缓或衰退会直接导致国际贸易量的减少，进

而影响出口退税的基数。在经济增长乏力的背景下，政府为了刺激出口、稳定经济增长，可能会调整出口退税政策，通过提高退税率或扩大退税范围来增强出口企业的竞争力。然而，这种政策调整也需要权衡国家财政承受能力，避免过度透支财政资源。

其次，全球经济结构的调整也对出口退税制度提出了新的要求。随着全球产业链的重组和新兴产业的崛起，传统出口产品的市场需求可能逐渐减弱，而高新技术产品、绿色低碳产品等则成为新的增长点。因此，出口退税政策需要紧跟时代步伐，适时调整退税目录和税率，以支持国内产业结构的优化升级。同时，全球经济的数字化转型趋势也要求出口退税制度加快信息化、智能化建设，提高退税效率和透明度，降低企业成本。

二、国际贸易摩擦加剧下的退税政策调整压力

近年来，国际贸易环境日益复杂多变，贸易摩擦频繁发生，给出口退税政策带来了前所未有的调整压力。一方面，国际贸易摩擦导致关税壁垒和非关税壁垒增多，出口企业面临的市场环境更加严峻。为了缓解出口企业的压力，政府可能会通过调整出口退税政策来弥补关税增加带来的成本上升，保持出口产品的价格竞争力。然而，这种政策调整往往需要与其他贸易伙伴进行协商和谈判，以避免引发更广泛的贸易争端。

另一方面，国际贸易摩擦还可能导致出口市场需求的不确定性增加，进而影响出口退税政策的稳定性和可预测性。在贸易摩擦加剧的背景下，出口企业往往难以准确预测市场需求的变化趋势，这就要求出口退税政策应具备更高的灵活性和适应性，以便根据市场变化及时调整退税政策。然而，这也给政策制定者带来了更大的挑战，需要他们密切关注国际贸易形势的变化趋势，并提前做好政策储备和应对预案。

三、数字化转型背景下退税服务的创新需求

随着数字化技术的快速发展和普及应用，退税服务的数字化转型已成为不可逆转的趋势。

首先，数字化转型可以大幅提高退税服务的效率和透明度。通过建设和完善退税信息化平台，实现退税申报、审核、支付等环节的电子化、自动化处理，可以大幅缩短退税周期，降低企业成本。同时，数字化手段还可以加强退税信息的公开和共享，提高政策执行的透明度和公信力。

其次，数字化转型还可以推动退税服务的创新升级。例如，利用大数据、人工智能等技术手段对退税数据进行深度挖掘和分析，可以发现退税过程中的问题和风险点，为政策制定者提供决策支持。同时，还可以根据企业的实际需求和特点，提供个性化的退税服务方案，满足企业多元化、差异化的需求。此外，数字化转型还可以加强退税服务的监管和评估，通过建立健全的风险防控机制和绩效评估体系，确保退税政策的有效性和可持续性。

四、绿色贸易壁垒对特定行业退税政策的挑战

绿色贸易壁垒作为一种新型的贸易保护措施，对特定行业的退税政策构成了严峻的挑战。

首先，绿色贸易壁垒要求出口产品必须符合一定的环保标准和要求，这可能导致部分传统出口产品因无法满足要求而失去市场。为了支持这些行业转型升级和绿色发展，政府可能需要调整退税政策，通过提高退税率或提供其他形式的财政支持来降低企业的环保成本。然而，这种政策调整需要权衡多方面的利益因素，确保政策的公平性和合理性。

其次，绿色贸易壁垒还可能导致出口市场需求的结构性变化。随着全球消费者对环保产品的需求不断增加，绿色低碳产品逐渐成为新的增长点。为了抓住这一市场机遇，政府需要适时调整退税政策，加大对绿色低碳产品的支持力度。然而，这也要求政策制定者应具备敏锐的市场洞察力和前瞻性的战略眼光，以便准确把握市场需求的变化趋势并制定相应的政策措施。

综上所述，全球经济形势变化、国际贸易摩擦加剧、数字化转型及绿色贸易壁垒等因素都对出口退税制度构成了深远的影响和挑战。面对这些挑战，政府需要加强政策研究和创新力度，不断完善和优化出口退税政策体系；同时还需要加强与其他国家和地区的合作与交流，共同推动全球贸易和税收治理体系的完善和发展。

第四章 出口退税企业资格认定、条件与操作

第一节 出口企业的资格认定与条件

一、出口企业资格认定的基本要求

在全球化日益加深的今天，出口企业作为连接国内外市场的桥梁，其资格认定显得尤为重要。这一过程不仅关乎企业的合法性与市场竞争力，还直接影响国际贸易的顺利进行。以下从四个方面深入分析出口企业资格认定的基本要求。

（一）企业法律地位的明确与合规性

出口企业必须具备明确的法律地位，这是其参与国际贸易活动的基础。企业需要按照我国相关法律法规，如《公司法》等，完成注册登记手续，取得合法的营业执照，并依法进行年检，确保企业的存续状态和经营范围符合法律要求。此外，企业还需要遵守国家对外贸易管理政策，如进出口经营权的申请与获得，这是企业开展进出口业务的前提条件。在此过程中，企业需要提交详细的申请材料，包括企业法人营业执照、税务登记证、组织机构代码证等，以证明其具备合法经营的资质和能力。

合规性方面，出口企业需要严格遵守国际贸易规则，包括WTO规则、双边或多边贸易协定等，确保在国际贸易中不出现违法违规行为。企业需要建立完善的内部管理制度，包括财务管理、质量管理、知识产权保护等，

以规范企业行为，提高经营效率。同时，企业还需要加强员工培训，提高员工对国际贸易规则的认识和遵守意识，确保企业整体合规。

（二）经营能力与市场竞争力的提升

出口企业的资格认定不仅要求企业具备法律地位，还要求企业具备一定的经营能力和市场竞争力。这包括企业的生产能力、技术水平、产品质量、市场渠道等多个方面。企业需要具备与出口业务相匹配的生产能力，能够按照国际市场需求和标准生产高质量的产品。同时，企业还需要不断提升技术水平，加强研发创新，以适应市场变化和技术升级的需求。

在产品质量方面，出口企业需要建立完善的质量控制体系，确保产品符合国际标准和客户需求。企业需要通过 ISO 等国际质量认证，提升产品在国际市场的认可度和竞争力。此外，企业还需要积极开拓国际市场渠道，建立稳定的客户关系，提高产品在国际市场的知名度和影响力。

（三）财务稳健与资金运作的合理性

出口企业需要具备财务稳健和资金运作合理性的要求。企业需要建立完善的财务管理制度，规范会计核算和资金管理，确保企业资产的安全和完整。同时，企业还需要保持良好的财务状况，如资产负债率、流动比率等财务指标需要保持在合理水平，以应对国际贸易中的不确定性和风险。

在资金运作方面，出口企业需要合理安排资金使用，确保资金的有效利用和流动。企业需要加强现金流管理，提高资金使用效率，降低融资成本。此外，企业还需要积极寻求多元化的融资渠道，如银行贷款、股权融资等，以满足企业资金需求，支持企业持续发展。

（四）社会责任与可持续发展

最后，出口企业在资格认定过程中需要关注社会责任和可持续发展。企业应积极履行社会责任，包括遵守环保法规、保障员工权益、参与公益事业等。企业需要建立完善的环境管理体系，减少生产过程中的污染和排放，实现绿色生产。同时，企业还需要关注员工福利和职业发展，提高员工满意度和忠诚度。

在可持续发展方面，出口企业需要注重长期发展和可持续发展战略的制定与实施。企业需要关注国际贸易趋势和市场需求变化，及时调整经营策略和产品结构，以适应市场变化。同时，企业还需要加强技术创新和品牌建设，提高产品附加值和市场竞争力，为企业的长期发展奠定坚实基础。

综上所述，出口企业资格认定的基本要求涵盖了企业法律地位的明确与合规性、经营能力与市场竞争力的提升、财务稳健与资金运作的合理性及社会责任与可持续发展等多个方面。这些要求不仅是对企业现状的评估，更是对企业未来发展的指引。出口企业应积极应对这些要求，不断提升自身实力和市场竞争力，为国际贸易的繁荣和发展做出更大贡献。

二、不同类型企业的特殊资格条件

（一）注册资本与资金实力

不同类型企业在设立之初，其注册资本与资金实力往往成为衡量其经营规模、抗风险能力及发展潜力的重要指标。对于咨询服务类公司和投资管理咨询公司而言，其注册资本最低要求为10万元人民币，这体现了此类企业以智力服务为核心，对资金需求量相对较低的特点。然而，对于贸易类企业，尤其是批发零售型企业，其注册资本要求则显著提高，零售企业需要达到30万元人民币，而批零企业则需要达到50万元人民币，这反映出贸易类企业在运营过程中需要更大的资金流动性和库存管理能力。

进一步来看，工贸公司、实业公司及科技投资管理公司等类型的企业，其注册资本要求更为严格。工贸公司因其涉及生产加工环节，注册资本需要达到50万元人民币以上，以确保其有足够的资金进行设备购置、原材料采购及生产运营。实业公司和科技投资管理公司的注册资本要求更是高达500万元人民币甚至1000万元人民币，这不仅体现了这些企业较高的市场准入门槛，也彰显了其在技术创新、产业升级及资本运作等方面的雄心壮志。集团公司作为企业联合的高级形态，其注册资本最低要求为5000万人民币，这标志着集团公司需要具备强大的资本实力和综合管理能力，以支撑其跨行业、跨地区的复杂运营体系。

（二）行业资质与专业能力

不同类型企业在各自领域内的发展，往往受到行业资质与专业能力的严格限制。例如，在建筑工程领域，二级建筑工程公司的注册资本需要达到2000万人民币，并需要取得相应的施工资质证书，以确保其具备承接大型工程项目的能力。又如，国际货运代理企业，其注册资本最低要求为500万人民币，并需要获得国际货运代理资格证书，以证明其在国际物流运输领域的专业性和合规性。

此外，随着科技进步和产业升级，许多新兴行业也对企业提出了更高的资质要求。如高新技术企业、科技创新型企业等，需要通过科技部门的认定，并具备相应的研发能力、技术成果及自主知识产权，才能获得政府的政策支持和市场认可。这些资质要求不仅促进了企业之间的良性竞争，也推动了整个行业的健康发展。

（三）治理结构与管理水平

不同类型企业在治理结构与管理水平上也存在显著差异。有限责任公司和股份有限公司作为现代企业制度的主要形式，其治理结构相对完善，包括股东会、董事会、监事会等组织机构，以确保企业决策的科学性和民主性。同时，这些企业还需要制定公司章程，明确股东权利与义务、公司经营范围、组织机构设置及议事规则等事项，为公司的规范运作提供制度保障。

然而，不同类型企业在管理水平上的要求也不尽相同。对于大型企业而言，其管理难度和复杂性相对较高，需要建立完善的管理体系和内部控制制度，以确保企业的高效运营和风险控制。而对于小型企业而言，虽然其管理结构相对简单，但同样需要注重管理规范化和精细化，以提高企业的竞争力和生存能力。

（四）社会责任与可持续发展

不同类型企业在追求经济效益的同时，还需要积极履行社会责任，实现可持续发展。这包括遵守国家法律法规、保护生态环境、维护消费者权益、促进就业与社会和谐等方面。例如，在环保领域，企业需要严格遵守环保法规，采取有效措施减少污染排放和资源浪费，实现绿色生产和低碳发展。在社会责任方面，企业需要关注弱势群体利益，积极参与公益事业和慈善活动，为社会进步和发展贡献力量。

此外，企业还需要注重自身的可持续发展能力，通过技术创新、产业升级和品牌建设等方式提高核心竞争力，实现长期稳健发展。同时，企业还需要关注市场变化和消费者需求的变化，灵活调整经营策略和产品结构，以适应市场的变化和竞争的挑战。

三、资格认定流程与所需材料清单

（一）资格认定流程概述

资格认定流程是企业获取特定行业或领域经营资质、许可的必经之路，其设计旨在确保企业具备合法经营的基本条件和能力。一般而言，资格认定流程可划分为以下几个关键阶段：预审阶段、正式申请阶段、审核评估阶段、公示与反馈阶段，以及最终决定与证书颁发阶段。

在预审阶段，企业需要通过官方渠道或指定平台了解资格认定的基本要求和所需材料清单，进行自我评估，确保自身条件符合申请资格。随后，正式进入申请阶段，企业需要按照要求准备并提交完整的申请材料，包括但不限于企业基本信息、经营资质证明、财务报表、技术实力证明等。

审核评估阶段是资格认定流程中的核心环节，由相关行政管理部门或专业机构组织专家对申请材料进行细致审查，并可能进行现场核查，以验证企业实际情况与申请材料的一致性。此阶段还可能涉及对企业技术水平、管理能力、社会责任等方面的综合评价。

公示与反馈阶段则是为了增强资格认定的透明度和公正性，将审核结果向社会公示，接受公众监督。同时，为申请人提供反馈渠道，允许其对审核结果提出异议或补充材料。

最终决定与证书颁发阶段，相关行政管理部门或专业机构根据审核结果和公示反馈情况，作出是否准予认定的决定，并向通过认定的企业颁发相应的资格证书或许可证。

（二）所需材料清单详解

不同类型的企业在申请资格认定时，所需提交的材料清单各有侧重，但通常包含以下几类基本材料：

（1）企业基本信息材料：包括企业营业执照、组织机构代码证、税务登记证（或三证合一的营业执照）、法定代表人身份证明及授权委托书（如适用）等，用于确认企业的合法身份和经营资质。

（2）经营资质证明：根据申请的具体资格类型，可能需要提供特定的经营资质证明，如环保部门颁发的排污许可证、食品药品监督管理部门颁发的生产或经营许可证等，以证明企业在相关领域具备合法经营的资质和条件。

（3）财务报表与经营状况证明：包括企业近年的审计报告、财务报表、纳税证明等，用于评估企业的财务状况和经营稳定性。对于新成立或规模较小的企业，可能还需要提供银行资信证明、股东出资证明等材料。

（4）技术实力与管理水平证明：对于技术密集型或管理要求较高的行业，如高新技术产业、建筑工程等，企业需要提交技术专利证书、研发项目报告、管理体系认证证书等材料，以证明其在技术实力和管理水平方面的优势。

（5）其他辅助材料：根据具体申请要求，还可能包括企业荣誉证书、社会责任报告、环保措施说明等材料，用于展示企业的综合实力和社会责任感。

（三）资格认定流程中的注意事项

在资格认定流程中，企业需要特别注意以下几点：

（1）提前准备：由于资格认定流程可能涉及多个环节和部门，企业需要提前了解并准备相关材料，确保在申请过程中不会因为材料不全或不符合要求而延误时间。

（2）注重细节：申请材料需要真实、准确、完整，任何虚假信息都可能导致申请失败甚至受到法律制裁。同时，应注意材料的格式、排版等细节问题，以提高审核通过率。

（3）积极沟通：在申请过程中，企业应保持与相关行政管理部门或专业机构的良好沟通，及时了解审核进度和反馈意见，以便及时调整和完善申请材料。

（4）遵守法律法规：企业应严格遵守国家法律法规和资格认定相关规定，不得通过不正当手段获取资格认定。同时，在获得资格认定后，也需要持续遵守相关规定要求，确保合法合规经营。

（四）资格认定对企业发展的意义

资格认定不仅是对企业合法经营资格的确认和保障，更是企业提升竞争力、拓展市场的重要途径。通过资格认定，企业可以：

（1）增强市场信誉：获得权威机构颁发的资格证书或许可证，有助于提升企业的市场信誉和品牌形象，增强消费者对企业的信任度和忠诚度。

（2）拓展业务领域：某些行业或领域对经营资质有严格要求，只有获得相应资格认定的企业才能进入该领域开展业务。因此，资格认定成为企业拓展业务领域的"敲门砖"。

（3）提升竞争力：资格认定往往与企业的技术实力、管理水平等方面紧密相关。通过不断提升自身实力并通过资格认定审核的企业，将在市场竞争中占据更有利的位置。

（4）享受政策优惠：政府为了鼓励和支持特定行业的发展，往往会出台一系列优惠政策。获得资格认定的企业往往能够享受这些政策优惠，降低经营成本并提高盈利能力。

四、资格复审与持续合规要求

（一）资格复审的重要性与目的

资格复审作为确保企业持续符合特定资格条件的重要环节，其重要性不言而喻。它不仅是对企业初始资格认定结果的再次确认，更是对企业运营过程中是否保持合规状态的持续监督。通过资格复审，可以及时发现并纠正企业在运营过程中出现的问题，保障市场秩序和消费者权益，促进企业健康、可持续发展。

　　资格复审的目的在于：一是确保企业始终具备合法经营的资格和条件，维护市场公平竞争；二是监督企业遵守相关法律法规和行业规范，保障公共利益和社会安全；三是推动企业不断提升自身实力和管理水平，实现高质量发展。

（二）资格复审的流程与标准

　　资格复审的流程通常包括企业自查、提交复审材料、审核评估、公示反馈及复审决定等环节。企业需要按照要求准备并提交复审材料，包括企业基本信息、经营资质证明、财务报表、技术实力证明等。审核评估阶段，相关行政管理部门或专业机构将组织专家对复审材料进行审查，并可能进行现场核查，以验证企业实际情况与复审材料的一致性。复审标准则依据国家法律法规、行业规范及资格认定时的具体要求而定，确保复审结果的公正性和权威性。

（三）复审中常见的挑战与应对措施

　　在资格复审过程中，企业可能会面临多种挑战，如材料准备不充分、审核标准变化、现场核查难度大等。为应对这些挑战，企业可采取以下措施：一是提前了解复审要求和标准，制订详细的复审计划；二是加强内部管理，确保各项资料的真实性和完整性；三是积极与审核部门沟通，及时了解审核进度和反馈意见；四是针对审核中发现的问题及时整改，确保符合复审要求。

（四）持续合规要求与企业发展

　　持续合规不仅是企业通过资格复审的必要条件，更是企业长期发展的基石。随着市场环境的不断变化和法律法规的日益完善，企业需要时刻保持对合规要求的敏感性和适应性。为实现持续合规，企业可采取以下措施：一是建立健全合规管理体系，明确合规责任和管理流程；二是加强员工培训和教育，提高全员合规意识和能力；三是关注行业动态和政策变化，及时调整经营策略和合规措施；四是加强与监管机构的沟通和合作，共同推动行业合规水平提升。

同时，持续合规也是企业提升竞争力的重要途径。通过遵守法律法规和行业规范，企业可以树立良好的企业形象和品牌形象，增强消费者和合作伙伴的信任度和忠诚度。此外，持续合规还有助于企业降低经营风险和成本，提高经营效率和盈利能力，为企业的长期发展奠定坚实基础。

第二节　出口退税的申请流程与审核

一、出口退税申请前的准备工作

在申请出口退税之前，企业需要进行一系列细致而周密的准备工作，以确保退税流程的顺利进行和退税款项的及时到账。这一过程涉及多个方面，包括资格确认与备案登记、资料准备与完整性检查、内部审核与合规性检查，以及系统与技术准备。以下是从这四个方面进行的详细分析。

（一）资格确认与备案登记

企业首先需要确认自身是否具备申请出口退税的资格。这主要包括两个核心要素：一是企业必须是增值税一般纳税人，并已办理退免税备案；二是出口的货物必须属于增值税和消费税的应税产品，并且这些产品属于退税范围，而非免税或征税产品。

资格确认过程中，企业需要仔细研读国家税务总局及地方税务机关发布的相关政策文件，了解退税政策的最新动态和具体要求。同时，企业还需要向主管税务机关提交必要的备案材料，如《对外贸易经营者备案登记表》、营业执照、组织机构代码证书等，以完成退税备案登记。这一过程不仅是对企业资质的审核，也是确保企业能够合法享受退税政策的前提。

（二）资料准备与完整性检查

资料准备是出口退税申请前最为关键的一步。企业需要收集并整理一系列与出口业务相关的单证和资料，包括但不限于出口货物报关单、增值税专用发票、出口货物销售合同、运输单据等。这些资料不仅是退税申请的重要依据，也是税务机关审核退税申请的必要材料。

在资料准备过程中，企业需要特别注意以下几点：一是确保所有资料的真实性、准确性和完整性，避免出现虚假申报或遗漏重要信息的情况；二是按照税务机关的要求规范填写和整理资料，确保资料格式和内容的合规性；三是及时跟进和更新资料，确保在退税申请前能够获取到最新、最全面的资料信息。

（三）内部审核与合规性检查

在提交退税申请前，企业还需要要进行内部审核和合规性检查。这一步骤旨在确保企业的出口业务符合退税政策的相关规定和要求，避免因业务操作不当或违规行为而导致退税申请被拒绝或受到处罚。

内部审核和合规性检查的内容包括但不限于以下几个方面：一是检查出口货物的品名、规格、数量、单价等信息是否与报关单、销售合同等单证一致；二是核实增值税专用发票的开具是否符合税法规定，是否已进行抵扣勾选认证；三是检查企业的出口收汇情况，确保已完成收汇并符合外汇管理规定；四是评估企业的出口业务是否存在虚假出口、虚开发票等违法违规行为。

通过内部审核和合规性检查，企业可以及时发现并纠正存在的问题和隐患，提高退税申请的通过率和成功率。

（四）系统与技术准备

随着信息技术的不断发展，出口退税的申请和审核过程越来越依赖于电子化和信息化手段。因此，企业在申请出口退税前还需要做好系统与技术方面的准备工作。

这主要包括以下几个方面：一是熟悉和掌握退税申报系统的操作流程

和功能特点，确保能够熟练地使用系统进行退税申报和查询；二是确保企业的计算机和网络设备能够满足退税申报系统的运行要求，避免因设备故障或网络问题而影响退税申请的提交和审核；三是及时关注税务机关发布的系统升级和维护通知，确保在退税申报期间能够正常使用系统；四是加强信息安全防护工作，确保退税申报数据的安全性和保密性。

通过系统与技术准备，企业可以更加高效、便捷地完成退税申请和审核工作，提高退税工作的效率和质量。

综上所述，出口退税申请前的准备工作涉及资格确认、资料准备、内部审核与合规性检查以及系统与技术准备等多个方面。企业需要认真对待这些准备工作，确保退税流程的顺利进行和退税款项的及时到账。

二、出口退税申请的提交方式与途径

在准备充分并确认符合出口退税条件后，企业需要选择合适的提交方式与途径来正式递交退税申请。这一过程不仅关乎退税效率，也直接影响退税的顺利与否。以下从四个方面详细分析出口退税申请的提交方式与途径。

（一）线上申报平台的便捷性与优势

随着数字化时代的到来，线上申报平台成为企业提交出口退税申请的首选方式。其中，电子税务局和国际贸易"单一窗口"是两个主要的线上申报渠道。这些平台不仅提供了便捷的在线申报服务，还实现了数据的实时传输与共享，大大提高了退税申请的效率和准确性。

电子税务局作为国家税务总局推出的官方服务平台，集成了税务申报、税款缴纳、信息查询等多项功能。企业通过电子税务局提交出口退税申请，可以随时随地在线填写申报表格、上传相关资料，并实时跟踪申请进度。此外，电子税务局还提供了智能配单、数据自检等辅助功能，帮助企业减少人为错误，提高申报质量。

国际贸易"单一窗口"则是一个集成化的口岸服务平台，实现了出口报关、退税申报等多个口岸相关事项的"一窗通办"。企业只需要在一个平台上即可完成多项业务操作，大大节省了时间和成本。同时，"单一窗口"还提供了丰富的政策解读和指南，帮助企业更好地理解和掌握退税政策。

（二）离线版申报系统的灵活性与补充作用

尽管线上申报平台具有诸多优势，但离线版申报系统在某些情况下仍具有不可替代的作用。离线版申报系统是一款单机系统软件，主要提供企业在无网络环境下进行退税申报的表单数据采集功能。企业可以在离线状态下完成数据采集和初步整理工作，待网络连接恢复后再通过电子税务局进行上传申报或前往税务机关办税服务大厅办理。

离线版申报系统的灵活性在于其不受网络环境的限制，企业可以根据自身实际情况选择合适的时间和地点进行申报准备。此外，离线版申报系统还提供了丰富的数据校验和错误提示功能，帮助企业及时发现并纠正申报中的错误和问题。

（三）纸质申报材料的提交与注意事项

尽管线上申报已成为主流趋势，但在某些特定情况下，企业仍需提交纸质申报材料。例如，在首次申请退税或税务机关有特殊要求时，企业可能需要提供纸质报关单、发票等原始单证作为审核依据。

在提交纸质申报材料时，企业需特别注意以下几点：一是确保所有材料的真实性和完整性，避免出现虚假申报或遗漏重要信息的情况；二是按照税务机关的要求规范填写和整理材料，确保格式和内容的合规性；三是及时关注税务机关的通知和要求，确保在规定时间内提交材料并办理相关手续。

（四）多渠道并行提交的考虑与策略

在实际操作中，企业可以根据自身实际情况和需要选择多种渠道并行提交出口退税申请。例如，企业可以先通过线上申报平台提交电子数据并实时跟踪进度，同时准备纸质申报材料以备不时之需。或者，在网络环境不稳定或系统维护期间，企业可以优先选择离线版申报系统进行数据采集和初步整理工作。

多渠道并行提交的策略不仅可以提高退税申请的灵活性和效率，还可以在一定程度上降低因单一渠道故障或延误而导致的风险。同时，企业还需要加强内部沟通和协调机制，确保各部门之间信息共享和协作顺畅，共同推动退税申请工作的顺利进行。

综上所述，出口退税申请的提交方式与途径多种多样，企业需要根据自身实际情况和需要选择合适的方式进行申报。同时，企业还需要加强内部管理和流程优化工作，确保退税申请工作的规范性和高效性。

三、出口退税审核流程与关键节点

出口退税审核是确保企业合规享受税收优惠政策的重要环节，其流程复杂且涉及多个关键节点。以下从四个方面对出口退税审核流程与关键节点进行详细分析。

（一）审核流程的启动与初步审查

出口退税审核流程通常从企业提交退税申请开始。企业需要按照税务机关的要求，通过电子税务局或国际贸易"单一窗口"等线上平台提交完整的退税申报资料。税务机关在收到申请后，会启动审核流程，进行初步审查。

初步审查的主要目的是确认申报资料的完整性和合规性。税务机关会检查企业提交的报关单、增值税专用发票、出口货物销售合同等关键单证是否齐全、有效，并核对各项信息是否一致、准确。此外，税务机关还会关注企业是否存在骗取出口退税的嫌疑，如是否存在虚假出口、虚开发票等行为。

在这一阶段，企业需要特别注意确保申报资料的真实性和准确性，避免因资料不全或错误而导致审核不通过。同时，企业也需要积极配合税务机关的初步审查工作，及时提供补充材料或说明情况。

（二）深入审核与疑点排查

经过初步审查后，税务机关会对通过初步筛选的退税申请进行深入审核。深入审核的内容更加全面和细致，涉及对出口货物的真实性、出口价格的合理性、退税额度的准确性等多个方面的核查。

在这一阶段，税务机关可能会采取多种手段进行疑点排查，如通过数据分析比对、实地核查、函调调查等方式，核实企业的出口业务是否真实存在、出口价格是否合理、退税额度是否准确等。对于存在疑点的退税申请，税务机关会进一步调查核实，并根据调查结果作出相应处理。

企业需要积极配合税务机关的深入审核和疑点排查工作，如实提供相关资料和说明情况。同时，企业也需要加强内部管理，确保出口业务的真实性和合规性，避免因违规行为而导致退税申请被拒绝或受到处罚。

（三）审核结果的公示与反馈

审核完成后，税务机关会将审核结果通过电子税务局等线上平台公示给申请企业。公示内容通常包括退税申请的审核结果、退税额度、退税时间等信息。企业可通过线上平台查询审核结果，并根据需要进行后续操作。

对于审核通过的企业，税务机关会按照规定的程序和时间节点将退税款项打入企业的指定账户。对于审核未通过的企业，税务机关会告知未通过的原因，并给出相应的处理意见。企业可根据税务机关的反馈意见进行整改或申诉。

在这一阶段，企业需要密切关注审核结果的公示情况，并及时核对退税款项的到账情况。如有问题或疑问，企业可及时与税务机关联系沟通解决。

（四）后续监管与持续合规

出口退税审核流程虽然结束于退税款项的到账，但税务机关对企业的后续监管并未停止。为了确保企业持续合规享受税收优惠政策，税务机关会加强对企业的后续监管力度。

后续监管的内容主要包括对企业的出口业务进行定期或不定期的核查、对企业的税务申报和退税申请进行持续跟踪和监控等。税务机关会关注企业是否存在骗取出口退税、违规操作等行为，并根据监管结果采取相应的处理措施。

企业需要高度重视税务机关的后续监管工作，加强内部管理和合规性建设，确保出口业务的真实性和合规性。同时，企业也需要积极配合税务机关的监管工作，如实提供相关资料和说明情况，共同维护税收秩序和公平竞争的市场环境。

四、审核结果反馈与异议处理

在出口退税流程中，审核结果的反馈及随后的异议处理是确保企业权益、维护税收秩序的重要环节。以下从四个方面对审核结果反馈与异议处理进行详细分析。

（一）审核结果反馈机制

审核结果反馈是税务机关将退税申请的审核情况告知企业的过程。通常，税务机关会通过电子税务局等线上平台，以电子形式向企业发送审核结果通知。这些通知内容详细，包括退税申请的审核结果、退税金额、退税时间等关键信息。

为了确保企业能够及时、准确地获取审核结果，税务机关会采取多种措施优化反馈机制。例如，建立短信提醒服务，当审核结果出来后，第一时间通过短信方式通知企业；同时，在电子税务局平台上设置醒目的审核结果查询入口，方便企业随时查询。

（二）异议处理流程

若企业对审核结果存在异议，可通过异议处理流程进行申诉。一般来说，异议处理流程包括以下几个步骤：

（1）提交异议申请：企业需要向原审核税务机关提交书面的异议申请，详细说明异议的理由和依据，并提供相关证据材料。

（2）受理与审核：税务机关在收到异议申请后，会进行受理并重新审核相关退税申请。审核过程中，税务机关会重点关注企业提出的异议点，并进行深入调查和核实。

（3）处理决定：根据重新审核的结果，税务机关会作出相应的处理决定。若确认原审核结果有误，税务机关会及时更正并重新计算退税金额；若确认原审核结果无误，则会向企业说明理由并维持原决定。

（4）通知与反馈：税务机关会将处理决定以书面形式通知企业，并在电子税务局平台上进行公示。企业可通过电子税务局查询处理结果，并根据需要进行后续操作。

（三）异议处理过程中的注意事项

在异议处理过程中，企业需要注意以下几点：

（1）及时提交异议申请：企业应在规定的时间内提交异议申请，逾期则可能失去申诉的权利。

（2）充分准备证据材料：企业应充分准备与异议相关的证据材料，确保材料真实、准确、完整。这些材料将成为税务机关重新审核的重要依据。

（3）积极配合税务机关的调查：在异议处理过程中，税务机关可能会要求企业提供进一步的证据或进行实地核查。企业应积极配合税务机关的调查工作，如实提供相关资料和说明情况。

（4）关注处理进度：企业应密切关注异议处理的进度情况，并及时与税务机关沟通了解处理结果。

（四）优化异议处理机制的建议

为了进一步提升出口退税审核结果反馈与异议处理的效率和质量，以下提出几点建议：

（1）加强信息化建设：税务机关应继续加强信息化建设，优化电子税务局等线上平台的功能和用户体验。通过引入更先进的技术手段，如人工智能、大数据等，提高审核结果的准确性和反馈的及时性。

（2）完善异议处理制度：税务机关应进一步完善异议处理制度，明确异议处理的程序、标准和时限等要求。同时，加强对异议处理人员的培训和管理，提高他们的业务素质和服务水平。

（3）加强沟通与合作：税务机关应加强与企业的沟通与合作，建立畅通的沟通渠道和反馈机制。通过定期召开座谈会、培训会等形式，加强与企业的互动和交流，及时了解企业的需求和问题，为企业提供更加便捷、高效的服务。

（4）强化监督与问责：税务机关应加强对审核结果反馈与异议处理工作的监督和问责力度。对于在审核和异议处理过程中出现的违规行为或不当行为，应依法依规进行严肃处理，确保税收秩序的公平和公正。

第三节　出口退税率与退税额的计算及特殊规定

一、出口退税率确定原则与标准

在国际贸易中，出口退税是一项重要的税收政策，旨在促进出口，增强国际竞争力。出口退税率的确定原则与标准涉及多个方面，以下从四个方面进行详细分析。

（一）基本原则的遵循

出口退税政策的核心在于其基本原则的遵循，主要包括"征多少、退多少""未征不退""彻底退税"。首先，"征多少、退多少"原则确保出口商品在之前环节所缴纳的税款在出口时全额退还，使出口商的整体税负为零。这一原则不仅避免了出口商品的双重征税，还降低了出口成本，提升了国际竞争力。其次，"未征不退"原则强调，如果出口商品在之前的环节未征收税款，则在出口环节也不应退还税款，这保证了退税的合法性和公平性。最后，"彻底退税"原则要求所有符合条件的出口商品都应获得应退的税款，不留任何未退或部分退税的情况，以维护税收的公平性和出口企业的合法权益。

（二）退税率的认定标准

出口退税率的认定标准是一个综合考量多个因素的结果。首先，出口货物的类型是影响退税率的重要因素。不同类型的货物可能因其生产工艺、原材料成本、技术含量等方面的差异而适用不同的退税率。其次，国家的退税政策也是决定退税率的关键因素。政府会根据国家经济发展战略、产业结构调整、国际贸易环境等因素，适时调整出口退税政策，以引导企业优化出口产品结构，提升出口产品的附加值。最后，出口货物的离岸价格、外汇人民币牌价等经济因素也会影响退税率的计算。具体来说，退税率通常是根据出口货物的离岸价格乘以一定的退税比例来确定的。

（三）税种的适用与计算

在出口退税中，涉及的税种主要包括增值税和消费税。增值税是以商品（含应税劳务）在流转过程中产生的增值额作为计税依据而征收的一种流转税。对于出口货物，国家通常采用"免、抵、退"的方式处理增值税。即出口货物在出口环节免征增值税，同时允许企业将之前环节已缴纳的增值税进行抵扣或退还。消费税则是对特定消费品和消费行为在特定环节征收的一种税。对于出口货物，如果其在国内生产、流通环节已缴纳了消费税，那么在出口时也可以申请退还已缴纳的消费税。在计算退税率时，需要根据出口货物的具体情况和国家的退税政策，确定适用的税种和税率，并据此计算出应退还的税款金额。

（四）退税政策的执行与监督

出口退税政策的执行与监督是确保政策有效实施的重要环节。一方面，税务机关需要严格按照国家的退税政策和程序，对出口企业的退税申请进行审核和审批。这包括了对出口货物的真实性、出口金额的准确性、退税凭证的合规性等方面的严格把关。同时，税务机关还需要加强对出口企业的日常监管和风险评估，及时发现并纠正违规行为，防止骗税等违法行为的发生。另一方面，出口企业也需要积极配合税务机关的工作，如实提供退税所需的凭证和资料，确保退税申请的真实性和准确性。此外，政府还需要加强对出口退税政策的宣传和培训，提高出口企业对政策的理解和掌握程度，促进政策的有效实施。

综上所述，出口退税率的确定原则与标准是一个复杂而系统的过程，需要综合考虑多个因素。只有严格遵循基本原则、科学制定认定标准、合理适用税种与计算方法，并加强政策的执行与监督，才能确保出口退税政策的有效实施，促进出口贸易的健康发展。

二、出口退税额的计算方法与公式

在国际贸易中，出口退税作为一项重要的税收优惠政策，对于促进出口、增强企业国际竞争力具有重要意义。准确掌握出口退税额的计算方法与公式，是确保企业合规享受退税政策、优化财务管理的基础。以下从四个方面对出口退税额的计算方法与公式进行深入分析。

（一）计算公式的基本构成

出口退税额的计算主要基于一系列复杂的公式，这些公式综合考虑了出口货物的离岸价格、外汇人民币牌价、退税率等多个因素。一般来说，出口退税额的计算公式可以简化为"出口货物离岸价格 × 外汇人民币牌价 × 退税税率"。这一公式直观体现了退税额与出口货物价值、汇率及退税率之间的直接关系。其中，出口货物离岸价格是计算退税额的基础，外汇人民币牌价则反映了货币之间的兑换关系，退税税率则是由国家税务总局根据出口货物的类别和退税政策确定的。

（二）不同类型出口货物的计算方法

在实际操作中，根据出口货物的不同类型和贸易方式，退税额的计算方法也会有所差异。例如，对于一般贸易、加工补偿贸易和易货贸易出口货物，其退税额通常直接按照"计税依据 × 适用退税率"的公式计算。而对于委托加工收回后出口的货物，退税额的计算则需要考虑原材料金额和工缴费金额，公式为"原材料金额 × 退税率 + 工缴费金额 × 14%"。此外，对于进料加工复出口货物，由于其涉及免税进口料件的使用，退税额的计算还需要扣除销售进口料件应抵减退税额，具体公式为"计税依据 × 退税率 - 销售进口料件应抵减退税额"。

（三）退税额计算中的关键因素

在计算出口退税额时，需要特别关注几个关键因素。首先，是出口货物的离岸价格，它必须准确反映货物的实际价值，并排除运费和保险费等非货物价值的部分。其次，是外汇人民币牌价，它直接影响退税额的计算结果，企业应按照财务制度规定的方法确定汇率，并保持一致性。最后，退税税率的准确性也是至关重要的，企业应密切关注国家税务总局发布的退税政策，确保按照最新的退税率进行计算。

（四）退税额计算的注意事项与风险管理

在进行出口退税额计算时，企业还需要注意一些事项以规避风险。首先，企业应确保所有凭证和资料的完整性和真实性，以便税务机关核查。其次，企业应及时了解并遵守国家退税政策的变化，避免因政策调整而导致的退税风险。再次，企业应加强内部管理，建立完善的退税制度和流程，确保退税工作的规范性和准确性。最后，企业还应关注国际贸易环境的变化和汇率波动等因素对退税额的影响，并采取相应的风险管理措施以应对潜在的风险。

综上所述，出口退税额的计算方法与公式是复杂而系统的，需要综合考虑多个因素。企业只有准确掌握这些方法和公式，并严格遵守相关政策和规定，才能确保合规享受退税政策、优化财务管理并提升国际竞争力。

三、特殊商品或情况的退税规定

在国际贸易中，出口退税政策作为一项重要的税收优惠政策，对于促进出口、增强企业国际竞争力具有显著作用。然而，在复杂的国际贸易环境下，针对特殊商品或情况，退税政策往往会有更为细致和特定的规定。以下从四个方面对特殊商品或情况的退税规定进行深入分析。

（一）高新技术产品与特殊行业退税政策

随着全球科技竞争的加剧，高新技术产品已成为各国出口的重要组成部分。为了鼓励高新技术产品的出口，许多国家和地区都实施了更为优惠的退税政策。这些政策通常针对技术含量高、附加值大的产品，通过提高退税率或采取其他税收减免措施，降低企业的出口成本，提升产品在国际市场上的竞争力。此外，对于特定行业，如节能环保、新能源等，国家也会出台专门的退税政策，以支持这些行业的快速发展和转型升级。

（二）农产品与资源性产品退税政策

农产品和资源性产品在国际贸易中占据重要地位，但它们的出口退税政策往往受到更为严格的监管。由于农产品和资源性产品的特殊性质，国家在制定退税政策时会更加注重保护国内资源和环境。因此，对于部分农产品和资源性产品，可能会实行较低的退税率或取消退税政策。同时，为了保障农民和资源性产品生产商的利益，国家还会通过其他补贴政策来弥补退税政策调整带来的影响。

（三）加工贸易与进料加工退税政策

加工贸易和进料加工是国际贸易中常见的贸易方式。对于这两种贸易方式下的出口退税政策，国家通常会制定更为详细和具体的规定。在加工贸易中，企业进口原材料或零部件进行加工后再出口，其退税政策往往与原材料或零部件的进口环节紧密相连。为了鼓励加工贸易的发展，国家通常会允许企业按照一定比例退还进口环节已缴纳的税款。而在进料加工中，由于企业使用免税进口料件进行加工生产后再出口，其退税政策则更加复杂。企业需要按照相关规定计算应退税额，并扣除销售进口料件应抵减退税额。

（四）特定贸易方式下的退税规定

除了上述提到的特殊商品和行业外，还有一些特定贸易方式下的退税规定也值得关注。例如，跨境电商作为一种新兴的贸易方式，其出口退税政策正在逐步完善。为了支持跨境电商的发展，国家通常会出台一系列政策措施，包括简化退税流程、提高退税效率等。此外，对于边境小额贸易、对外承包工程等特定贸易方式下的出口退税政策，国家也会根据具体情况制定相应的规定。这些规定旨在确保退税政策的公平性和有效性，同时促进特定贸易方式的健康发展。

综上所述，特殊商品或情况下的退税规定是出口退税政策中不可或缺的一部分。这些规定针对不同类型的商品和贸易方式制定了更为细致和具体的政策措施，旨在保障企业的合法权益、促进国际贸易的健康发展。因此，企业在进行出口退税申请时，应充分了解并遵守相关政策规定，确保合规享受退税政策带来的优惠和便利。

四、出口退税额调整与退税时间安排

在国际贸易中，出口退税作为一项重要的财政激励措施，对于促进出口、优化资源配置和增强企业国际竞争力具有关键作用。出口退税额的调整与退税时间安排是这一政策实施过程中的重要环节，其合理性和时效性直接影响企业的资金流动和出口业务的可持续发展。以下从四个方面对出口退税额调整与退税时间安排进行深入分析。

（一）退税额调整机制

出口退税额的调整通常由国家税务总局根据国内外经济形势、出口产品结构变化及国家财政状况等因素综合考量后决定。调整机制主要包括以下几个方面：一是定期评估与调整，即定期对出口退税政策进行评估，根据评估结果适时调整退税额；二是灵活应对市场变化，针对国际市场波动、汇率变动等突发情况，快速响应并调整退税政策，以稳定出口预期；三是政策导向性调整，通过调整退税额来引导企业优化出口产品结构，提高出口产品的附加值和技术含量。

（二）退税时间安排的合理性

退税时间安排的合理性直接关系到企业资金回笼的速度和出口业务的运营效率。一般来说，退税时间安排应遵循以下原则：一是及时性原则，即退税款应在企业提交完整退税资料并审核通过后尽快发放，以缓解企业资金压力；二是可预测性原则，退税时间表应相对稳定可预测，以便企业合理安排生产和出口计划；三是灵活性原则，针对特殊情况或企业需求，应提供适当的退税时间调整机制。

（三）退税流程优化与效率提升

为了提高退税效率，减少企业等待时间，国家税务总局不断优化退税流程，推动退税服务便利化。具体措施包括：一是推行电子退税系统，实现退税申请、审核、发放等环节的全程电子化操作；二是简化退税资料要求，减少不必要的纸质材料提交；三是加强部门间协作，实现退税信息跨部门共享，提高审核效率；四是加强政策宣传和培训，提高企业对退税政策的认知度和操作水平。

（四）退税政策与国际贸易环境的适应性

在全球经济一体化背景下，国际贸易环境复杂多变，出口退税政策需要不断适应这一变化。一方面，要密切关注国际贸易规则的变化和国际贸易伙伴的政策动态，及时调整退税政策以符合国际规则和标准；另一方面，要加强与国际组织的合作与交流，借鉴国际先进经验和做法，不断完善和优化出口退税政策。同时，还要加强国内退税政策的协调性和一致性，避免不同地区、不同行业之间的退税政策差异过大，影响企业的公平竞争和整体出口效益。

综上所述，出口退税额调整与退税时间安排是出口退税政策实施过程中的重要环节。通过完善退税调整机制、合理安排退税时间、优化退税流程和提高政策适应性等措施，可以进一步提高出口退税政策的效率和效果，为企业提供更好的政策支持和服务保障。

第五章　出口退税的会计处理与税务筹划

第一节　出口退税的会计处理原则

一、出口退税收入确认的时点与方法

（一）出口退税收入确认的时点

出口退税收入确认的时点并非固定在某一日期，而是依赖于退税流程的具体进展。这一过程通常涉及企业提交退税申请、税务机关审核及退税款项的拨付等多个环节。首先，企业在出口货物后，需要按照规定的流程向税务机关提出退税申请，包括填写退税申报表、提供出口单据和证明文件等。随后，税务机关会对这些申请进行详尽的审核，确认出口货物的真实性及退税申报表的准确性。一旦审核通过，税务机关将按照既定程序将退税款项拨付至企业指定账户。这一过程的时间跨度可能因税务机关的工作效率及退税流程的复杂性而有所不同。

具体来说，根据《国家税务总局关于出口货物退（免）税管理有关问题的通知》（发[2020]64号）的规定，出口企业应在货物报关出口之日（以出口货物报关单上注明的出口日期为准）起90日内，向退税部门申报办理出口货物退（免）税手续。这一规定为出口退税收入确认的时点提供了明确的法律依据。然而，在实际操作过程中，由于退税流程涉及多个环节，且各环节所需时间可能因地区、政策等因素而异，因此出口退税收入的具

体确认时点会有所不同。

（二）出口退税收入确认的方法

出口退税收入的确认方法主要遵循《企业会计准则——基本准则》和税收法规的相关规定。在会计处理上，企业收到出口退税款时，通常不直接确认为销售收入，而是将其冲减相应的成本费用或计入营业外收入。这是因为出口退税款并非企业日常经营活动中产生的经济利益流入，而是政府为鼓励出口而给予企业的一种财政补贴。因此，在确认出口退税收入时，企业应遵循《企业会计准则——基本准则》中关于政府补助的相关规定，确保会计处理的准确性和合规性。

具体而言，企业在收到出口退税款时，应借记"银行存款"等科目，贷记"其他应收款——应收出口退税款（增值税）"等科目。若退税款金额与预估金额存在差异，企业还需要进行相应的账务调整。此外，在计算企业所得税时，企业还需要注意应将出口退税款纳入非经常性损益项目，以准确反映企业的盈利能力和财务状况。

（三）影响出口退税收入确认的因素

出口退税收入确认的过程受到多种因素的影响。首先，退税政策的稳定性和连续性对出口退税收入的确认具有重要影响。若退税政策频繁变动或存在不确定性，将增加企业退税申请的难度和风险，进而影响退税收入的确认。其次，税务机关的工作效率和退税流程的复杂性也是影响退税收入确认的重要因素。若税务机关审核流程繁琐、效率低下，将延长退税款项的拨付时间，增加企业的资金占用成本。最后，企业自身的财务管理水平和税务筹划能力也对退税收入的确认产生影响。若企业财务管理不规范、税务筹划不合理，将增加退税申请被驳回的风险，进而影响退税收入的确认。

（四）优化出口退税收入确认的建议

为优化出口退税收入的确认过程，企业可从以下几个方面入手：一是加强财务管理和税务筹划能力，确保退税申请材料的真实性和准确性，降低被驳回的风险；二是密切关注退税政策的动态变化，及时调整退税策略，确保享受政策优惠；三是加强与税务机关的沟通和协调，提高退税申请的效率和质量；四是建立健全内部控制制度，规范退税款项的使用和管理，确保资金的安全和有效使用。通过这些措施的实施，企业可以更加高效地确认出口退税收入，提升企业的盈利能力和市场竞争力。

二、出口退税相关费用的会计处理

（一）会计科目的设置与运用

在出口退税的会计处理中，首先需要明确并正确设置相关会计科目。这些科目包括但不限于"应交税费——应交增值税（出口退税）""其他应收款——应收出口退税款""主营业务成本"等。其中，"应交税费——应交增值税（出口退税）"用于核算企业因出口货物而享受的增值税退税额；"其他应收款——应收出口退税款"则用于反映企业尚未收到的出口退税款项；而"主营业务成本"则可能涉及因出口退税政策调整而需要转出的进项税额部分。

在实际操作中，企业应根据出口退税的具体流程和政策要求，合理运用这些会计科目进行账务处理。例如，在出口货物并确认收入时，应借记"应收账款"或"银行存款"等科目，贷记"主营业务收入"科目；同时，根据出口销售额和退税率计算出的应退税额，借记"其他应收款——应收出口退税款"科目，贷记"应交税费——应交增值税（出口退税）"科目。

（二）退税差额的会计处理

在出口退税过程中，企业可能会遇到退税差额的情况，即实际收到的退税款与预计的退税额之间存在差异。这种差异可能是由于政策调整、计算错误或审核不严等原因造成的。对于退税差额的会计处理，企业应首先分析差额产生的原因，并据此进行相应的账务处理。

如果退税差额是由于政策调整导致的，企业应根据新的政策规定重新计算退税额，并调整相关会计科目的余额。如果差额是由于计算错误或审核不严造成的，企业应及时与税务机关沟通并申请更正，同时调整相应的会计分录以反映实际情况。

（三）退税款项的收取与确认

退税款项的收取与确认是出口退税会计处理的重要环节。企业应在收到退税款项时，及时核对款项金额与退税申报表上的金额是否一致，并据此进行账务处理。借记"银行存款"科目，贷记"其他应收款——应收出口退税款"科目，以反映退税款项的到账情况。

同时，企业还需要注意退税款项的确认时点。根据《企业会计准则——基本准则》的规定，企业应在满足收入确认条件时确认退税收入。因此，在确认退税收入时，企业应综合考虑退税款项的到账情况、退税政策的执行情况及税务机关的审核结果等因素。

（四）退税政策的变动与会计处理的调整

出口退税政策是国家为鼓励出口而制定的一项重要政策，其内容和执行标准可能会随着国家经济形势和外贸政策的变化而调整。因此，企业在进行出口退税会计处理时，必须密切关注退税政策的变动情况，并根据政策调整及时调整会计处理方法和流程。

例如，当退税政策发生变化导致退税率调整时，企业需要重新计算出口货物的应退税额，并调整相关会计科目的余额。如果政策变化导致某些出口货物不再享受退税政策，企业还需要及时将相关进项税额转出至"主营业务成本"等科目中。

此外，企业还应加强与税务机关的沟通和协调，及时了解政策变动的具体内容和执行要求，以便更好地适应政策变化并做出相应的会计处理调整。通过不断优化和完善出口退税的会计处理方法和流程，企业可以更加高效地利用退税政策资源，提升企业的盈利能力和市场竞争力。

三、出口退税款项与应收账款的对应关系

（一）出口退税款项的性质与应收账款的关联

出口退税款项，作为政府为鼓励出口而给予企业的一种财政补贴，

其性质上属于企业应收账款的一部分。这种关联主要体现在两个方面：一是退税款项的获得基于企业的出口销售行为，即企业完成出口并满足退税条件后，方有资格申请退税；二是退税款项的到账时间通常滞后于出口销售的实现，因此，在退税款项到账前，企业应将其视为应收账款进行管理。

从会计处理的角度来看，当企业出口货物并确认收入时，会借记"应收账款"或"银行存款"等科目，贷记"主营业务收入"科目。同时，根据出口销售额和退税率计算出的应退税额，企业会借记"其他应收款——应收出口退税款"科目，贷记"应交税费——应交增值税（出口退税）"科目。这一过程清晰地反映了出口退税款项与应收账款之间的关联。

（二）退税款项确认与应收账款管理的协同

退税款项的确认与应收账款的管理密切相关，需要企业实现两者的协同。一方面，企业应及时关注退税政策的变动和退税流程的进展，确保退税款项能够及时、准确地得到确认；另一方面，企业应加强对应收账款的管理，包括对应收账款的跟踪、催收和坏账准备计提等，以确保企业资金的安全和有效使用。

在退税款项确认的过程中，企业需要与税务机关保持密切沟通，及时了解退税申请的审核情况和退税款项的拨付进度。同时，企业还需要建立完善的应收账款管理制度，明确应收账款的催收流程和责任分工，确保应收账款能够及时回收并转化为企业的现金流。

（三）退税款项对企业财务状况的影响及与应收账款的互动

退税款项的到账对企业的财务状况具有重要影响，其与企业应收账款之间的互动关系也值得深入探讨。退税款项的到账能够增加企业的现金流，缓解企业的资金压力，从而有利于企业扩大生产和经营规模。同时，退税款项的到账也会减少企业的应收账款余额，降低企业的财务风险。

然而，需要注意的是，退税款项的到账时间通常滞后于出口销售的实现，这可能导致企业在一段时间内面临较大的资金缺口。因此，企业需要合理安排资金使用计划，确保在退税款项到账前能够维持正常的生产经营活动。此外，企业还需要加强对应收账款的监控和管理，及时发现并解决应收账款回收过程中存在的问题，以确保企业的资金安全。

（四）优化退税款项与应收账款管理的策略

为优化退税款项与应收账款的管理，企业可采取以下策略：一是加强内部控制制度建设，完善退税申请和应收账款管理的相关流程和制度；二是加强与税务机关的沟通与合作，及时了解退税政策和流程的变化情况；三是利用信息化手段提高退税申请和应收账款管理的效率和质量；四是加强对应收账款的风险评估和管理，建立健全的坏账准备计提制度；五是加强财务人员的培训和管理，提高其业务水平和风险意识。通过这些策略的实施，企业可以更加高效地管理退税款项和应收账款，提升企业的财务管理水平和市场竞争力。

四、出口退税政策变动对会计处理的影响

（一）政策变动对会计科目设置与运用的影响

出口退税政策的变动直接影响了企业会计科目的设置与运用。每当政策发生调整，如退税率的变化、退税范围的扩大或缩小等，企业都需要重新审视和调整其会计科目体系，以确保能够准确反映退税政策变动带来的经济影响。例如，当退税率提高时，企业可能需要增加"应交税费——应交增值税（出口退税）"科目的贷方余额，以反映未来可获得的更多退税收入；而当退税范围缩小或某些商品不再享受退税政策时，企业则需要将相关进项税额从原科目中转出，并计入成本或费用科目中。

此外，政策变动还可能促使企业增设新的会计科目或调整现有科目的核算内容。例如，针对特定行业的出口退税优惠政策，企业可能需要设立专门的会计科目来核算该政策带来的经济利益流入；而针对退税流程中新增的审核环节或要求，企业也可能需要调整相关会计科目的核算细节，以确保会计处理的准确性和合规性。

（二）退税流程变化对账务处理的影响

出口退税政策的变动往往伴随着退税流程的调整和优化。这些变化直接影响了企业的账务处理方式和效率。例如，当退税申请流程变得更加简便快捷时，企业可以更快地获得退税款项，从而减少应收账款的占用时间和资金成本；而当退税审核流程变得更为严格复杂时，企业则需要投入更多的人力物力来准备和提交退税申请资料，以确保申请能够顺利通过审核并获得退税款项。

此外，退税流程的变化还可能对企业的内部控制和风险管理提出更高的要求。企业需要建立完善的退税申请和审核制度，确保退税申请的真实性和准确性；同时，还需要加强对应收账款和退税款项的监控和管理，及时发现并纠正账务处理中的错误和漏洞，以避免因政策变动而带来的财务风险。

（三）退税政策稳定性对会计估计和判断的影响

出口退税政策的稳定性对企业的会计估计和判断具有重要影响。稳定的退税政策有助于企业形成合理的预期和判断基础，从而更准确地编制财务报表和进行财务决策。然而，当退税政策频繁变动时，企业的会计估计和判断将面临更大的不确定性和挑战。

例如，在退税政策不稳定的情况下，企业可能难以准确预测未来的退税收入和成本支出情况，从而导致财务报表的编制出现偏差；同时，企业在进行财务决策时也需要考虑政策变动可能带来的风险和影响，从而增加了决策的复杂性和难度。因此，企业需要密切关注退税政策的变动情况，及时调整会计估计和判断方法，以确保财务报表的准确性和可靠性。

（四）应对策略与建议

面对出口退税政策的变动对会计处理的影响，企业需要采取积极的应对策略和建议。首先，企业应加强政策学习和研究力度，及时了解并掌握最新的退税政策和流程要求；其次，企业应建立完善的内部控制和风险管理机制，确保退税申请和审核的准确性和合规性；同时，企业还需要加强与其他相关部门和机构的沟通协调工作，以便更好地应对政策变动带来的挑战和机遇。

此外，针对退税政策稳定性不足的问题，企业可以通过多元化经营和风险管理等方式来降低对单一退税政策的依赖程度。例如，企业可以通过积极拓展国际市场、开发新产品和新市场等方式来增加收入来源和降低经营风险；同时也可以通过加强成本控制和提高生产效率等方式来降低经营成本和提高盈利能力。这些措施将有助于企业更好地应对出口退税政策变动带来的挑战和机遇，实现可持续发展。

第二节　出口退税的税务筹划策略

一、优化出口产品结构以降低税负

在全球化经济背景下，出口贸易企业面临着日益激烈的市场竞争和复杂多变的国际贸易环境。为了降低税负并提升竞争力，优化出口产品结构成为企业的重要策略之一。以下从四个方面深入分析如何通过优化出口产品结构来降低税负。

（一）调整产品结构，提升产品差异化

调整产品结构是优化出口产品以降低税负的首要步骤。企业应根据目标市场的需求变化，灵活调整产品的类型、规格和功能，以增加产品的差异化特点，提高市场竞争力。具体而言，企业可以：

（1）深入分析市场需求：通过市场调研和数据分析，了解目标市场消费者的偏好、购买习惯及潜在需求，为产品调整提供科学依据。

（2）增加产品附加值：在保持产品质量的基础上，通过技术创新、设计改进等手段，提升产品的技术含量、美观度和使用便利性，从而增加产品的附加值。

（3）采取差异化竞争策略：针对特定市场或消费群体，开发具有独特

卖点的产品，形成差异化竞争优势，避免同质化竞争带来的价格战。

通过调整产品结构，企业不仅能提升产品的市场竞争力，还能在一定程度上规避关税壁垒，减少因产品同质化而导致的税负增加。

（二）提高产品质量，降低售后服务成本

产品质量是企业生存和发展的基石，也是降低税负的关键因素之一。高质量的产品能够减少售后服务成本和不良事件发生，从而降低企业的总体税负。具体措施包括：

（1）加强质量管控：建立完善的质量管理体系，从原材料采购、生产制造到成品检验，全程实施严格的质量控制，确保产品质量符合国际标准和客户要求。

（2）持续改进生产工艺：通过引入先进的生产设备和技术，优化生产工艺流程，提高生产效率和产品质量稳定性。

（3）建立客户服务体系：加强售后服务网络建设，提供及时、专业的技术支持和解决方案，减少因产品质量问题引发的客户投诉和索赔。

提高产品质量不仅能够降低企业的售后服务成本和税负，还能提升企业的品牌形象和客户忠诚度，为企业的长远发展奠定坚实基础。

（三）引入新技术，提升产品技术含量

技术创新是企业发展的不竭动力，也是优化出口产品结构、降低税负的重要手段。企业可以通过引入新技术，提升产品的技术含量和附加值，从而增强市场竞争力并降低税负。具体措施包括：

（1）加大研发投入力度：增加对新技术、新工艺和新产品的研发投入，推动企业技术创新和产业升级。

（2）加强产学研合作：与高校、科研机构等建立紧密的合作关系，共同开展技术研发和人才培养，提升企业的技术创新能力。

（3）关注国际技术动态：紧跟国际技术发展趋势，及时引进和消化吸收国际先进技术，提升企业的技术水平和国际竞争力。

通过引入新技术，企业能够开发出具有自主知识产权的高附加值产品，提高产品的技术含量和市场竞争力，从而为企业带来更大的利润空间并降

低税负。

（四）关注环保问题，提升产品环保性能

随着全球环保意识的不断提高，环保已成为国际贸易中的重要议题。企业关注环保问题、提升产品环保性能，不仅能够满足目标市场的环保要求，还能降低因环保违规而带来的税负增加。具体措施包括：

（1）优化生产工艺：采用环保、节能的生产工艺和设备，减少生产过程中的污染物排放和能源消耗。

（2）加强环保认证：积极申请并获得国际环保认证（如ISO14001等），提升产品的环保性能和市场认可度。

（3）推广绿色产品：开发并推广绿色、低碳、环保的产品，满足消费者对环保产品的需求。

通过关注环保问题并提升产品环保性能，企业不仅能够降低因环保违规而带来的税负增加，还能树立良好的企业形象和品牌形象，为企业的可持续发展奠定坚实基础。

优化出口产品结构以降低税负是一个系统工程，需要企业从产品结构调整、产品质量提升、技术创新和环保关注等多个方面入手。通过持续努力和创新实践，企业不仅能够降低税负、提升竞争力，还能实现可持续发展和长远发展。

二、利用不同退税政策差异进行筹划

在全球化经济背景下，企业如何有效利用不同退税政策差异进行纳税筹划，已成为提升竞争力的关键一环。通过精准理解和运用退税政策，企业可以显著降低税负，优化资金结构，进而实现经济效益最大化。以下从四个方面详细分析如何利用不同退税政策差异进行筹划。

（一）深入理解退税政策差异

退税政策因其多样性、复杂性和时效性，使得企业在实际操作中需要具备高度的政策敏感性。首先，企业应全面了解国家及地方层面关于出口

退税、增值税退税、所得税退税等各类退税政策的具体规定。这些政策往往针对不同行业、不同产品、不同经营方式设定了差异化的退税标准和条件。例如，医疗器械出口退税比例可能高于食品出口，而高新技术产品可能享受更高的退税优惠。因此，企业需要结合自身业务特点，深入研读相关政策文件，确保准确理解并应用。

此外，退税政策并非一成不变，而是随着国家经济形势、产业结构调整等因素不断调整。企业需要建立长效的信息获取机制，密切关注税务部门发布的最新政策动态，确保第一时间掌握政策变化，并据此调整纳税筹划方案。

（二）灵活选择经营方式

不同的经营方式往往对应着不同的退税政策。企业可以通过灵活选择经营方式，来优化退税效果。例如，在出口业务中，企业可以选择自营出口或来料加工等不同模式。自营出口通常适用"免、抵、退"政策，而来料加工则可能享受免税政策。企业需要根据产品特性、利润率、市场需求等因素，综合比较不同经营方式下的税负成本，选择最有利于自身发展的模式。

同时，企业还应关注退税政策对不同经营方式的限制条件。例如，某些政策可能要求企业满足一定的出口比例、产品技术含量等要求，才能享受退税优惠。因此，企业在选择经营方式时，需要充分考虑自身条件是否符合政策要求，以避免因不符合条件而错失退税机会。

（三）优化供应链管理

供应链管理是企业纳税筹划中的重要环节。通过优化供应链管理，企业可以进一步降低税负成本。例如，在采购环节，企业可以选择与享受税收优惠政策的供应商合作，以降低采购成本并间接获得退税优惠。在生产环节，企业可以合理规划生产流程，提高产品附加值和技术含量，以符合更高退税标准的要求。在销售环节，企业可以积极开拓国际市场，提高出口比例，从而享受更多的出口退税优惠。

此外，企业还应加强与税务部门的沟通协调，了解并争取税务部门在供应链管理方面的支持。例如，企业可以向税务部门咨询关于供应链管理中涉及的税务问题，争取税务部门在退税审核、退税速度等方面的便利和支持。

（四）加强内部管理与风险控制

有效的内部管理和风险控制是企业纳税筹划的重要保障。企业应建立健全的财务管理制度，确保退税申报的准确性和及时性。在退税申报过程中，企业应严格按照政策要求填写申报表格，确保关键信息如企业代码、产品编码等准确无误。同时，企业还应加强内部审核和复核工作，确保退税申报的合规性和有效性。

此外，企业还应关注退税政策可能带来的税务风险。例如，退税政策调整可能导致企业税负成本上升或退税优惠减少；退税申报过程中可能出现的信息错误或遗漏可能导致退税失败或税务纠纷等。因此，企业需要加强风险评估和预警机制建设，及时发现并应对潜在的税务风险。

综上所述，利用不同退税政策差异进行筹划是企业降低税负、优化资金结构、提升竞争力的有效途径。企业需要深入理解退税政策差异、灵活选择经营方式、优化供应链管理并加强内部管理与风险控制，以确保纳税筹划的成功实施。

三、合理安排出口时间与退税申报周期

在国际贸易中，合理安排出口时间与退税申报周期对于企业的资金流动、税负优化及运营效率具有至关重要的作用。以下从四个方面深入分析如何有效安排出口时间与退税申报周期，以实现企业利益最大化。

（一）精准把握出口时间窗口

出口时间的选择直接关联到企业的市场响应速度、库存管理及现金流状况。企业应综合考虑市场需求、生产周期、物流效率及退税政策等因素，精准把握出口时间窗口。具体而言，企业需要密切关注目标市场的季节性需求变化，提前规划生产计划，确保产品能在需求旺季前顺利出口。同时，

还需要考虑物流运输的时间成本和风险，选择稳定可靠的物流渠道，避免因物流延误导致的退税申报受阻。

此外，企业还需要关注国际贸易环境的变化，如贸易壁垒、汇率波动等因素对出口业务的影响。通过灵活调整出口时间，规避不利因素，把握有利时机，实现出口业务的稳健发展。

（二）确保退税申报时效性

退税申报的时效性直接关系到企业能否及时获得退税款项，缓解资金压力。企业应严格按照国家税务总局及地方税务部门的规定，合理安排退税申报周期。具体而言，企业应密切关注退税政策的更新变化，了解不同退税种类的申报要求和截止时间。在出口业务完成后，及时收集并整理相关单证资料，如出口合同、报关单、发票等，确保信息的准确性和完整性。

同时，企业还需要加强内部协调与沟通，确保各部门之间的信息流转顺畅，避免因信息传递不畅导致的退税申报延误。在申报过程中，企业应积极与税务部门保持联系，了解申报进度和审核情况，及时解决可能出现的问题。

（三）优化退税申报流程

退税申报流程的优化是提高申报效率、降低申报成本的关键。企业应深入分析现有退税申报流程中的瓶颈环节和冗余步骤，通过引入信息化手段、简化审批流程等方式进行优化。例如，企业可以采用电子申报系统，实现退税申报的在线化、无纸化操作，提高申报效率和准确性。同时，企业还可以与税务部门建立信息共享机制，实现数据的实时传输和比对，减少人工审核环节，提高审核速度。

此外，企业还需要加强内部培训和学习，提高员工的退税申报能力和业务水平。通过定期组织培训、分享经验等方式，提升员工的政策理解能力和实际操作技能，确保退税申报工作的顺利进行。

（四）建立退税风险预警机制

退税过程中存在一定的风险，如政策变动风险、单证资料不齐全风险、审核不通过风险等。企业应建立退税风险预警机制，提前识别并应对潜在风险。具体而言，企业应密切关注政策动态和税务部门发布的风险提示信息，及时评估政策变化对企业退税业务的影响。同时，企业还需要加强单证资料的审核和管理，确保资料的真实性和完整性。在申报过程中，企业应积极与税务部门沟通协调，了解审核标准和要求，避免因信息不符或资料不全导致的审核不通过风险。

此外，企业还需要建立应急处理机制，以应对突发情况。例如，当遇到政策变动导致退税政策调整时，企业应及时调整申报策略，确保符合新的政策要求。当遇到单证资料不齐全或审核不通过等情况时，企业应迅速查明原因并采取措施加以解决。

综上所述，合理安排出口时间与退税申报周期是企业实现税负优化、提高运营效率的重要手段。通过精准把握出口时间窗口、确保退税申报时效性、优化退税申报流程及建立退税风险预警机制等措施的实施，企业可以更加高效地利用退税政策红利，促进企业的持续健康发展。

四、考虑国际税收协定与避免双重征税

在全球经济一体化的背景下，国际税收协定成为企业跨国经营中不可或缺的重要工具。通过合理利用国际税收协定，企业可以有效避免双重征税，降低税负成本，提高国际竞争力。以下从四个方面深入分析如何考虑国际税收协定与双重征税避免。

（一）深入理解国际税收协定的作用与意义

国际税收协定是国家间为协调税收关系、避免双重征税、防止偷漏税而签订的双边或多边协议。其作用不仅在于直接减轻跨国企业的税负，更在于为跨国经营提供稳定的税收环境，促进国际投资与贸易的发展。企业应深刻认识到国际税收协定的重要性，积极研究并充分利用其提供的税收优惠和权益保障。

在理解国际税收协定的过程中，企业应关注其基本原则和核心内容，如居民身份确定、税收优惠、分配权利、互通信息及争端解决机制等。这

些原则和内容为企业在跨国经营中处理税收问题提供了明确的指导和依据。

（二）准确把握国际税收协定的适用范围与条件

不同的国际税收协定在适用范围和条件上可能存在差异。企业应根据自身的实际情况，如国籍、居民身份、所得来源等，准确判断自己是否适用某一国际税收协定。同时，企业还需要了解协定中关于所得类型、征税方式、税收减免等方面的具体规定，以便在实际操作中正确运用。

为了准确把握国际税收协定的适用范围与条件，企业应加强与税务部门、专业机构及法律顾问的沟通与合作。通过咨询专业人士的意见，企业可以更加清晰地了解协定的具体内容和适用要求，从而避免因误解或误用而引发的税务风险。

（三）充分利用国际税收协定避免双重征税

双重征税是跨国经营中常见的税收问题之一，它增加了企业的税负成本，降低了企业的国际竞争力。通过合理利用国际税收协定中的避免双重征税条款，企业可以在多个国家之间合理分配税负，降低总体税负水平。

在利用国际税收协定避免双重征税时，企业可以采取多种策略。例如，利用协定中的抵免法或免税法规定，将在一国已缴纳的税款在另一国进行抵免或免税处理；或者通过调整业务结构、优化供应链管理等方式，使所得在不同国家之间合理分配，从而降低整体税负。

此外，企业还需要注意协定中关于税收争议解决机制的规定。当企业在跨国经营中遇到税收争议时，可以通过协定规定的双边协商、仲裁或诉讼等方式解决争议，维护自身合法权益。

（四）加强税务合规与风险管理

在利用国际税收协定进行纳税筹划时，企业应始终将税务合规放在首位。企业应严格遵守各国税法及国际税收协定的规定，确保纳税行为的合法性和合规性。同时，企业还需要加强内部税务管理，建立健全的税务风险预警和应对机制，及时发现并纠正潜在的税务风险。

为了加强税务合规与风险管理，企业应加强与税务部门的沟通与合作，及时了解税法变化和政策动态。同时，企业还需要加强员工培训和教育，提高员工的税务意识和专业水平。通过建立健全的税务管理制度和流程，企业可以确保纳税筹划的合法性和有效性，为企业的跨国经营提供坚实的税务保障。

第三节　出口退税的税收筹划风险

一、政策解读错误导致的筹划失败

在国际贸易中，出口退税是一项重要的税收政策，旨在鼓励企业扩大出口，提升国际竞争力。然而，由于政策本身的复杂性和多变性，企业在进行出口退税的税收筹划时，常面临因政策解读错误而导致的筹划失败风险。以下从四个方面深入分析这一风险。

（一）税收政策理解不透彻

税收政策是一个庞大的系统，涵盖了多个税种、税目及其相关实施细则。对于出口退税而言，政策内容不仅涉及增值税和消费税的退还，还涉及退税条件、退税比例、退税流程等多个方面。企业若未能深入理解这些政策条款，就可能在税收筹划中偏离合规轨道。例如，对"视同自产货物"的界定不清，可能导致企业错误地将非自产货物纳入退税范围，从而引发税务风险。此外，对退税比例和退税条件的误解，也可能导致企业申报的退税金额与实际不符，进而面临税务机关的审查和处罚。

（二）税收政策变化未及时关注

税收政策并非一成不变，而是随着国家经济形势、政策导向和国际环境的变化而不断调整。企业在进行出口退税税收筹划时，必须密切关注政策动态，及时调整筹划方案。然而，在实际操作中，部分企业往往因忽视政策变化或未能及时掌握最新政策信息，导致筹划方案与现行政策不符，进而引发筹划失败。例如，退税比例的调整、退税条件的变更等，都可能对企业的退税筹划产生重大影响。因此，企业应建立健全的信息收集机制，及时获取并更新税收政策信息，确保筹划方案的合规性和有效性。

（三）税务筹划方案缺乏合理商业目的

税务筹划并非简单的避税或逃税行为，而应具有合理的商业目的和实质性经济意义。然而，在实际操作中，部分企业往往为了追求短期利益，而采取一些缺乏合理商业目的的筹划方案。例如，通过虚构交易、虚开发票等手段骗取退税款项，这些行为不仅违反了税法规定，还可能给企业带来严重的法律后果和声誉损失。因此，企业在进行出口退税税收筹划时，必须遵循合法合规的原则，确保筹划方案具有合理的商业目的和实质性经济意义。同时，应加强与税务机关的沟通与合作，共同推动税收筹划的健康发展。

（四）内部控制和风险管理不到位

内部控制和风险管理是企业进行出口退税税收筹划的重要保障。然而，在实际操作中，部分企业往往存在内部控制缺失或风险管理不到位的问题。例如，发票管理不规范、退税单证缺失或虚假、关联交易处理不当等，都可能引发税务风险。为了有效防范这些风险，企业应建立健全的内部控制制度和风险管理体系，加强对退税流程的监督和控制。同时，应加强对财务人员的培训和教育，提高他们的业务素质和法律意识，确保他们能够准确理解和执行税收政策规定。此外，企业还应加强与税务机关的沟通与合作，及时了解税务机关的监管要求和风险提示，确保税收筹划的合规性和有效性。

综上所述，政策解读错误是导致出口退税税收筹划失败的重要原因之一。为了有效防范这一风险，企业应加强对税收政策的学习和理解、及时关注政策变化、确保筹划方案具有合理商业目的、加强内部控制和风险管理等方面的工作。只有这样，企业才能确保出口退税税收筹划的合规性和有效性，为企业的稳健发展提供有力保障。

二、虚假申报或不合规操作的风险

在出口退税的税收筹划过程中，虚假申报或不合规操作是企业必须警惕的重要风险。这些行为不仅可能使企业面临行政处罚和刑事追责，还可能严重损害企业的声誉和长期发展。以下从四个方面深入分析这一风险。

(一) 虚开发票与虚假交易

虚开发票是出口退税中最为常见的违规行为之一。企业通过虚构购买货物或接受服务的方式，获取虚假的增值税专用发票，并以此作为申报出口退税的依据。这种行为不仅扰乱了税收秩序，还导致了国家税款的流失。此外，一些企业还可能通过虚假交易来骗取出口退税。例如，虚构出口业务、高报出口价格或借货出口等方式，都是企业常见的虚假交易手段。这些行为不仅违反了《税法》规定，还可能触犯《刑法》中的骗取出口退税罪，给企业带来严重的法律后果。

(二) 不合规的单证管理和备案

出口退税需要企业提供一系列的单证作为支持材料，包括出口货物报关单、出口合同、增值税专用发票等。然而，一些企业在单证管理和备案方面存在不合规行为。例如，单证缺失、单证虚假或备案不及时等，都可能影响退税的顺利进行。单证管理的不合规不仅可能导致退税申请被拒绝，还可能引发税务机关的进一步调查和处罚。因此，企业应建立健全的单证管理制度，确保所有单证的真实性和完整性，并严格按照规定进行备案。

(三) 内部管理与控制漏洞

企业内部管理与控制漏洞也是导致虚假申报或不合规操作的重要原因之一。例如，财务管理不规范、内部审计缺失或内部控制机制不健全等，都可能为虚假申报提供可乘之机。一些企业内部工作人员可能利用管理漏洞，与企业外部人员勾结，共同实施骗税行为。这种内部与外部勾结的骗税行为不仅隐蔽性强，而且难以被发现。因此，企业应加强内部管理与控制，建立健全的内部控制制度，提高财务管理和内部审计的规范化水平，确保退税申报的合规性。

（四）对税法政策的忽视与误解

对税法政策的忽视与误解也是导致虚假申报或不合规操作的重要因素。一些企业可能由于对税法政策的不了解或误解，而采取了错误的税收筹划方案。例如，对退税条件、退税比例或退税流程等方面的误解，都可能导致企业申报的退税金额与实际不符或申报材料不符合要求。这种因忽视或误解税法政策而导致的错误申报不仅可能使企业错失退税机会，还可能引发税务机关的审查和处罚。因此，企业应加强对税法政策的学习和理解，及时关注政策变化，确保税收筹划的合规性和有效性。

综上所述，虚假申报或不合规操作是出口退税税收筹划中必须警惕的重要风险。为了有效防范这一风险，企业应加强发票管理、单证管理和备案工作；建立健全的内部管理与控制制度；加强对税法政策的学习和理解；同时提高财务管理和内部审计的规范化水平。只有这样，企业才能确保出口退税税收筹划的合规性和有效性，为企业的稳健发展提供有力保障。

三、退税政策变动带来的不确定性

在国际贸易环境中，退税政策的变动是企业进行出口退税税收筹划时不可忽视的重要因素。这种政策变动带来的不确定性，给企业的税收筹划带来了诸多挑战。以下从四个方面深入分析这一风险。

（一）政策调整的不确定性

退税政策作为国家宏观调控的重要工具，其调整往往与国内外经济形势、政策导向及国际贸易环境密切相关。然而，这些因素的复杂性和多变性，使得退税政策的调整具有较大的不确定性。企业难以准确预测政策调整的具体时间、内容和程度，从而给税收筹划带来了极大的困难。例如，退税率的调整、退税条件的变更或退税范围的扩大与缩小等，都可能对企业的税收筹划产生重大影响。企业若不能及时调整税收筹划方案，就可能面临退税金额减少、退税申请被拒绝或面临税务机关的处罚等风险。

（二）政策解读的复杂性

退税政策的调整往往伴随着复杂的政策解读问题。新的政策条款可能涉及多个税种、税目及其相互关系，同时还需要考虑与其他政策法规的衔接与配合。这种复杂性使得企业在理解和应用新政策时面临诸多挑战。一方面，企业需要投入大量的人力、物力和财力去研究和学习新政策；另一方面，由于政策解读的差异性，不同企业可能对同一政策条款产生不同的理解，从而引发税收筹划的风险。例如，对"视同自产货物"的界定、对"出口货物"的认定等，都可能因政策解读的差异而导致税收筹划的失败。

（三）执行细则的模糊性

退税政策的执行细则往往具有一定的模糊性，这给企业的税收筹划带来了较大的不确定性。执行细则的模糊性可能体现在多个方面，如退税申请材料的具体要求、退税审批和时间的流程、退税款项的支付方式等。企业若不能准确理解和把握这些执行细则，就可能在退税申请过程中遇到诸多困难和挑战。例如，由于申请材料不齐全或不符合要求而被拒绝退税、由于审批流程繁琐而导致退税时间延长等。这些问题都可能影响企业的资金流动和正常经营。

（四）政策变动的长期影响

退税政策的变动不仅对企业当前的税收筹划产生影响，还可能对企业的长期经营和发展产生深远影响。一方面，政策变动可能导致企业的出口成本发生变化，进而影响企业的国际竞争力和市场份额；另一方面，政策变动还可能影响企业的投资决策和战略规划，使企业在面对市场变化时处于不利地位。例如，退税率的降低可能增加企业的出口成本，降低企业的利润空间；而退税范围的缩小则可能使企业失去部分出口退税的优惠待遇，进而影响企业的出口业务。因此，企业需要密切关注退税政策的变动趋势，及时调整经营策略和税收筹划方案，以应对政策变动带来的不确定性风险。

综上所述，退税政策变动带来的不确定性是出口退税税收筹划中不可忽视的重要风险。为了有效应对这一风险，企业需要加强政策学习和研究、提高政策解读能力、密切关注政策变动趋势并及时调整税收筹划方案。同时，企业还需要加强与税务机关的沟通与合作，及时了解政策执行细则和审批流程等信息，以确保税收筹划的合规性和有效性。

四、税务稽查与处罚的风险评估

在出口退税的税收筹划过程中，税务稽查与处罚的风险是企业必须高度重视的方面。这种风险不仅关乎企业的经济利益，更直接影响企业的声誉和长期稳定发展。以下从四个方面深入分析这一风险。

（一）稽查程序的严格性与不确定性

税务稽查作为税务机关对纳税人纳税情况的一种监督手段，其程序具有高度的严格性和不确定性。税务机关在进行稽查时，会依据相关法律法规和程序规定，对企业的财务报表、会计凭证、纳税申报资料等进行全面、细致的审查。这种审查不仅要求企业提供的资料应真实、完整、准确，还要求企业在税务处理上应符合法律法规的规定。然而，由于稽查程序本身的复杂性和多变性，企业在面对稽查时往往难以准确预测其审查的重点、深度和结果，从而增加了税收筹划的不确定性风险。

（二）稽查标准的多样性与复杂性

税务稽查的标准并非一成不变，而是随着法律法规、政策导向和税务实践的发展而不断演变和完善。这种多样性和复杂性使得企业在应对稽查时面临诸多挑战。一方面，企业需要熟悉和掌握各种稽查标准和要求，确保自身的税务处理符合规定；另一方面，企业还需要密切关注稽查标准的变化动态，及时调整自身的税收筹划方案，以应对可能的稽查风险。然而，由于稽查标准的多样性和复杂性，企业在实际操作中往往难以全面把握和准确应用，从而增加了税收筹划的风险。

（三）处罚力度的严厉性与威慑性

对于在税务稽查中发现的违法行为，税务机关将依法进行处罚。这种处罚不仅力度严厉，而且具有强大的威慑作用。企业若因税收筹划不当而触犯《税法》规定，将面临罚款、补缴税款、加收滞纳金等经济处罚，甚至可能受到《刑事》处罚。这些处罚不仅直接损害了企业的经济利益，还可能对企业的声誉和长期稳定发展造成严重影响。因此，企业在进行出口退税的税收筹划时，必须严格遵守《税法》规定，确保筹划方案的合法性和合规性，以降低被稽查和处罚的风险。

（四）风险防范与应对的策略性

为了有效防范和应对税务稽查与处罚的风险，企业需要制定和实施一系列的风险防范与应对策略。首先，企业应建立健全的内部控制制度，规范财务管理和税务处理流程，确保财务数据的真实性和准确性。其次，企业应加强对税法政策的学习和研究，提高税务筹划的合法性和合规性。同时，企业还应加强与税务机关的沟通与合作，及时了解税务稽查的重点和要求，以便有针对性地开展风险防范工作。此外，企业还应建立完善的风险应对机制，一旦发生稽查风险，能够迅速采取有效措施进行应对和处理，以减少损失并维护企业的声誉和利益。

综上所述，税务稽查与处罚的风险评估是出口退税税收筹划中不可或缺的重要环节。企业需要充分认识到这种风险的重要性和严峻性，并采取有效的措施进行防范和应对。通过建立健全的内部控制制度、加强税法政策学习和研究、加强与税务机关的沟通与合作及建立完善的风险应对机制等手段，企业可以降低税务稽查与处罚的风险，确保出口退税税收筹划的顺利进行和企业的长期稳定发展。

第四节　出口退税与企业现金流管理

一、退税款对现金流的即时影响分析

（一）退税款性质及其对企业现金流的直接增加

退税款，作为企业前期支付税费的返还，其本质是一种现金流的回流。在出口贸易中，出口退税尤为重要，它是国家为鼓励出口而实施的一种税收优惠政策，旨在减轻企业负担，增强其国际竞争力。当企业成功申请到出口退税款时，这部分资金将直接增加企业的现金流入，从而对企业的现金流状况产生显著的即时影响。

从会计角度看，退税款属于经营活动中的现金流入，它不仅能够直接增加企业的营运资金，还有助于企业更好地规划短期和长期的资金使用。具体而言，退税款的到账能够缓解企业的资金压力，尤其是在出口订单量大、资金回笼周期长的情况下，退税款的及时到位更是显得尤为重要。企业可以利用这部分资金来支付供应商款项、员工薪酬、研发费用等，确保生产经营活动的顺利进行。

（二）退税款对企业财务成本的降低

退税款的即时到账，还能够在一定程度上降低企业的财务成本。在出口业务中，企业通常需要垫付大量的资金用于采购原材料、生产加工及运输等环节，这些资金的占用不仅会增加企业的运营成本，还会影响企业的现金流状况。而退税款的及时返还，则能够有效减少企业的资金占用成本，降低企业的财务负担。

此外，退税款还能够减少企业的融资成本。当企业需要通过贷款等方式来筹集资金时，融资成本往往会成为一项重要的考虑因素。而退税款的到账，则能够为企业提供一定的资金保障，减少其对外部融资的依赖，从而降低融资成本。这对于企业来说，无疑是一种积极的财务策略，有助于提升企业的盈利能力和市场竞争力。

（三）退税款对企业投资与扩张的促进作用

退税款不仅对企业当前的现金流状况产生即时影响，还能够在一定程度上促进企业的投资与扩张。对于具有发展潜力的企业来说，退税款的到账可以为其提供更多的资金支持，使其能够加大在技术研发、市场拓展等方面的投入，进一步提升企业的核心竞争力和市场占有率。

此外，退税款还可以作为企业并购重组等资本运作的重要资金来源。在激烈的市场竞争中，企业往往需要通过并购重组等方式来实现规模扩张和资源整合。而退税款的到账，则能够为企业提供一定的资金支持，降低其并购重组的财务风险和成本，从而推动企业的快速发展。

（四）退税款对企业风险管理能力的提升

退税款的即时到账，还有助于提升企业的风险管理能力。在国际贸易中，企业面临着汇率波动、市场需求变化等多种不确定因素，这些因素都可能对企业的经营状况和现金流状况产生不利影响。而退税款的到账，则能够为企业提供一定的资金保障，使其能够更好地应对这些不确定因素带来的风险。

具体来说，退税款可以增加企业的资金储备，使其在面对汇率波动等外部风险时具有更强的抵御能力。同时，退税款还可以作为企业的应急资金，用于应对突发事件或市场需求的突然变化。这种风险管理能力的提升，有助于增强企业的稳定性和可持续发展能力，使其在激烈的市场竞争中保持领先地位。

综上所述，退税款对企业现金流的即时影响是多方面的、深远的。它不仅能够直接增加企业的现金流入、降低财务成本、促进投资与扩张，还能够提升企业的风险管理能力。因此，企业应当高度重视退税款的管理和利用，充分发挥其对企业现金流的积极作用。

二、预测退税款流入与现金流规划

（一）退税款流入的精准预测

在出口退税与企业现金流管理的交汇点，退税款的精准预测是确保现金流稳定与优化的关键。企业需要建立一套科学、系统的预测机制，综合考虑历史退税数据、当前出口订单量、税收政策变动等多重因素，以实现对退税款流入的准确预估。

具体而言，企业可通过分析历史退税数据，识别退税周期、退税额度等规律，并结合当前出口业务的实际情况，如产品类型、出口目的地、关税政策等，对退税款流入进行初步预测。同时，企业还需要密切关注国家税收政策的变化，特别是与出口退税相关的政策调整，以便及时调整预测模型，确保预测结果的准确性。

此外，企业还应加强与税务部门的沟通与合作，及时了解退税申请流程、审核标准等最新信息，以便更好地掌握退税款流入的时间节点和金额大小，为现金流规划提供有力支持。

（二）基于退税款预测的现金流规划

退税款的精准预测为企业的现金流规划提供了重要依据。企业应根据预测结果，合理安排资金使用计划，确保现金流的平稳运行。

在现金流规划过程中，企业需要充分考虑退税款流入的时间节点和金额大小，将其纳入整体资金预算中。一方面，企业可以利用退税款来弥补短期资金缺口，缓解资金压力；另一方面，企业也可以将退税款作为长期投资的资金来源，支持企业的战略发展。

同时，企业还需要关注退税款流入对现金流波动的影响，制定相应的风险应对措施。例如，当退税款流入时间晚于预期时，企业可通过调整融资计划、优化库存管理等方式来确保现金流的稳定；当退税款流入金额大于预期时，企业则可考虑增加研发投入、市场拓展等支出，以充分利用这部分资金。

（三）优化退税款使用效率

退税款的高效使用是企业现金流管理的重要目标之一。企业应在确保现金流稳定的前提下，通过优化退税款使用效率来提升整体资金利用水平。

具体而言，企业可根据自身发展需求和战略规划，将退税款用于支持核心业务的发展、拓展新的市场领域、提升产品竞争力等方面。同时，企业还应加强对退税款使用情况的监督和评估，确保资金使用的合理性和有效性。

此外，企业还可通过优化退税款管理流程、提高退税申请效率等方式来降低退税款使用的成本和时间成本。例如，企业可以引入先进的财务管理软件来自动化处理退税申请流程、跟踪退税款流入情况等工作；同时，企业还可以加强与供应商、客户的沟通与协作，以缩短退税款到账时间、降低资金占用成本。

（四）建立现金流风险预警机制

在预测退税款流入与现金流规划的过程中，建立现金流风险预警机制是必不可少的。企业需要通过定期分析现金流状况、评估潜在风险等方式来及时发现并应对可能出现的现金流问题。

具体而言，企业可设定一系列现金流风险预警指标，如现金流缺口率、应收账款周转率、存货周转率等，并设定相应的预警阈值。当这些指标超过预警阈值时，企业需要立即启动风险应对机制，采取相应措施来确保现金流的稳定。

同时，企业还需要加强与金融机构、供应商、客户等利益相关者的沟通与协作，共同应对可能出现的现金流风险。例如，企业可与金融机构建立长期合作关系，以便在需要时获得及时的资金支持；同时，企业还可与供应商、客户协商调整付款条件、优化库存管理等措施来降低现金流风险。

综上所述，预测退税款流入与现金流规划是企业现金流管理的重要组成部分。通过精准预测退税款流入、合理安排资金使用计划、优化退税款使用效率及建立现金流风险预警机制等措施，企业可以确保现金流的稳定与优化，为企业的可持续发展提供有力保障。

三、退税款滞后情况下的现金流应对策略

在出口退税的实际操作中，退税款的滞后往往成为企业现金流管理的一大挑战。面对这一情况，企业需要采取一系列有效的策略来确保现金流的稳定性和可持续性。以下从四个方面详细阐述退税款滞后情况下的现金流应对策略。

（一）强化现金流预测与监控

退税款的滞后性要求企业必须具备高度的现金流预测与监控能力。企业应当建立一套完善的现金流预测系统，基于历史数据、当前业务状况及未来预期，对现金流进行动态预测。同时，加强现金流的日常监控，密切关注退税款申请进度、到账时间及退税金额的变化，确保在第一时间掌握现金流的实际情况。

在预测与监控过程中，企业还需要注重风险识别与评估。通过设定合理的现金流预警指标，如现金流缺口率、应收账款周转率等，及时发现潜在的现金流风险，并制定相应的应对措施。此外，加强与税务部门的沟通与合作，确保退税款申请流程的顺畅进行，也是降低退税款滞后风险的重要手段。

（二）优化资金配置与融资安排

退税款的滞后可能导致企业面临短期的资金压力。为了缓解这一压力，企业需要优化资金配置，确保资金的有效利用。具体而言，企业可以根据业务需要和现金流预测结果，合理安排资金的使用计划，优先保障核心业务和关键环节的资金需求。同时，通过加强应收账款管理、缩短存货周转时间等方式，提高资金的周转效率和使用效益。

在资金配置的基础上，企业还需要做好融资安排。当退税款滞后导致资金短缺时，企业可以通过银行贷款、票据贴现、应收账款保理等多种融资方式筹集资金。在选择融资方式时，企业需要综合考虑融资成本、融资期限及融资风险等因素，确保融资活动的合理性和有效性。

（三）加强成本控制与费用管理

退税款的滞后还可能对企业的成本控制和费用管理提出更高要求。为了应对这一挑战，企业需要加强成本控制，通过优化生产流程、降低原材料采购成本、提高生产效率等方式减少不必要的开支。同时，应加强费用管理，严格控制各项费用支出，确保费用支出的合理性和必要性。

在成本控制和费用管理过程中，企业还需要注重预算管理和绩效考核。通过制订科学合理的预算计划，明确各项费用支出的标准和限额；通过绩效考核机制，激励员工积极参与成本控制和费用管理活动，确保成本控制和费用管理目标的实现。

（四）拓展收入来源与增强盈利能力

退税款的滞后虽然短期内可能给企业带来资金压力，但也促使企业更加注重拓展收入来源和增强盈利能力。为了应对退税款滞后带来的挑战，企业可以通过积极开拓新市场、研发新产品、提升服务质量等方式拓展收入来源。同时，通过加强内部管理、提高运营效率、降低运营成本等方式增强盈利能力。

在拓展收入来源和增强盈利能力的过程中，企业还需要注重品牌建设和市场营销。通过加强品牌宣传和推广活动，提升品牌知名度和美誉度；通过精准的市场定位和营销策略制定，满足客户需求并赢得市场份额。这些措施将有助于企业在退税款滞后的情况下保持稳定的现金流和盈利能力。

四、退税款使用效率提升的方法

在出口退税与企业现金流管理的实践中，提升退税款使用效率是优化资金配置、增强企业竞争力的关键一环。以下从四个方面探讨退税款使用效率提升的方法。

（一）建立健全退税款管理机制

首先，企业应建立健全退税款管理机制，确保退税款的及时到位和有效使用。这包括制定明确的退税款管理流程，明确各个环节的责任人和时间节点，确保退税款申请、审核、到账等流程的顺畅进行。同时，建立退税款使用台账，对退税款的收入、支出、结余等情况进行详细记录，以便随时掌握退税款的使用情况。

在管理机制的建设中，企业还需要注重与税务部门的沟通协调，及时了解退税政策的变化和退税流程的更新，确保企业能够迅速适应政策调整，提高退税款申请的成功率和效率。此外，加强与税务部门的合作，共同解决退税款使用中的问题，也是提升退税款使用效率的重要途径。

（二）优化退税款使用结构

退税款的使用结构直接影响其使用效率。企业应根据自身业务特点和资金需求，合理优化退税款使用结构，确保资金的高效利用。一方面，企业可以将退税款优先用于偿还短期债务、支付供应商款项等紧迫性资金需求，以缓解资金压力；另一方面，也可以将部分退税款用于长期投资，如研发创新、市场拓展等，以提升企业的核心竞争力和发展潜力。

在优化退税款使用结构时，企业需要充分考虑市场环境和自身战略规划。通过深入分析市场需求、竞争格局及企业自身的优劣势，制订科学合理的资金使用计划，确保退税款的使用与企业的战略目标相一致。

（三）提升退税款使用透明度与监管力度

提升退税款使用透明度与监管力度是保障退税款高效使用的重要措施。企业应建立健全退税款使用监管机制，对退税款的使用情况进行全程监控和定期审计。通过公开透明的财务管理制度，确保退税款的使用符合法律法规和企业内部规章制度的要求。

同时，加强内部审计和风险管理，及时发现和纠正退税款使用中的问题，防止资金流失和浪费。对于违规行为，企业应严肃处理，以儆效尤。通过提升退税款使用透明度和监管力度，增强企业内部管理的规范性和有效性，为退税款的高效使用提供有力保障。

（四）利用科技手段提升退税款使用效率

在数字化时代，利用科技手段提升退税款使用效率已成为企业的重要选择。企业可以引入先进的财务管理软件和数据分析工具，对退税款的使用情况进行精细化管理和深入分析。通过自动化处理财务数据、实时监控资金流向、智能分析资金使用情况等功能，提高财务管理的效率和准确性。

此外，企业还可以利用区块链、人工智能等前沿技术，优化退税款使用流程和管理模式。例如，通过区块链技术实现退税款的全流程可追溯和不可篡改，确保退税款使用的真实性和安全性；通过人工智能技术实现退税款使用的智能预测和优化配置，提高资金使用的精准度和效率。这些科技手段的应用将有助于企业更好地管理退税款，提升资金使用效率和企业整体竞争力。

第五节　出口退税与财务报表编制

一、退税收入在利润表中的反映

（一）退税收入对利润表结构的影响

退税收入，特别是出口退税，作为企业非经常性损益的重要组成部分，对利润表的结构产生显著影响。在利润表中，退税收入通常被列为非经常性损益项目，这意味着它并非企业日常经营活动产生的直接收入，而是基于特定政策或法规获得的财政返还。因此，退税收入的增加会直接导致企业净利润的提升，进而改变利润表中各项财务指标的相对比例。

具体而言，退税收入会增加企业的营业外收入，这部分收入在扣除相关税费后，最终计入净利润。净利润的增加不仅提升了企业的盈利能力指标，如净利润率、总资产报酬率等，还增强了企业的市场竞争力。同时，退税收入作为非经常性损益，其波动性较大，使得企业在编制利润表时需要特别关注其变动趋势，以便更准确地评估企业的长期盈利能力。

（二）退税收入对利润表编制的影响

在编制利润表时，退税收入的确认与计量直接关系到报表的准确性和可靠性。企业需要根据《税法》规定和《企业会计准则——基本准则》，合理确定退税收入的金额和确认时点。对于出口退税而言，企业通常需要根据出口货物的销售额、退税率及相关政策规定，计算应退税额，并在符合《税法》规定的条件下向税务机关申报退税。

在利润表编制过程中，企业需要将退税收入明确列示为非经常性损益项目，并在附注中详细披露退税收入的性质、金额及确认依据等信息。这有助于外部投资者、债权人等利益相关者更全面地了解企业的财务状况和经营成果，进而做出更加合理的决策。

此外，退税收入的确认与计量还需要考虑跨期因素的影响。若退税收入涉及多个会计期间，企业需要采用合理的会计政策进行分摊，以确保利润表能够真实、公允地反映企业的财务状况和经营成果。

（三）退税收入对利润表分析的影响

退税收入作为利润表中的一个重要项目，其变动情况对利润表分析具有重要影响。在分析企业盈利能力时，投资者和分析师需要特别关注退税收入对净利润的贡献程度。若退税收入占净利润的比例较高，则说明企业的盈利能力可能受到政策影响较大，存在一定的不确定性。

同时，退税收入的波动性也可能影响利润表的稳定性。若退税政策发生变动或退税流程出现问题，可能导致退税收入大幅减少甚至无法获得，进而对企业的净利润产生较大冲击。因此，在分析企业利润表时，需要综合考虑退税收入等非经常性损益项目的影响，以更准确地评估企业的盈利能力和稳定性。

（四）退税收入对企业财务决策的影响

退税收入作为企业的一项重要资金来源，对企业的财务决策产生深远影响。

首先，退税收入的增加有助于企业缓解资金压力，提高资金流动性。企业可以将退税收入用于偿还债务、扩大生产规模、研发新产品或进行其他投资活动，以提升企业的市场竞争力和盈利能力。

其次，退税收入的变化还可能影响企业的财务规划和战略调整。若退税政策发生变动，企业需要及时调整财务规划以应对潜在的资金缺口或盈余。同时，企业还需要根据退税收入的变动情况调整投资策略和经营策略，以确保企业的长期稳健发展。

此外，退税收入还可能影响企业的税务筹划和风险管理。企业需要密切关注《税法》变动和政策调整对退税收入的影响，以便及时采取应对措施降低税务风险和财务风险。同时，企业还需要加强内部控制和财务管理水平，确保退税收入的合法合规性和准确性。

综上所述，退税收入在利润表中的反映不仅关乎企业的财务状况和经营成果的真实性和准确性，还对企业的财务决策和战略规划产生重要影响。因此，企业在编制和分析利润表时，需要特别关注退税收入等非经常性损益项目的影响，以更全面地评估企业的盈利能力和发展潜力。

二、退税款项在现金流量表中的分类

（一）退税款项作为现金流量的重要组成

在现金流量表中，退税款项占据着举足轻重的地位，它直接反映了企业因税收政策而获得的现金流入情况。对于出口企业而言，出口退税是其经营活动中的重要资金来源之一，它显著增加了企业的经营性现金流入，对提升企业的现金流稳定性和充裕度具有重要意义。因此，在编制现金流量表时，将退税款项准确归类并详细披露，对于全面反映企业的财务状况和经营成果至关重要。

（二）退税款项在现金流量表中的具体分类

根据现金流量表的编制原则，退税款项通常被归类为"经营活动产生的现金流量"中的"收到的税费返还"项目。这一分类体现了退税款项的实质，即企业因符合《税法》规定而获得的现金返还。在"收到的税费返还"项目中，除了出口退税外，还可能包括其他类型的税费返还，如增值税退税、所得税退税等。这些退税款项共同构成了企业经营活动中的一项重要现金流入，对评估企业的现金生成能力和财务健康状况具有关键作用。

（三）退税款项分类的财务意义

将退税款项归类为"经营活动产生的现金流量"，不仅符合现金流量表的编制规范，也准确反映了退税款项的财务性质和经济实质。首先，这一分类有助于投资者和分析师更清晰地了解企业经营活动中的现金流入情况，从而更准确地评估企业的盈利能力和现金流状况。其次，退税款项作为经营活动中的一项重要现金流入，能够增强企业的资金流动性，为企业扩大生产规模、研发新产品或进行其他投资活动提供有力支持。最后，通过详细披露退税款项的构成和变动情况，企业可以向外界展示其良好的税务筹划能力和财务管理水平，进而提升企业的市场形象和信誉度。

（四）退税款项分类对企业财务决策的影响

退税款项在现金流量表中的分类对企业财务决策产生深远影响。首先，它有助于企业制订合理的资金运作计划。企业可以根据退税款项的预计金额和到账时间，合理安排资金使用，确保生产经营活动的顺利进行。其次，退税款项的分类有助于企业优化财务结构。通过增加经营性现金流入，企业可以降低对外部融资的依赖程度，减少融资成本，提高财务稳健性。此外，退税款项的分类还可能影响企业的税务筹划和风险管理策略。企业需要密切关注《税法》变动和政策调整对退税款项的影响，以便及时调整税务筹划方案，降低税务风险和财务风险。

综上所述，退税款项在现金流量表中的分类不仅关乎财务报表的准确性和完整性，还对企业的财务决策和战略规划产生重要影响。因此，在编制现金流量表时，企业应严格按照《企业会计准则——基本准则》和《税法》规定，将退税款项准确归类并详细披露，以全面反映企业的财务状况和经营成果。同时，企业还需要加强内部控制和财务管理水平，确保退税款项的合法合规性和准确性，为企业的长期稳健发展奠定坚实基础。

三、退税政策对财务报表比率的影响

(一) 退税政策对偿债能力比率的影响

退税政策，特别是出口退税政策，对企业财务报表中的偿债能力比率具有显著影响。退税款项作为企业的一项非经常性现金流入，能够直接增加企业的现金资产，进而提升企业的短期偿债能力。在资产负债表中，现金及现金等价物的增加会减小流动负债与总资产或流动资产的比例，从而提高流动比率和速动比率。这两个比率是衡量企业短期偿债能力的重要指标，其提升意味着企业能够更轻松地应对短期债务压力，增强债权人的信心。

此外，退税政策还可能通过减少企业的应纳税额来间接影响企业的长期偿债能力。当企业享受退税优惠时，其税负减轻，净利润增加，从而提高了企业的盈利能力。长期来看，这有助于企业积累更多的自有资金，增强资本结构的稳健性，降低财务杠杆，进而提升企业的长期偿债能力。

(二) 退税政策对盈利能力比率的影响

退税政策对企业财务报表中的盈利能力比率同样产生深远影响。退税款项直接增加了企业的净利润，使得企业的营业利润率、总资产报酬率、净资产收益率等盈利能力指标得到提升。这些指标反映了企业利用资产创造利润的能力，其提升意味着企业在同等资产规模下能够创造更多的利润，增强了企业的盈利能力和市场竞争力。

值得注意的是，退税政策对盈利能力比率的影响具有双重性。一方面，退税款项作为非经常性损益，其增加虽然能快速提升企业的净利润，但这种提升可能并不具有可持续性。另一方面，退税政策激励企业增加出口，扩大市场份额，从而提高企业的整体盈利能力。这种长期效应才是退税政策对企业盈利能力比率的真正贡献。

（三）退税政策对运营效率比率的影响

退税政策对运营效率比率的影响相对间接，但同样不容忽视。运营效率比率如存货周转率、应收账款周转率等，反映了企业资产的管理效率和运营能力。退税政策通过减轻企业税负，增加企业现金流，有助于企业改善运营条件，提高运营效率。例如，退税款项可用于加速应收账款的回收，减少坏账损失；也可用于优化库存管理，降低存货成本。这些措施都有助于提升企业的运营效率比率，使企业在激烈的市场竞争中保持优势。

（四）退税政策对成长能力比率的影响

退税政策对企业财务报表中的成长能力比率也具有重要影响。成长能力比率如营业收入增长率、总资产增长率等，反映了企业的成长潜力和发展动力。退税政策通过激励企业增加出口，扩大市场份额，促进了企业的成长和发展。同时，退税款项作为企业的非经常性现金流入，可用于支持企业的研发创新、市场拓展等长期发展战略，进一步提升企业的成长能力。

然而，退税政策对成长能力比率的影响也需要辩证看待。一方面，退税政策为企业提供了资金支持，有助于企业抓住市场机遇，实现快速成长。另一方面，过度依赖退税政策可能导致企业忽视自身竞争力的提升，形成对政策优惠的依赖心理。因此，企业在享受退税政策的同时，应注重提升自身实力，增强市场竞争力，以实现可持续发展。

四、编制财务报表时退税事项的披露要求

在编制财务报表时，退税事项的披露是确保信息透明度、完整性和准确性的重要环节。以下从四个方面详细分析退税事项的披露要求。

（一）退税事项的基本信息披露

在财务报表中，对于退税事项的基本信息，企业应进行详尽且清晰的披露。这包括但不限于退税政策的名称、适用范围、退税比例、退税条件及退税期限等关键要素。通过明确这些信息，外部利益相关者能够更准确

地理解企业退税收入的来源、规模和可持续性。同时，企业还需要在附注中详细说明退税政策对企业财务状况和经营成果的具体影响，以便投资者和债权人做出更为合理的决策。

（二）退税收入的会计处理与披露

退税收入在会计上的处理直接影响财务报表的准确性和可比性。企业需要按照《企业会计准则——基本准则》的规定，将退税收入正确地计入相应的会计科目中，并在财务报表中予以明确披露。对于出口退税而言，企业通常将其计入"收到的税费返还"科目，在现金流量表中作为经营活动产生的现金流量进行列报。此外，企业还需要在利润表中反映退税收入对净利润的影响，确保利润表的真实性和完整性。在披露时，企业应详细说明退税收入的金额、确认依据及会计处理方法，以便外部利益相关者进行验证和评估。

（三）退税事项的风险评估与披露

退税政策虽然为企业带来了实质性的经济利益，但同时也伴随着一定的风险。在编制财务报表时，企业需要对退税事项可能带来的风险进行充分评估，并在报表中予以披露。这些风险可能包括退税政策变动风险、退税申请审批风险、退税款项回收风险等。企业需要详细分析这些风险对企业财务状况和经营成果的具体影响，并制定相应的风险管理措施。通过披露风险信息，企业可以提高透明度，增强外部利益相关者的信任度，同时也有助于企业自身加强风险管理和内部控制。

（四）退税事项的合规性披露

在编制财务报表时，企业还需要特别关注退税事项的合规性披露。这要求企业确保退税申请和审批过程符合相关法律法规和《企业会计准则——基本准则》的规定，不存在任何违法违规行为。企业需要详细披露退税政策的法律依据、申请流程、审批结果及后续管理情况等信息，以便外部利益相关者进行监督和验证。同时，企业还需要建立健全的内部控制制度，确保退税事项的合规性得到充分保障。通过合规性披露，企业可以树立良好的企业形象，提升市场声誉，为企业的长期发展奠定坚实基础。

综上所述，编制财务报表时退税事项的披露要求涉及基本信息披露、会计处理与披露、风险评估与披露及合规性披露等多个方面。企业应严格按照《企业会计准则——基本准则》和相关法律法规的规定进行披露，确保财务报表的透明度、完整性和准确性。同时，企业还需要加强内部控制和风险管理，确保退税事项的合规性和可持续性。

第六章 出口退税的风险防范与应对策略

第一节 出口退税的主要风险类型

一、政策变动风险

出口退税政策作为国际贸易中的重要支持措施，其变动对出口企业具有深远的影响。政策变动风险主要体现在以下几个方面：

首先，出口退税政策的调整具有不确定性。国家会根据国内外经济形势、产业发展需求及国际贸易环境的变化，适时调整出口退税政策。这种调整可能涉及退税率的变化、退税商品范围的调整、退税流程的优化等，要求出口企业时刻保持对政策动态的敏感性。若企业未能及时适应政策变化，可能导致退税金额减少或退税流程受阻，进而影响企业的资金流转和盈利能力。

其次，政策变动可能带来市场竞争格局的变化。不同行业、不同产品之间的退税率可能存在差异，政策调整可能加剧或缓解这种差异，进而影响企业的市场竞争力。例如，当某一行业的退税率下调时，该行业的出口成本将上升，可能导致部分企业在国际市场上失去价格优势，进而影响其出口份额。

最后，政策变动还可能涉及复杂的合规要求。随着国际贸易规则的不断完善和国内税收法规的日益严格，出口退税政策往往伴随着更为复杂的合规要求。企业需要投入更多的人力、物力和财力来确保退税申报的准确性和合规性，否则可能面临税务处罚或法律纠纷。

二、操作失误与合规性风险

操作失误与合规性风险是出口退税过程中常见的风险类型。这些风险主要源于企业内部管理不善、流程执行不严或人员操作失误。

首先，企业内部管理不善可能导致退税流程不畅。例如，企业未能建立完善的退税管理制度，导致退税单证收集不全、审核不严或归档不及时。这些问题不仅会影响退税申报的效率，还可能因单证缺失或不合规而引发税务风险。

其次，流程执行不严也是导致操作失误与合规性风险的重要原因。在退税申报过程中，企业需要严格遵守税务部门的规定和流程要求。若企业未能按照规定的时间和程序进行申报，或未能提供完整、准确的退税资料，将直接影响退税申请的受理和审批结果。

最后，人员操作失误也是不容忽视的风险点。退税申报涉及多个环节和多个部门，需要不同岗位的人员协同作业。若相关人员对退税政策理解不透彻、操作不熟练或责任心不强，可能导致申报数据错误、单证缺失或审核不严等问题，进而引发税务风险。

三、欺诈与虚假申报风险

欺诈与虚假申报风险是出口退税过程中最为严重的风险类型之一。这些行为不仅违反国家税收法律法规，还损害国家财政利益和市场公平竞争秩序。

首先，欺诈与虚假申报行为具有隐蔽性和复杂性。一些不法企业或个人为了获取更多的退税款，可能采取伪造、变造或虚假申报等手段。这些手段往往涉及多个环节和多个部门，需要税务部门加强监管和查处力度。

其次，欺诈与虚假申报行为将带来严重的法律后果。根据《中华人民共和国刑法》等相关法律法规的规定，骗取出口退税的行为将受到刑事处罚和罚金等严厉制裁。同时，税务部门还将对涉事企业进行税务稽查和处罚，并可能将其纳入税收违法"黑名单"，影响其后续的经营和发展。

最后，欺诈与虚假申报行为还将破坏市场公平竞争秩序。这些行为不仅扰乱了正常的出口退税管理秩序，还可能导致其他合法企业因不公平竞争而失去市场份额和利润空间。因此，打击欺诈与虚假申报行为是维护市场公平竞争秩序和保障国家税收利益的重要举措。

四、汇率波动对退税金额的影响风险

汇率波动是影响出口退税金额的重要因素之一。由于出口退税通常涉及外汇结算和退税计算等多个环节，汇率的波动将直接影响退税金额的计算和企业的实际收益。

首先，汇率波动可能导致退税金额的不确定性。在退税计算过程中，企业需要按照规定的汇率将出口货物的外币收入折算成人民币进行计算。然而，由于外汇市场的波动性和不可预测性，企业在退税申报时可能无法准确预测汇率的变动趋势。若汇率在退税审批期间发生较大波动，将导致退税金额与预期存在偏差，进而影响企业的资金安排和盈利预期。

其次，汇率波动还可能加剧企业的经营风险。对于依赖出口业务的企业而言，汇率的波动将直接影响其出口收入和成本。若汇率波动导致出口收入减少或成本增加，将直接影响企业的盈利能力和市场竞争力。而退税作为出口企业的重要收入来源之一，其金额的不确定性将进一步加剧企业的经营风险。

最后，为应对汇率波动对退税金额的影响风险，企业需要加强汇率风险管理意识。企业可以通过选择合适的结算货币、使用外汇套期保值工具等方式来降低汇率波动带来的风险。同时，企业还需要密切关注外汇市场动态和政策变化，及时调整经营策略和财务管理措施，以应对汇率风险。

第二节　防范出口退税风险的内部控制措施

一、建立健全退税管理制度

在税务管理中，建立健全退税管理制度是确保税收公平、防范税收风险的重要基石。以下从四个方面详细分析如何构建这一制度，以强化内部控制，提升风险防范能力。

（一）完善制度框架与规范操作流程

建立健全退税管理制度的首要任务是确立完善的制度框架，明确退税的条件、程序、时限及所需资料等核心要素。这要求税务局在制定政策时，既要遵循国家法律法规，又要结合地方实际，确保制度的合理性和可操作性。同时，对退税操作流程进行精细化设计，确保每一步骤都有明确的操作指南和审核标准。例如，明确退税申请的提交方式、审核流程、审批权限及责任划分，确保退税工作的高效、有序进行。

在制度执行过程中，税务局还需要加强对退税申请资料的审核力度，确保申请资料的真实性和合法性。通过建立风险识别和评估机制，对退税业务进行全面梳理和分析，识别潜在的风险点和漏洞。针对识别出的风险，制定相应的应对措施，如加强内部监督、提高审核标准、引入第三方审计等，以降低退税风险的发生概率。

（二）强化内部监督与审计机制

内部监督与审计机制是保障退税管理制度有效执行的重要手段。税务局应建立健全内部监督机制，对退税工作的全过程进行实时监控和评估。这包括设立专门的监督部门或岗位，负责对退税业务进行定期检查和随机抽查，确保退税工作的规范性和透明度。

同时，引入外部审计机构进行独立审计，对退税工作的合规性、有效性进行客观评价。通过内外结合的监督方式，及时发现并纠正退税工作中存在的问题和漏洞，确保退税资金的安全和有效使用。

（三）优化信息系统与数据共享

在信息化时代，优化信息系统与实现数据共享是提升退税管理效率、降低税收风险的重要途径。税务局应加快信息化建设步伐，建立和完善退税信息管理系统，实现退税业务的电子化、自动化处理。通过系统对退税数据进行实时采集、分析、比对和预警，提高退税审核的准确性和效率。

此外，加强与海关、外汇管理、银行等部门的信息共享与合作，打破信息壁垒，实现数据互联互通。这有助于税务局全面掌握企业的生产经营和财务状况，及时发现并防范退税风险。同时，也有助于提高退税工作的透明度和公信力，增强纳税人的信任和支持。

（四）加强宣传教育与培训指导

宣传教育与培训指导是提升退税管理水平、增强风险防范意识的重要保障。税务局应加强对退税政策的宣传解读，通过多种渠道和方式向纳税人普及退税知识，提高纳税人对退税政策的认知度和遵从度。同时，针对企业在退税过程中遇到的困难和问题，提供及时、有效的指导和帮助，降低企业的退税成本和风险。

此外，应加强对税务干部的培训和指导，以提高税务干部的业务素质和风险防范能力。通过定期组织培训、交流和学习活动，使税务干部熟练掌握退税政策、操作流程和审核标准，提高退税工作的专业性和规范性。同时，加强职业道德教育和廉政建设，确保税务干部在退税工作中廉洁自律、公正执法。

综上所述，建立健全退税管理制度需要从完善制度框架、强化内部监督、优化信息系统和加强宣传教育四个方面入手。通过这些措施的实施，可以有效提升退税管理水平、降低税收风险、保障税收安全和经济秩序的稳定。

二、加强退税相关人员的培训与监督

在退税管理的复杂环境中，退税相关人员的专业素养与职业操守直接关系到退税工作的质量和风险防范的效果。因此，加强退税相关人员的培训与监督，是构建有效内部控制体系的关键环节。以下从四个方面进行深入分析。

（一）构建系统化培训体系，提升专业能力

退税工作涉及税务法规、财务知识、信息技术等多个领域，要求退税相关人员应具备较高的专业素养。为此，应构建系统化的培训体系，确保培训内容全面、深入且与时俱进。培训内容应涵盖最新的税务政策、退税操作流程、风险识别与应对技巧等方面，同时结合具体案例和实操演练，提高培训的针对性和实效性。通过定期举办培训班、研讨会、在线学习等方式，为退税相关人员提供持续学习的机会，不断提升其专业能力。

（二）强化职业道德教育，树立廉洁自律意识

退税工作涉及大量资金流动，对退税相关人员的职业道德提出了更高要求。因此，加强职业道德教育，树立廉洁自律意识，是防范退税风险的重要一环。应通过组织专题讲座、观看警示教育片、签订廉洁承诺书等形式，引导退税相关人员树立正确的价值观和职业操守，自觉抵制各种诱惑和腐败行为。同时，建立健全举报奖励机制，鼓励内部监督和社会监督，形成风清气正的工作氛围。

（三）实施绩效考核与激励机制，激发工作积极性

有效的绩效考核与激励机制能够激发退税相关人员的工作积极性和创造力，提升工作效率和质量。应建立科学合理的绩效考核体系，将退税工作的完成情况、风险防控效果、服务态度等方面纳入考核范围，实行量化评分和等级评定。根据考核结果，对表现优秀的退税相关人员给予表彰和奖励，对存在问题的及时进行指导和纠正。同时，将考核结果与职务晋升、

薪酬待遇等挂钩，形成正向激励效应，促进退税工作的持续优化和提升。

（四）建立多层次监督体系，确保工作规范

为确保退税工作的规范性和透明度，应建立多层次、全方位的监督体系。一方面，加强内部监督，通过设立专门的监督部门或岗位，对退税工作的全过程进行实时监控和评估；另一方面，引入外部监督力量，如审计机构、媒体和公众等，对退税工作进行独立审计和舆论监督。同时，建立健全信息公开制度，定期公布退税工作的相关信息和数据，接受社会监督。通过多层次监督体系的建立和实施，能够及时发现并纠正退税工作中存在的问题和漏洞，确保退税工作的规范性和公正性。

综上所述，加强退税相关人员的培训与监督是构建有效内部控制体系、防范退税风险的重要举措。通过构建系统化培训体系、强化职业道德教育、实施绩效考核与激励机制及建立多层次监督体系等措施的实施，能够全面提升退税相关人员的专业素养和职业操守，确保退税工作的规范性和有效性。

三、实施退税流程的标准化与信息化

在退税管理中，实施流程的标准化与信息化是提升工作效率、降低人为错误、增强风险防范能力的关键策略。以下从四个方面详细阐述这一内部控制措施的重要性与实施路径。

（一）制定标准化的退税流程

标准化的退税流程是确保退税工作规范、高效运行的基础。通过制定详细的操作手册和流程图，明确退税申请的提交、审核、审批、资金拨付等各个环节的具体步骤、所需材料、办理时限及责任部门，确保退税工作有章可循、有据可查。标准化的流程能够减少因个人理解差异或操作习惯不同而导致的错误和延误，提高退税工作的准确性和效率。同时，标准化的流程也便于监督和审计，有助于及时发现并纠正潜在的风险点。

（二）推动退税流程的信息化改造

信息化是提升退税管理水平的必由之路。通过引入先进的退税信息管理系统，实现退税业务的电子化、自动化处理，可以大大提高工作效率，降低人为干预和错误率。信息化系统能够自动校验申请材料的完整性和准确性，实时跟踪退税进度，提供数据分析和预警功能，帮助管理人员及时发现问题并采取措施。此外，信息化系统还能实现与海关、外汇管理、银行等部门的信息共享，打破信息孤岛，提高退税工作的透明度和协同性。

（三）加强系统安全与维护

随着退税流程的信息化程度提高，系统安全成为不可忽视的问题。必须采取有效措施加强系统安全与维护工作，确保退税数据的安全性和完整性。这包括建立完善的网络安全防护体系，采用加密技术保护数据传输和存储过程中的敏感信息；定期进行系统安全检查和漏洞扫描，及时发现并修复潜在的安全隐患；制订应急预案和灾难恢复计划，确保在系统发生故障或遭受攻击时能够迅速恢复服务。同时，加强对系统操作人员的安全教育和培训，提高其安全意识和操作技能。

（四）持续优化与迭代

退税流程的标准化与信息化并非是一蹴而就的过程，而是需要随着业务发展和技术进步持续优化与迭代。应建立反馈机制，收集退税相关人员、纳税人及社会各界的意见和建议，对退税流程进行定期评估和改进。同时，关注税务政策的变化和新技术的发展动态，及时调整和优化退税流程和信息化系统。通过持续优化与迭代，使退税流程更加符合实际需求和技术发展趋势，提高退税管理的效率和效果。

综上所述，实施退税流程的标准化与信息化是提升退税管理水平、增强风险防范能力的关键措施。通过制定标准化的退税流程、推动退税流程的信息化改造、加强系统安全与维护及持续优化与迭代等步骤的实施，可以构建一套高效、规范、安全的退税管理体系，为税收事业的健康发展提供有力保障。

四、定期审计与风险评估机制

在退税管理的内部控制体系中，定期审计与风险评估机制是确保制度有效执行、及时发现并应对潜在风险的重要环节。以下从四个方面深入分析这一机制的关键要素及其重要性。

（一）确立审计的独立性与权威性

定期审计作为内部控制的"第三只眼"，其独立性和权威性至关重要。独立性意味着审计部门或外部审计机构在执行审计任务时，应不受被审计对象或其他利益相关方的干扰，能够客观、公正地评估退税管理的合规性、有效性和效率。权威性则要求审计结果具有足够的分量，能够引起管理层的高度重视，并作为改进退税管理工作的重要依据。因此，在建立定期审计机制时，应明确审计部门的职责权限，确保其独立行使审计职权，并赋予审计结果相应的处理权和建议权。

（二）构建全面的风险评估框架

风险评估是定期审计的核心内容之一，它要求对退税管理的各个环节进行全面的风险识别和评估。这包括识别退税政策执行中的潜在漏洞、审核流程中的薄弱环节、信息系统中的安全隐患等。为了构建全面的风险评估框架，应制定详细的风险评估标准和流程，明确风险评估的周期、范围、方法和工具。同时，引入专业的风险评估团队或利用先进的风险评估软件，对退税管理进行定量和定性的分析，准确识别风险点并评估其可能的影响程度。

（三）强化审计发现问题的整改与反馈

定期审计的目的不仅在于发现问题，更在于推动问题的整改与解决。因此，在审计过程中发现的问题应及时向管理层报告，并提出具体的整改建议。管理层应高度重视审计发现的问题，组织相关部门和人员认真分析原因、制定整改措施，并明确整改时限和责任人。同时，建立跟踪反馈机制，对整改情况进行持续跟踪和评估，确保问题得到有效解决。此外，还应将审计发现的问题及整改情况纳入绩效考核体系，作为评价相关部门和人员工作绩效的重要依据。

（四）推动风险评估与内部控制的持续改进

定期审计与风险评估机制不是一次性的工作，而是一个持续循环的过程。通过每一次的审计和评估，可以发现退税管理中存在的问题和不足，为内部控制的改进提供方向和依据。因此，应建立持续改进的机制，将审计和评估结果作为内部控制优化的重要输入。这包括根据审计发现的问题调整和优化退税政策、完善审核流程、加强信息系统建设等。同时，鼓励退税相关人员积极参与内部控制的改进工作，提出建设性意见和建议，形成全员参与、持续改进的良好氛围。通过持续的改进和优化，不断提升退税管理的风险防范能力和整体效能。

第三节　加强外部合作，化解出口退税风险

一、与税务机关的沟通与合作

（一）建立常态化沟通机制，确保政策信息及时传达

在出口退税风险应对的外部合作与支持中，与税务机关建立常态化沟通机制是首要任务。这一机制不仅有助于企业及时获取最新的退税政策、法规变动及解释，还能确保企业在遇到退税难题时能够迅速获得税务部门的指导和帮助。为此，外贸企业应主动与税务机关保持密切联系，通过定期会议、座谈会、线上交流平台等多种形式，就退税政策、操作流程、常见问题等进行深入交流。同时，企业可以设立专门的税务对接岗位，负责收集、整理并传达税务部门的最新政策信息，确保企业内部各部门都能及时了解并适应政策变化。

在沟通过程中，企业应注重信息的双向流动。一方面，要积极向税务机关反馈企业在退税过程中遇到的问题和困惑，寻求专业的指导和解决方案；另一方面，也要主动分享企业在退税管理方面的成功经验，为税务机关优化服务、完善政策提供参考。这种互动式的沟通机制，有助于构建税企之间的信任关系，为企业的出口退税工作营造良好的外部环境。

（二）强化业务培训，提升退税管理团队专业能力

退税管理团队的专业能力直接影响企业的退税效率和风险防控水平。因此，与税务机关的合作还应包括加强业务培训，提升团队的专业素养。税务机关可以定期举办退税政策宣讲会、操作实务培训班等，邀请经验丰富的税务干部或专家授课，帮助企业财务人员深入了解退税政策、掌握退税申报流程、识别退税风险点。同时，税务机关还可以根据企业的实际需求，提供一对一的咨询服务，解答企业在退税过程中遇到的具体问题。

企业在参与业务培训的同时，也应注重内部培训体系的建立。通过组织内部学习、分享会等形式，加强团队成员之间的交流与协作，共同提升退税管理水平。此外，企业还可以考虑与外部专业的财税公司合作，引入外部专家资源，为团队提供更加全面、专业的培训和支持。

（三）优化退税申报流程，提高退税效率

退税申报流程的复杂性和繁琐性往往是企业面临的一大挑战。为了降低退税风险、提高退税效率，企业需要与税务机关共同努力，不断优化退税申报流程。一方面，税务机关可以通过简化审批程序、推行电子化申报等方式，减少企业的申报负担；另一方面，企业也应积极配合税务机关的工作，按照要求准备齐全、准确的申报材料，确保申报流程的顺利进行。

在优化退税申报流程的过程中，企业还可以借助信息化手段，建立退税管理系统。通过系统化管理，企业可以实现对退税业务的实时监控和数据分析，及时发现并纠正潜在的风险点。同时，系统还可以自动生成申报材料、提醒申报时间等功能，进一步提高退税申报的效率和准确性。

（四）加强风险管理，构建退税风险防控体系

退税风险防控是出口退税工作的重中之重。为了有效降低退税风险，企业需要与税务机关紧密合作，共同构建退税风险防控体系。首先，企业应加强对外部协同部门的审核和沟通交流，确保合作方具备合法资质和良好信用记录；其次，企业应建立完善的内部管理制度和流程控制机制，明确各个环节的职责和权限；最后，企业还应加强风险预警和应急处理能力建设，及时发现并应对潜在的退税风险。

在构建退税风险防控体系的过程中，税务机关可以发挥重要作用。通过加强对企业的监督检查、提供风险评估服务等方式，税务机关可以帮助企业识别并化解潜在的退税风险。同时，税务机关还可以与行业协会、中介机构等建立合作机制，共同为企业提供更加全面、专业的风险防控服务。

综上所述，与税务机关的沟通与合作对于外贸企业应对出口退税风险具有重要意义。通过建立常态化沟通机制、强化业务培训、优化退税申报流程及加强风险管理等措施，企业可以有效降低退税风险、提高退税效率，为企业的持续健康发展提供有力保障。

二、利用行业协会与专业咨询机构资源

（一）借助行业协会平台，共享退税政策与经验

在出口退税风险应对中，行业协会作为企业与政府之间的桥梁，发挥着不可或缺的作用。企业可以充分利用行业协会的平台资源，获取最新的退税政策信息、行业动态及实践经验。行业协会通常会定期举办政策解读会、经验分享会等活动，邀请税务专家、企业代表等就退税政策、操作流程、常见问题等进行深入交流。通过参与这些活动，企业可以及时了解退税政策的变化趋势，掌握行业内的最佳实践，从而优化自身的退税管理策略。

此外，行业协会还为企业提供了一个相互学习、共同成长的平台。企业可以在协会内部建立退税交流小组，与同行分享退税过程中的成功经验

和遇到的问题，共同探讨解决方案。这种合作与分享的氛围有助于企业形成更为完善的退税管理体系，提高整体的风险应对能力。

（二）引入专业咨询机构，定制化解决退税难题

面对复杂的退税政策和多变的外部环境，企业往往需要借助专业咨询机构的力量来解决退税难题。专业咨询机构具备丰富的行业经验和专业知识，能够为企业提供定制化的退税解决方案。这些机构可以深入分析企业的业务模式、财务状况和退税需求，帮助企业识别退税过程中的潜在风险点，提出针对性的改进措施。

通过与专业咨询机构的合作，企业可以更加精准地把握退税政策的精神实质和具体要求，避免因为理解偏差或操作不当而导致的退税风险。同时，专业咨询机构还可以为企业提供退税申报、审核、退税款追踪等全方位的服务，减轻企业的负担，提高退税效率。

（三）加强与国际同行的交流，提升跨国退税管理能力

随着全球化的发展，越来越多的企业开始涉足跨国贸易。在跨国退税领域，不同国家和地区的退税政策、操作流程等存在较大差异，给企业的退税管理带来了挑战。为了提升跨国退税管理能力，企业需要加强与国际同行的交流与合作。

企业可以积极参加国际性的退税论坛、研讨会等活动，与来自不同国家和地区的同行交流退税经验和管理心得。通过了解其他国家的退税政策和操作模式，企业可以拓宽视野、借鉴经验，为自身的跨国退税管理提供有益参考。同时，企业还可以与国际同行建立长期的合作关系，共同应对跨国退税中的挑战和问题。

（四）构建多元化的合作网络，形成退税风险防控合力

在出口退税风险应对中，企业还需要构建多元化的合作网络，与多方利益相关者形成合力。这些利益相关者包括税务机关、海关、银行、保险公司、物流公司等。通过与这些机构的紧密合作，企业可以实现对退税业务的全方位管理和监控。

例如，企业可以与税务机关建立紧密的沟通机制，及时了解退税政策的最新动态和具体要求；与海关合作加强出口货物的监管和审核力度；与银行合作优化退税款的结算和追踪流程；与保险公司合作投保出口退税保险以降低退税风险；与物流公司合作确保出口货物的安全运输和及时报关。通过构建多元化的合作网络，企业可以形成退税风险防控的合力，提高整体的风险应对能力。

三、参与退税政策研讨会与培训

（一）积极参与退税政策研讨会，把握政策动态

在出口退税风险应对的外部合作与支持中，参与退税政策研讨会是一项至关重要的活动。这些研讨会通常由政府部门、行业协会或专业机构组织，旨在解析最新的退税政策、分享政策实施的经验与教训，并探讨未来政策走向。通过积极参与此类研讨会，企业可以第一时间了解到退税政策的最新动态，把握政策变化的脉搏。

在研讨会上，企业不仅可以聆听政府部门和专业人士的权威解读，还能与同行企业交流心得，共同探讨退税政策对企业经营的影响及应对策略。这种信息交流和思想碰撞的过程，有助于企业更全面地理解退税政策，为后续的退税操作提供有力的指导。

（二）深入参与退税业务培训，提升专业能力

退税业务培训是提升企业退税管理能力的重要途径。通过参加专业的退税业务培训，企业可以系统地学习退税政策、申报流程、审核要点及风险管理等方面的知识，从而提高自身的退税业务处理能力。

在培训过程中，企业应注重实践操作和案例分析，通过模拟申报、审核等环节，加深对退税业务的理解。同时，企业还可以利用培训机会，向培训讲师和同行请教退税过程中遇到的具体问题，寻求专业的解决方案。这种深入的学习和交流，有助于企业形成一套科学、高效的退税管理体系，降低退税风险。

（三）建立长效学习机制，持续关注政策变化

退税政策并非一成不变，而是随着国内外经济形势和国际贸易环境的变化而不断调整。因此，企业需要建立长效学习机制，持续关注退税政策的变化，确保自身的退税管理策略始终与政策要求保持一致。

为了实现这一目标，企业可以定期组织内部培训和学习活动，邀请税务专家或专业人士进行授课。同时，企业还可以利用网络资源，关注政府部门、行业协会等发布的退税政策信息，及时了解和掌握政策变化。此外，企业还可以鼓励员工自主学习和交流，形成浓厚的学习氛围，提高整个团队的退税管理水平。

（四）加强跨部门协作，优化退税管理流程

退税管理并非财务部门或税务部门的单一职责，而是需要企业多个部门共同协作完成的任务。因此，企业需要加强跨部门协作，优化退税管理流程，确保退税工作的顺利进行。

在跨部门协作方面，企业可以建立退税工作小组或专项小组，明确各部门的职责和分工。同时，企业还可以建立定期沟通机制，加强部门之间的信息共享和协调配合。通过跨部门协作，企业可以更加高效地处理退税业务中的各种问题，降低退税风险。

此外，企业还可以利用信息化手段优化退税管理流程。通过建立退税管理系统或利用ERP等信息系统，实现退税业务的自动化处理和数据共享，减少人为错误和漏报现象的发生。同时，企业还可以利用大数据分析等技术手段对退税数据进行深入挖掘和分析，为企业的经营决策提供有力支持。

四、建立与其他出口企业的信息共享机制

（一）强化信息共享意识，共筑退税风险防线

在出口退税风险应对的外部合作与支持中，建立与其他出口企业的信息共享机制是至关重要的一环。首先，企业应强化信息共享的意识，认识

到信息共享对于降低退税风险、提升退税效率的重要性。通过共享退税政策信息、申报经验、审核要点等内容，企业可以相互借鉴、共同学习，从而增强自身的退税管理能力。

这种信息共享机制不仅有助于企业及时了解退税政策的最新动态，还能帮助企业识别潜在的退税风险点，提前采取措施进行防范。同时，通过与其他出口企业的交流与合作，企业可以拓宽视野、开阔思路，为自身的退税管理策略提供更多的参考和借鉴。

（二）构建信息共享平台，促进资源高效整合

为了实现与其他出口企业的信息共享，企业需要构建一个高效、便捷的信息共享平台。这个平台可以是一个专门的网站、论坛或社交媒体群组，也可以是利用现有ERP系统或云计算技术搭建的虚拟平台。通过这个平台，企业可以发布最新的退税政策信息、分享退税申报经验、交流退税过程中遇到的问题和解决方案等。

信息共享平台的建立，有助于促进资源的高效整合。企业可以充分利用平台上的资源，快速获取所需的退税信息，减少重复劳动和资源浪费。同时，平台还可以作为企业与政府部门、行业协会等外部机构沟通的桥梁，为企业的退税管理提供更多的支持和帮助。

（三）制定信息共享规范，确保信息安全与隐私

在建立信息共享机制的过程中，企业需要制定相应的信息共享规范，以确保信息的安全与隐私。这些规范可以包括信息共享的内容、范围、方式、时间等方面的规定，以及信息保密、数据安全等方面的要求。

通过制定信息共享规范，企业可以明确各方的权利和义务，规范信息共享的行为和流程。同时，企业还可以采取必要的技术手段和管理措施，确保共享信息的安全性和可靠性。例如，企业可以采用加密技术保护敏感信息，设置访问权限控制信息的使用范围等。

（四）加强合作与信任，实现共赢发展

建立与其他出口企业的信息共享机制，不仅有助于降低退税风险、提

升退税效率，还能促进企业之间的合作与信任，实现共赢发展。通过信息共享和交流合作，企业可以建立更加紧密的联系和伙伴关系，共同应对退税过程中的挑战和问题。

同时，企业还可以利用信息共享机制，开展联合申报、联合审核等合作活动，进一步提高退税的效率和准确性。这种合作方式不仅可以减轻企业的负担和压力，还能增强整个行业的竞争力和影响力。

总之，建立与其他出口企业的信息共享机制是出口退税风险应对的重要外部合作与支持方式之一。通过强化信息共享意识、构建信息共享平台、制定信息共享规范及加强合作与信任等措施，企业可以更加有效地应对退税风险、提升退税效率，实现稳健发展。

第四节　制订应对风险的预案

一、识别潜在风险点并制订预案

（一）政策变动风险与应对策略

在出口退税领域，政策变动是企业面临的主要风险之一。由于国际贸易环境的复杂性和多变性，国家会根据宏观经济形势、国际贸易政策等因素不断调整出口退税政策。这种政策变动可能涉及退税率调整、退税范围变化、退税流程优化等多个方面，直接影响企业的退税收益和运营效率。

应对策略：

（1）密切关注政策动态：企业应建立专门的政策研究团队或指定专人负责，定期收集、整理和分析国家及地方关于出口退税的最新政策信息，确保第一时间掌握政策变动情况。

（2）加强内部培训：针对政策变动，企业应及时组织内部培训，确保财务、业务等相关部门人员熟悉新政策的具体内容和操作要求，避免因不了解新政策而导致的退税风险。

（3）优化退税流程：根据政策变动，企业应适时调整和优化退税流程，确保退税申报的准确性和及时性。同时，加强与税务部门的沟通联系，及时解决退税过程中遇到的问题。

（4）制订应急预案：针对可能出现的政策变动风险，企业应提前制订应急预案，明确应对措施和责任人，确保在政策变动发生时能够迅速响应，减少损失。

（二）操作失误风险与防控措施

在出口退税的实际操作过程中，由于人为因素或系统问题等原因，企业可能会面临操作失误的风险。这些失误可能包括申报资料不全、数据录入错误、退税单证丢失等，直接影响企业的退税效率和退税成功率。

防控措施如下：

（1）完善内部管理制度：企业应建立健全的出口退税内部管理制度，明确各部门、各岗位的职责和权限，规范退税申报、审核、审批等各个环节的操作流程。

（2）加强人员培训：定期对参与退税操作的人员进行专业培训，提高其业务水平和操作技能，减少因人为因素导致的操作失误。

（3）引入信息化手段：利用现代信息技术手段，如出口退税管理软件、电子口岸等，实现退税申报的自动化、信息化，减少人为干预，提高申报的准确性和效率。

（4）建立复核机制：在退税申报过程中，建立严格的复核机制，对申报资料进行多次审核和校验，确保申报数据的真实性和准确性。

（三）税务合规风险与应对策略

出口退税涉及税务方面的政策和规定，企业必须确保退税申报的合规性，否则可能面临税务处罚和退税款被追回的风险。

应对策略如下：

（1）加强税务合规意识：企业应提高全体员工的税务合规意识，确保在退税申报过程中严格遵守相关法律法规和税务部门的规定。

（2）建立健全的税务管理体系：企业应建立健全的税务管理体系，包括税务筹划、税务申报、税务审核、税务档案管理等方面，确保税务管理的规范化和制度化。

（3）寻求专业税务咨询：对于复杂的税务问题，企业应积极寻求专业税务咨询机构的帮助，确保退税申报的合规性和准确性。

（4）定期自查自纠：企业应定期对退税申报工作进行自查自纠，及时发现和纠正存在的问题，避免税务风险的发生。

（四）汇率波动风险与应对措施

出口退税款金额通常与货物出口时的外汇收入相关联，汇率波动可能对退税金额产生影响。汇率的波动可能导致企业实际收到的退税款与预期存在差距，增加企业的财务风险。

应对措施：

（1）关注汇率走势：企业应密切关注国际汇率走势，了解主要货币之间的汇率变动情况，为退税款的预测和结算提供依据。

（2）选择有利时机结算：在汇率波动较大的情况下，企业应根据实际情况选择有利的时机进行退税款的结算，以减少汇率波动对退税款的影响。

（3）利用金融工具避险：企业可以利用远期外汇合约、期权等金融工具进行汇率避险操作，锁定汇率风险，确保退税款的稳定收益。

（4）多元化经营：企业可以通过多元化经营来分散汇率风险，如拓展不同货币结算的出口市场、增加进口业务等，以降低对单一货币汇率波动的依赖。

二、预案的详细操作步骤与责任人

（一）预案制订与组织架构

1.详细操作步骤

在制订出口退税风险应对预案时，首要任务是确立组织架构，明确各级责任主体。企业应成立专门的出口退税风险管理小组，由总经理担任组长，财务负责人任副组长，成员包括财务部办税员、合同部单证员、合同部外汇核销员等关键岗位人员。该小组负责全面协调和监督出口退税的各个环节，确保风险得到有效控制。

2.责任人

•组长（总经理）：负责整体预案的制订、审批及重大风险的决策。

•副组长（财务负责人）：协助组长工作，具体负责财务层面的风险识别、评估与应对。

•财务部办税员：负责日常退税申报、单证管理、政策解读及与税务机关的沟通协调。

•合同部单证员：负责出口形式发票的编制、审核及出口报关单的收集与整理。

•合同部外汇核销员：负责外汇核销单的办理、收汇核销及远期收汇证明的办理。

（二）风险识别与评估

1.详细操作步骤

风险识别是预案制订的基础。企业需要定期进行风险评估，识别出口退税过程中可能遇到的各种风险，包括但不限于政策变动风险、单证管理风险、操作失误风险、信誉风险等。通过收集内外部信息，结合历史数据和行业趋势，采用定性与定量相结合的方法，对风险进行量化分析和等级划分。

2.责任人

•风险管理小组全体成员：共同参与风险识别与评估工作，各成员根据自身岗位特点提供风险信息和专业意见。

•财务部办税员：负责汇总和分析风险数据，形成风险评估报告，并提出初步的风险应对措施。

（三）风险应对与控制

1.详细操作步骤

针对识别出的风险，企业需要制定具体的应对措施和控制机制。首先，要建立健全的内部控制体系，明确各岗位职责，规范操作流程，确保出口退税的每一个环节都符合法规要求。其次，加强单证管理，确保所有备案单证的真实性和完整性，并按要求妥善保存。最后，还需要加强与税务机关、海关、外汇局等相关部门的沟通协调，及时了解政策变动和行业动态，以便及时调整退税策略。

2.责任人

•财务部办税员：负责制定具体的风险应对措施，并监督执行情况。

•合同部单证员：负责单证的收集、审核与保管，确保单证的真实性和完整性。

•合同部外汇核销员：负责外汇核销和收汇核销的及时办理，减少因延期导致的退税风险。

•风险管理小组组长及副组长：负责整体风险应对策略的审批与调整，确保风险应对措施的有效性。

（四）预案演练与持续改进

1.详细操作步骤

预案制订后，企业需要定期组织预案演练，以检验预案的可行性和有效性。演练过程中，应模拟真实的退税场景，涵盖各种可能遇到的风险情况，检验各岗位人员的应急反应能力和协同作战能力。演练结束后，应及时总结经验教训，对预案进行修订和完善，确保预案始终符合企业实际情况和外部环境的变化。

2.责任人

•风险管理小组全体成员：共同参与预案演练工作，负责各自岗位职责范围内的演练任务。

•财务部办税员：负责预案演练的组织与协调工作，确保演练顺利进行。

•风险管理小组组长及副组长：负责预案演练的总结与评估工作，提出改进意见，并督促相关部门落实改进措施。

出口退税风险应对预案的制订与演练是一个系统工程，需要企业上下共同努力，明确各级责任主体，加强风险识别与评估，制定有效的风险应对措施，并通过持续的预案演练和改进，不断提升企业的风险管理水平和出口退税效率。

三、定期组织风险应对预案的演练

在出口退税管理中，风险应对预案的演练是确保预案有效性、提升团队应对能力的重要环节。通过定期的演练，企业能够检验预案的实用性，增强员工的风险意识，优化协作机制，从而在面对实际风险时能够迅速、准确地作出反应。以下从四个方面深入分析定期组织风险应对预案演练的必要性、实施步骤、效果评估及持续优化。

（一）演练的必要性

（1）理论与实践的桥梁：预案的制订是基于对潜在风险的理论分析和假设，而实际操作中往往面临更多复杂多变的因素。演练作为理论与实践的桥梁，能够帮助企业验证预案的可行性，发现并弥补潜在漏洞。

（2）提升团队应对能力：演练过程中，各岗位人员需要根据预案要求进行操作，这不仅能够加深他们对退税流程的理解，还能提升他们在紧急情况下的应变能力和协同作战能力。

（3）增强风险意识：定期的演练能够强化员工的风险意识，让他们认识到风险防控的重要性，从而在日常工作中更加谨慎、规范地操作。

（二）演练的实施步骤

（1）准备阶段：明确演练目标、内容、时间和参与人员，制订详细的演练计划。同时，准备好演练所需的资料、设备和场地，确保演练顺利进行。

（2）模拟场景设置：根据预案内容，设计多种可能的退税风险场景，如政策变动、单证缺失、系统故障等。确保场景贴近实际，能够全面检验预案的实用性。

（3）实施演练：按照演练计划，逐步推进各个场景的模拟。在演练过程中，注意观察各岗位人员的反应和操作，记录存在的问题和不足。

（4）总结与反馈：演练结束后，及时组织总结会议，对演练过程进行回顾和分析。鼓励员工提出意见和建议，共同讨论改进方案。同时，对表现突出的个人或团队给予表彰和奖励。

（三）效果评估

（1）评估指标：建立科学的评估指标体系，包括预案执行效率、员工应对能力、团队协作水平、问题发现与解决能力等方面。通过量化评估，客观反映演练效果。

（2）数据分析：对演练过程中收集的数据进行整理和分析，找出存在的问题和不足。通过对比分析，评估预案的改进效果。

（3）持续改进：根据评估结果，及时对预案进行修订和完善。针对演练中暴露的问题，制定具体的改进措施，并明确责任人和完成时限。

（四）持续优化

（1）建立长效机制：将演练作为出口退税风险管理的一项常规工作，纳入企业年度工作计划。确保每年至少组织一次大规模的演练活动，并根据实际情况调整演练频率和规模。

（2）加强培训与教育：结合演练结果和实际需求，定期组织退税业务培训和风险教育。通过培训提升员工的专业素养和风险意识，为预案的有效执行提供有力保障。

（3）引入科技手段：利用现代信息技术手段提升演练效果。例如，开发模拟演练软件或平台，实现线上线下的有机结合；利用大数据分析技术预测潜在风险点等。

（4）建立反馈机制：建立健全的反馈机制，鼓励员工在日常工作中积极反馈遇到的问题和建议。通过收集和分析反馈信息，不断完善预案内容和演练流程。

总之，定期组织风险应对预案的演练是出口退税风险管理的重要环节。通过科学的实施步骤、有效的效果评估和持续的优化改进，企业能够不断提升退税风险管理水平，确保退税工作的顺利进行。

四、根据演练结果调整与优化预案

在出口退税风险管理中，预案的定期演练不仅是对既有策略的一次实战检验，更是推动预案不断优化与完善的关键环节。通过深入分析演练过程中暴露出的问题与不足，企业能够精准定位风险防控的薄弱环节，进而对预案进行有针对性的调整与优化。以下从四个方面详细阐述这一过程。

（一）深入剖析演练结果，精准定位问题

演练结束后，首要任务是组织相关部门和人员深入剖析演练结果，全面梳理演练过程中出现的各类问题。这些问题可能涉及政策理解偏差、操作流程不规范、团队协作不畅、应急响应迟缓等多个方面。企业应通过会议讨论、问卷调查、个别访谈等多种方式，广泛收集参与人员的反馈意见，确保问题识别的全面性和准确性。在此基础上，对问题进行分类整理，明确问题的性质、影响范围及严重程度，为后续的优化工作提供有力依据。

（二）针对性调整预案内容，强化风险控制

针对演练中暴露出的问题，企业应逐一分析原因，制订具体的调整方案。对于政策理解偏差的问题，应加强政策培训和宣传，确保相关人员熟练掌握最新政策要求；对于操作流程不规范的问题，应修订完善操作手册和指南，明确操作步骤和注意事项；对于团队协作不畅的问题，应优化组织架构和沟通机制，增强团队凝聚力和协作能力。同时，针对高风险环节和易错点，应制定更为严格的风险控制措施，如增设审核环节、引入自动化工具等，以有效降低风险发生概率。

（三）优化预案执行流程，提升响应速度

预案的执行流程直接关系到风险应对的效率和效果。在调整预案内容的同时，企业还应关注执行流程的优化。通过简化不必要的审批环节、明确各岗位职责和权限、建立快速响应机制等措施，缩短风险应对的时间周期，提高预案的执行力。此外，还应加强对预案执行情况的监督和检查，

确保各项措施得到有效落实。对于执行不力的部门和个人，应追究责任并督促整改，以维护预案的严肃性和权威性。

（四）建立持续改进机制，推动预案动态优化

预案的优化是一个持续不断的过程。企业应建立健全持续改进机制，将预案的调整与优化纳入常态化管理范畴。一方面，要定期回顾和总结演练经验及问题处理情况，分析预案在实际应用中的有效性和适应性；另一方面，要密切关注外部环境的变化和内部管理的需要，及时调整预案的内容和结构。同时，鼓励员工积极参与预案的修订和完善工作，提出建设性意见和建议。通过不断的试错和改进，推动预案向更加科学、合理、高效的方向发展。

总之，根据演练结果调整与优化预案是出口退税风险管理中不可或缺的一环。企业应高度重视演练结果的反馈和分析工作，精准定位问题所在；同时，结合实际情况制订具体的调整方案和优化措施；并建立健全持续改进机制，推动预案的动态优化和完善。只有这样，才能确保预案在应对实际风险时发挥最大效用，为企业出口退税业务的稳健运行提供有力保障。

第五节　风险事件后的总结与改进

一、风险事件后的全面复盘与总结

（一）风险识别与预警机制的优化

在经历出口退税风险事件后，全面复盘的首要任务是审视并优化风险识别与预警机制。这一过程要求我们对现有流程进行深度剖析，识别出导致风险发生的薄弱环节。首先，应加强对国际贸易政策、税法变动及国内外经济环境的敏感度，建立快速响应的信息收集与分析系统，确保企业能够及时掌握可能影响出口退税政策的最新动态。其次，利用大数据和人工

智能技术，构建智能化的风险预警模型，通过对历史数据的学习与分析，预测潜在风险点，提前采取防范措施。最后，还需要加强内部沟通机制，确保财务部门、业务部门及管理层之间信息畅通无阻，共同构建全方位的风险防控网络。通过这一系列优化措施，企业能够更有效地识别并预警出口退税风险，为后续的应对工作奠定坚实基础。

（二）内部控制与合规管理的加强

风险事件往往暴露出企业内部控制与合规管理的不足。因此，在总结与改进阶段，强化内部控制与合规管理至关重要。一方面，要完善出口退税相关的内部控制制度，明确各环节职责权限，确保业务操作的规范性、准确性和及时性。通过制定详细的操作手册、流程图及风险控制点，为员工提供清晰的指导，减少人为错误和违规操作的发生。另一方面，加强对员工的培训与教育，提高全员的风险意识和合规意识，确保每位员工都能深刻理解出口退税政策，并在日常工作中严格遵守相关规定。同时，建立定期的自查与审计机制，及时发现并纠正内部控制中的漏洞和缺陷，保障企业持续合规运营。

（三）退税流程优化与效率提升

针对出口退税流程中存在的繁琐、低效问题，企业应积极寻求流程优化与效率提升的路径。首先，通过引入先进的信息化管理系统，实现退税流程的自动化、电子化和智能化，减少人工干预，提高处理速度和准确性。例如，利用ERP系统整合销售、财务、物流等各个环节的数据，实现退税数据的自动采集、校验和申报。其次，加强与税务部门的沟通与合作，建立紧密的税企互动机制，及时了解退税政策变化，争取政策支持和指导，减少退税过程中的不确定性。同时，优化内部审批流程，简化审批手续，缩短审批时间，提高退税效率。通过这些措施的实施，企业可以显著降低退税成本，加快资金回笼速度，增强市场竞争力。

（四）风险应对机制与策略调整

面对出口退税风险，企业必须具备一套完善的风险应对机制，并根据实际情况灵活调整应对策略。首先，要建立健全的风险应急预案，明确风险发生后的应对措施、责任分工及时间节点，确保在风险来临时能够迅速响应、有效应对。其次，加强与保险机构、律师事务所等外部专业机构的合作，通过购买出口退税保险、寻求法律支持等方式，分散风险、降低损失。同时，根据风险事件的性质、规模及影响程度，灵活调整经营策略，如调整出口产品结构、优化市场布局、加强成本控制等，以减轻风险对企业经营的影响。此外，企业还应注重总结经验教训，将风险应对过程中的成功经验和失败教训转化为企业宝贵的财富，为未来的风险防控提供有力支持。

二、分析风险发生的原因与教训

（一）政策理解与应用不足

在出口退税风险的发生中，一个显著的原因是政策理解与应用不足。这主要体现在企业对出口退税政策的细节掌握不够深入，未能准确把握政策的变化趋势和具体要求。由于国际贸易环境的复杂性和多变性，出口退税政策也时常进行调整和优化，企业若未能及时跟进并准确理解这些变化，就可能在退税过程中遭遇风险。因此，企业应加强对出口退税政策的学习和研究，建立政策跟踪机制，确保能够第一时间掌握政策动态。同时，提高财务人员的专业素养和政策敏感度，使他们在处理退税事务时能够准确无误地执行政策要求，避免因政策理解偏差而引发的风险。

（二）内部控制体系不健全

内部控制体系的不健全是另一个导致出口退税风险发生的重要原因。有效的内部控制能够确保企业退税流程的规范性和准确性，但部分企业在内部控制方面存在明显短板。例如，岗位职责划分不明确、审批流程不规范、数据审核不严格等问题，都可能导致退税申报出现错误或遗漏，进而引发退税风险。因此，企业需要建立健全的内部控制体系，明确各环节职责权限，规范审批流程，加强数据审核和复核工作。同时，引入内部审计机制，定期对退税流程进行审查和评估，及时发现并纠正内部控制中的问题和漏洞，确保退税工作的顺利进行。

（三）信息沟通与协调不畅

信息沟通与协调不畅也是导致出口退税风险发生的一个重要因素。在退税过程中，企业需要与多个部门和机构进行沟通和协调，包括税务部门、海关、外汇管理局等。如果信息沟通不畅或协调不力，就可能导致退税申报材料不完整、审核不通过等问题，进而引发退税风险。因此，企业应加强与相关部门的沟通和协调，建立良好的信息沟通机制。通过定期召开协调会议、建立信息共享平台等方式，确保各方能够及时掌握退税进度和存在的问题，共同推动退税工作的顺利进行。同时，提高内部沟通效率，确保财务部门、业务部门和管理层之间信息畅通无阻，共同应对退税风险。

（四）风险管理意识薄弱

风险管理意识的薄弱是导致出口退税风险发生的根本原因之一。部分企业在日常经营中过于注重业绩增长和市场拓展，忽视了风险管理的重要性。他们往往认为退税风险是偶发事件，不会对企业造成实质性影响，因此缺乏足够的风险防范意识和应对措施。然而，退税风险一旦发生，就可能给企业带来严重的经济损失和声誉损害。因此，企业必须树立强烈的风险管理意识，将风险管理纳入企业战略管理的重要组成部分。通过加强风险管理培训和教育、建立风险管理文化等方式，提高全员的风险防范意识和应对能力。同时，建立健全的风险管理机制和应急预案，确保在风险发生时能够迅速响应、有效应对。

三、提出改进措施并落实责任

（一）深化政策学习与培训，提升团队专业能力

针对政策理解与应用不足的问题，企业应深化对出口退税政策的学习与培训。这要求企业不仅要定期组织财务、业务等相关部门人员参加外部

的专业培训，还应在内部开展针对性的政策解读研讨会，确保每位员工都能深入理解政策精髓，准确把握政策导向。同时，建立政策学习长效机制，鼓励员工自主学习，不断更新知识储备，提升团队整体的专业能力。通过这样的措施，企业能够更准确地把握政策变化，有效避免因政策理解偏差而导致的退税风险。

（二）完善内部控制体系，强化流程监管

为了解决内部控制体系不健全的问题，企业需要进一步完善内部控制体系，强化流程监管。具体而言，企业应明确各岗位的职责权限，确保不相容职务相分离，形成相互制约、相互监督的内部控制环境。同时，优化退税流程，确保每个环节都有明确的操作规范和审核标准，减少人为错误和违规操作的可能性。此外，加强数据审核和复核工作，利用信息化手段提高数据处理的准确性和效率。企业还应建立内部监督机制，定期对退税流程进行自查和评估，及时发现并纠正内部控制中的问题和漏洞。

（三）建立高效信息沟通机制，促进跨部门协作

针对信息沟通与协调不畅的问题，企业应建立高效的信息沟通机制，促进跨部门协作。首先，明确信息沟通的责任人和沟通渠道，确保信息能够及时、准确地传递给相关部门和人员。其次，建立信息共享平台，整合各部门的信息资源，实现信息的集中管理和共享。同时，定期召开跨部门协调会议，就退税过程中遇到的问题进行集中讨论和决策，形成统一的解决方案。通过这样的措施，企业能够打破部门壁垒，提高信息沟通效率，确保退税工作的顺利进行。

（四）强化风险管理意识，明确责任追究机制

为了提升企业的风险管理意识，企业需要将其纳入企业文化建设的重要内容。通过宣传教育、培训等方式，使员工充分认识到风险管理的重要性，树立正确的风险观念。同时，明确风险管理责任追究机制，将风险管理责任落实到具体部门和个人。对于因疏忽大意、违规操作等原因导致退税风险发生的个人或部门，应依法依规进行严肃处理，以儆效尤。此外，

企业还应建立风险管理激励机制，对在风险管理中表现突出的个人或部门给予表彰和奖励，激发全员参与风险管理的积极性。通过这样的措施，企业能够形成全员参与、共同防范风险的良好氛围。

四、持续优化退税管理与风险防范体系

（一）技术驱动，提升退税管理智能化水平

在持续优化退税管理与风险防范体系的过程中，企业应积极引入先进的信息技术，提升退税管理的智能化水平。通过构建基于大数据、云计算和人工智能的退税管理系统，企业能够实现退税数据的自动采集、处理、分析和预警。这一系统不仅能够大幅提高退税申报的准确性和效率，还能实时监测退税流程中的异常情况，为风险防范提供有力支持。同时，利用人工智能技术，对退税政策进行深度学习和预测，帮助企业提前规划应对策略，降低政策风险。此外，通过技术驱动，企业还能优化内部资源配置，减少人工干预，降低操作风险，提升整体退税管理水平。

（二）动态调整，适应政策与市场变化

退税管理与风险防范体系的建设不是一成不变的，而是需要根据政策与市场变化进行动态调整。企业应建立政策跟踪与评估机制，密切关注国内外退税政策的变化趋势，及时分析政策变化对企业的影响，并制定相应的应对措施。同时，加强市场调研，了解行业动态和客户需求，为退税策略的调整提供依据。通过动态调整退税管理与风险防范体系，企业能够保持与政策和市场的同步，确保退税工作的顺利进行，降低退税风险。

（三）强化风险管理文化建设，提升全员风险意识

风险管理文化的建设是持续优化退税管理与风险防范体系的重要一环。企业应通过宣传教育、培训等方式，将风险管理理念深植于员工心中，形成全员参与风险管理的良好氛围。通过定期举办风险管理讲座、研讨会等活动，提升员工的风险识别、评估和应对能力。同时，建立风险管理激励

机制，鼓励员工积极参与风险管理实践，提出改进建议。通过强化风险管理文化建设，企业能够激发员工的责任心和使命感，提升全员风险意识，为退税管理与风险防范提供坚实的人才保障。

（四）建立持续改进机制，推动体系不断完善

持续优化退税管理与风险防范体系需要建立持续改进机制。企业应定期对退税管理与风险防范体系进行评估和审查，发现存在的问题和不足，并制订改进计划。通过实施改进计划，不断完善退税管理流程、优化风险防范措施、提升技术水平等。同时，建立反馈机制，鼓励员工提出改进意见和建议，为体系的持续优化提供动力。此外，企业还应加强与同行、行业协会、咨询机构等的交流与合作，借鉴先进经验，引进先进理念和技术，推动退税管理与风险防范体系的不断完善。通过持续改进机制的建立和实施，企业能够不断提升退税管理水平，降低退税风险，实现可持续发展。

第七章 出口退税政策调整与改革趋势

第一节 出口退税政策的最新动态

一、最新政策发布与解读

近年来，中国政府不断优化和调整出口退税政策，以应对全球经济形势的变化和国内产业发展的需求。2024年，出口退税政策再次迎来重要更新，旨在进一步提升中国出口产品的国际竞争力，促进外贸稳定增长。出口退税政策的发布标志着中国政府在支持外贸企业、优化出口结构方面迈出了坚实的一步。

此次政策发布，国家税务总局联合海关总署等多个部门，对原有的出口退税政策进行了全面梳理和评估，结合当前国内外经济形势，制订了更为科学合理的退税方案。政策发布后，各省级税务局迅速响应，纷纷出台实施细则，确保政策能够精准落地，惠及广大出口企业。

政策解读方面，专业人士指出，新政策在保持出口退税政策稳定性和连续性的基础上，更加注重政策的灵活性和针对性。一方面，通过调整部分商品的出口退税率，引导企业优化出口产品结构，提高出口产品的附加值；另一方面，简化退税申请流程，减少企业负担，提高退税效率，让出口企业能够更快地享受到政策红利。

二、政策调整的主要内容与变化

本次出口退税政策的调整主要集中在以下几个方面：

（1）出口退税率调整：根据商品的不同属性和国际市场需求，部分商品的出口退税率进行了上调或下调。特别是针对高端钢铁产品等高科技、高附加值产品，政府明确提出了增加出口退税的政策导向，以鼓励企业加大研发投入，提升产品质量和技术含量。

（2）退税流程简化：新政策进一步简化了退税申请流程，减少了繁琐的材料和手续。企业只需要通过电子化系统提交相关信息，即可完成退税申请，大大提高了退税效率。同时，政府还加强了对退税申请企业的监管和审查，确保退税的合法性和公平性。

（3）商品税则及海关编码调整：为了更好地适应国内产业发展和供需情况的变化，2024年中国的税则税目总数调整为8957个，对部分商品的进出口关税进行了调整。这些调整旨在优化出口产品结构，支持国内产业发展，并提升中国产品在国际市场上的竞争力。

（4）出口退税类型明确：政策明确了出口退税的三种主要类型，即出口免税并退税（又免又退）、出口免税但不退税（只免不退）和出口不免税也不退税（不免不退）。不同类型的退税政策适用于不同的出口货物和劳务，企业需要根据自身情况选择合适的退税方式。

三、政策实施的时间表与过渡安排

新政策的实施时间表以各省税务局的具体通知为准。一般来说，政策发布后会有一段过渡期，以便企业了解和适应新政策。过渡期内，政府将加强政策宣传和培训，确保企业能够充分了解新政策的内容和要求。同时，政府还将设立咨询热线和服务窗口，为企业提供政策咨询和解答服务。

在过渡期内，企业可以继续按照原有政策办理出口退税业务。但需要注意的是，企业应密切关注政策动态和税务局的通知，确保在过渡期结束后能够及时调整经营策略和业务流程，以适应新政策的要求。

四、政策调整对企业的影响分析

出口退税政策的调整对企业产生了深远的影响。一方面，政策调整有助于降低企业的出口成本，提高企业的国际竞争力。通过上调部分商品的出口退税率和简化退税流程，企业可以更快地获得退税款项，缓解资金压力，提高资金使用效率。另一方面，政策调整也促使企业加快转型升级的步伐。特别是针对高端钢铁产品等高科技、高附加值产品出口退税的增加，将激励企业加大研发投入和技术创新力度，提升产品质量和技术含量。这将有助于企业优化出口产品结构，提高出口产品的附加值和市场占有率。

然而，政策调整也带来了一定的挑战。企业需要密切关注政策动态和市场变化，及时调整经营策略和业务流程以适应新政策的要求。同时，企业还需要加强内部管理和风险控制能力，确保退税申请的合规性和准确性，避免因违规操作而带来的风险和损失。

综上所述，2024年出口退税政策的调整是中国政府支持外贸企业、优化出口结构的重要举措。企业应充分了解和掌握新政策的内容和要求，积极应对政策调整带来的机遇和挑战，实现可持续发展。

第二节　出口退税政策改革的方向与重点

一、优化退税机制以提高效率

在出口退税政策改革中，优化退税机制以提高效率是核心任务之一。当前，随着国际贸易环境的复杂多变和外贸企业的快速发展，出口退税流程的繁琐与效率低下已成为制约外贸企业发展的重要因素。因此，改革的方向应聚焦于简化流程、提升信息化水平及加强部门间协作。

首先，简化退税流程是提升效率的关键。通过优化退税申报、审核、发放等各个环节，减少不必要的纸质材料提交，推行电子化、无纸化退税，可以显著缩短退税周期，降低企业运营成本。例如，利用大数据和人工智能技术，自动比对企业申报数据与海关、税务等部门的数据，实现快速审核，减少人工干预，提高退税效率。

其次，提升信息化水平是优化退税机制的重要手段。建立健全出口退税信息系统，实现跨部门信息共享，确保数据的准确性和实时性。通过加强信息系统建设，企业可以更方便地在线提交退税申请，税务部门也能更快速地处理退税事务，实现退税流程的全程电子化、透明化。

最后，加强部门间协作是提升退税效率的重要保障。税务、海关、外汇管理等多个部门应建立更加紧密的协作机制，共同推进出口退税政策的实施。通过定期召开联席会议、共享信息资源等方式，加强沟通协调，及时解决退税过程中遇到的问题，确保退税政策顺畅执行。

二、强化退税政策的导向作用

出口退税政策不仅是一项重要的税收优惠政策，更是国家宏观经济调控的重要手段。因此，在改革过程中，应进一步强化退税政策的导向作用，推动外贸结构优化升级。

首先，明确退税政策的目标导向。根据国家产业发展战略和外贸转型升级的需要，合理调整退税政策，加大对高技术、高附加值产品的退税支持力度，引导企业加大技术创新和产品研发力度，提升产品竞争力。同时，对低附加值、高能耗、高污染的产品实行较低的退税政策，促进产业结构优化升级。

其次，完善退税政策体系。建立健全出口退税政策评估机制，定期对退税政策进行效果评估，根据评估结果及时调整政策方向。同时，加强与相关政策的协调配合，如与汇率政策、信贷政策等相结合，形成政策合力，共同推动外贸发展。

最后，加强政策宣传和引导。通过多种渠道和方式加强对出口退税政策的宣传解读，提高企业对政策的认知度和理解度。同时，加强对企业的指导和培训，帮助企业更好地利用退税政策，提升经营效益和竞争力。

三、加强退税监管与风险防范

在出口退税政策改革中，加强退税监管与风险防范是确保政策有效实施的重要保障。随着退税政策的不断优化和退税规模的持续扩大，退税领域的风险也日益凸显。因此，必须建立健全退税监管体系，加强风险防范和打击力度。

首先，完善退税监管机制。建立健全退税风险预警和防控机制，加强对退税企业的日常监管和风险评估。通过大数据分析、智能监控等手段，及时发现和处置退税风险点，防止骗税等违法行为的发生。

其次，加强跨部门协作和信息共享。税务、海关、外汇管理等多个部门应加强协作配合，建立信息共享机制，共同打击骗取出口退税等违法行为。通过加强信息共享和联合执法，形成打击合力，提高监管效能。

最后，加大打击力度和惩处力度。对骗取出口退税等违法行为保持高压态势，加大惩处力度，形成有效震慑。同时，加强对涉案企业和人员的信用管理，将失信行为纳入征信系统，限制其享受相关优惠政策和参与政府采购等活动。

四、促进外贸转型升级与高质量发展

出口退税政策改革的最终目的是促进外贸转型升级与高质量发展。通过优化退税机制、强化政策导向、加强监管与风险防范等措施，可以推动外贸企业提升产品质量、增强品牌竞争力、拓展国际市场，实现外贸的高质量发展。

首先，推动外贸企业技术创新和产品研发。通过加大对高技术、高附加值产品的退税支持力度，引导企业加大技术创新和产品研发力度，提升产品技术含量和附加值。同时，鼓励企业加强与国际先进技术的合作与交流，引进消化吸收再创新，推动产业升级和转型。

其次，促进外贸结构优化升级。通过调整退税政策方向，加大对服务贸易、数字贸易等新兴贸易方式的支持力度，推动外贸结构由传统货物贸易向服务贸易、数字贸易等多元化方向发展。同时，支持企业开拓多元化市场，降低对单一市场的依赖度，提高抗风险能力。

最后，加强外贸企业品牌建设。通过退税政策引导企业加强品牌建设，提升品牌影响力和美誉度。鼓励企业参加国际知名展会、认证等活动，提高产品在国际市场上的知名度和竞争力。同时，加强知识产权保护力度，打击假冒伪劣产品等侵权行为，维护良好的市场秩序和品牌形象。

第三节　出口退税政策调整与改革对外贸企业的影响

一、企业税负变化与成本结构调整

出口退税政策作为国家对外贸易支持政策的重要组成部分，直接影响了外贸企业的税负水平和成本结构。首先，从税负变化来看，出口退税政策通过退还企业在生产和流通过程中已缴纳的增值税和消费税，显著降低了企业的实际税负。这一政策实施，使得外贸企业在国际市场上能够以更具竞争力的价格销售产品，提高了产品的国际竞争力。

随着出口退税政策的不断优化和调整，企业能够享受到更为稳定和可预期的税收优惠。例如，近年来国家税务总局推出的"便民办税春风行动"，将一类、二类出口企业正常出口退（免）税的平均办理时间缩短至3个工作日之内，并延续至2024年年底。这一举措不仅提高了退税效率，也减轻了企业的资金占用成本，使得企业能够更快地回笼资金，投入到再生产和市场拓展中。

在成本结构调整方面，出口退税政策促使企业重新评估和优化其成本构成。通过退税获得的资金，企业可以加大在产品研发、技术创新、品牌建设等方面的投入，提升产品附加值和市场竞争力。同时，企业也可以利用退税资金优化供应链管理，降低采购成本和生产成本，从而进一步提升整体盈利能力。

二、出口竞争力与市场份额的变动

出口退税政策对外贸企业的出口竞争力和市场份额具有重要影响。

首先，退税政策降低了企业的出口成本，使得企业在国际市场上能够以更低的价格提供产品和服务，从而吸引更多国外买家，扩大市场份额。特别是在全球贸易保护主义抬头、国际贸易环境复杂多变的背景下，出口退税政策成为了外贸企业稳定出口、抵御市场风险的重要手段。

其次，退税政策促进了外贸企业产品结构的优化和升级。通过差异化退税政策，国家可以引导企业加大对高附加值、高技术含量产品的出口力度，从而提升我国出口产品的整体竞争力。这种政策导向促使企业不断进行技术创新和产品升级，以适应国际市场的需求变化。

最后，出口退税政策还加强了我国与主要贸易伙伴之间的经贸联系。通过退税政策的实施，我国外贸企业能够更好地融入全球产业链和供应链中，与各国企业开展互利共赢的合作。这种合作关系的建立不仅有助于提升我国外贸企业的国际影响力，也为我国经济发展提供了更加广阔的空间和机遇。

三、企业经营策略与战略调整的必要性

面对出口退税政策的变化和国际贸易环境的复杂多变，外贸企业需要及时调整经营策略和战略以适应市场变化。

首先，企业需要密切关注国家出口退税政策的最新动态和变化趋势，以便及时调整经营策略以充分利用政策红利。例如，针对"先征后退"政策的实施，企业需要提前做好资金安排和税务筹划以减轻资金压力。

其次，企业需要加强内部管理和风险控制能力。在退税政策实施过程中，企业需要确保所有单证齐全、准确且符合政策要求，以避免退税失败或受到处罚。同时，企业还需要加强对外汇结算、报关出口等环节的管控，以降低经营风险。

最后，企业还需要积极开拓多元化市场以分散风险。在全球贸易环境

不确定的背景下，单一市场的依赖可能会带来较大的风险。因此，外贸企业需要积极拓展新兴市场并加强与现有市场的合作，以降低对单一市场的依赖度。

四、企业应对政策变化的建议与措施

针对出口退税政策的变化和国际贸易环境的复杂多变，外贸企业可以采取以下建议和措施以应对政策变化带来的挑战。

（1）加强政策学习与研究：企业应定期组织培训和学习活动，以深入了解国家出口退税政策的最新动态和变化趋势。通过专业机构或专家咨询等方式获取权威的政策解读和指导，以帮助企业更好地适应政策变化。

（2）优化内部管理流程：企业应建立完善的内部管理制度和流程，以确保退税申请材料的准确性和完整性。通过采用电子化申报系统等技术手段提高退税效率并减少纸质材料的使用，以降低运营成本。

（3）加强风险控制能力：企业应建立健全的风险防控体系，以应对退税过程中的各种风险。加强与海关、税务等部门的沟通协调，以确保退税流程的顺畅进行。同时，建立健全的财务和税务审计制度，以确保企业财务数据的真实性和准确性。

（4）积极开拓市场与合作伙伴：企业应积极拓展多元化市场，以分散风险并加强与现有市场的合作。通过参加国际展会、建立海外分支机构等方式加强与国外客户的联系和沟通，以拓展市场渠道和客户资源。同时，积极寻求与国内外合作伙伴的合作机会，以实现互利共赢的发展目标。

（5）加强技术创新与品牌建设：企业应加大在技术创新和品牌建设方面的投入，以提升产品附加值和市场竞争力。通过引进先进技术和管理经验、加强人才培养和引进等方式提升企业的创新能力和核心竞争力，以更好地适应市场变化和发展需求。

第四节　出口退税政策的未来展望

一、政策趋势与未来发展方向

出口退税政策作为促进国际贸易、优化出口结构的重要手段，其未来发展趋势将紧密围绕全球经济格局变化、国际贸易规则调整及国内产业升级需求展开。随着全球经济一体化的深入发展，出口退税政策将更加注重平衡国内外市场，促进贸易平衡发展。具体而言，未来政策趋势将呈现以下几个方向：

1.政策目标多元化：传统的出口退税政策主要侧重于促进出口量的增长，而未来政策将更加关注出口质量、产品附加值及国际市场竞争力的提升。通过调整退税比例和范围，鼓励企业加大技术创新和产品研发投入，推动出口产品向高端化、智能化、绿色化方向发展。

2.政策灵活性增强：面对复杂多变的国际贸易环境，出口退税政策将更加注重灵活性和针对性。政府将根据国内外市场需求变化、行业发展趋势及国际贸易摩擦情况，适时调整退税政策，确保政策的有效性和针对性。例如，对受贸易摩擦影响较大的行业和产品给予更高的退税支持，以减轻企业负担，稳定出口市场。

3.数字化转型加速：随着数字技术的广泛应用，出口退税政策的数字化转型将成为必然趋势。政府将加快构建数字化退税服务平台，实现退税申报、审核、支付等全流程线上办理，提高退税效率和服务水平。同时，通过大数据分析、人工智能等技术手段，精准识别企业需求，优化退税资源配置，提升政策执行效果。

二、可能的政策创新与突破点

（1）建立动态调整机制：针对出口退税政策存在的滞后性问题，可以探索建立动态调整机制。根据国内外经济形势、行业发展趋势及企业实际需求，定期评估和调整退税政策，确保政策与实际情况相适应。同时，加强政策预研和预判，提前制定应对措施，降低政策变动对企业经营的影响。

（2）推广绿色退税政策：在全球应对气候变化的背景下，绿色退税政策将成为未来政策创新的重要方向。政府可以对符合环保标准、节能减排要求的产品给予更高的退税支持，鼓励企业加大绿色生产投入，推动出口产品向绿色低碳方向发展。同时，加强与国际社会的合作与交流，共同推动绿色贸易规则的制定和完善。

（3）优化退税流程和服务：针对退税流程繁琐、服务效率不高等问题，政府可以进一步优化退税流程和服务。通过简化退税手续、缩短退税周期、提高退税透明度等方式，降低企业退税成本和时间成本。同时，加强退税政策宣传和培训力度，提高企业对政策的理解和掌握程度，确保政策红利得到充分释放。

三、企业应对未来政策变化的策略

（1）加强政策研究和分析：企业应密切关注国内外经济形势、国际贸易规则及出口退税政策的变化趋势，加强政策研究和分析能力。通过及时了解政策动态和解读政策精神，为企业经营决策提供有力支持。

（2）优化出口产品结构：企业应积极调整出口产品结构，加大技术创新和产品研发力度，提高产品附加值和国际竞争力。通过开发新产品、拓展新市场等方式，降低对单一市场和产品的依赖度，分散经营风险。

（3）加强内部管理和成本控制：企业应加强内部管理和成本控制能力，提高生产效率和经营效益。通过优化生产流程、降低原材料成本、提高产品质量等方式，降低企业运营成本和提高盈利能力。同时，加强与供应商、客户等合作伙伴的沟通与协作，共同应对市场变化和政策调整带来的挑战。

四、政策调整对社会经济的影响预测

（1）促进外贸稳定增长：出口退税政策的调整和优化将有助于促进外

贸稳定增长。通过提高退税比例和范围、优化退税流程和服务等方式，降低企业出口成本和时间成本，提高出口产品在国际市场上的竞争力。这将有助于扩大出口规模、优化出口结构并推动外贸高质量发展。

（2）推动产业升级转型：出口退税政策的调整将引导企业加大技术创新和产品研发投入力度，推动产业升级转型。通过鼓励企业开发新产品、拓展新市场等方式，促进产业结构优化和升级转型。这将有助于提升国内产业的整体竞争力和可持续发展能力。

（3）促进就业和经济增长：出口退税政策的调整将促进就业和经济增长。随着出口规模的扩大和出口产品质量的提升，将带动相关产业链的发展壮大和就业机会的增加。同时，出口退税政策的实施将增加企业盈利空间和投资能力，促进资本积累和再投资活动的开展，进一步推动经济增长和社会发展。

第八章　出口退税与国际贸易环境

第一节　出口退税与国际贸易规则

一、WTO框架下的出口退税规则

在探讨WTO框架下的出口退税规则时，我们可以从四个方面进行深入分析：出口退税的基本概念与原则、WTO对出口退税的规制、出口退税的实施效果与影响，以及中国出口退税制度的现状与展望。

（一）出口退税的基本概念与原则

出口退税，作为国家运用税收杠杆支持出口的一种重要措施，其核心在于退还出口企业在国内生产、流通等环节已缴纳的间接税，如增值税和消费税。这一制度旨在消除出口商品在国际市场上的税收负担，使其以不含税的价格参与国际竞争，从而促进出口。出口退税的基本原则包括中性原则、公平原则和效率原则。中性原则强调税收不应扭曲市场机制，出口退税应确保国内外产品税负一致；公平原则要求退税政策应公平对待所有出口企业，避免产生不公平竞争；效率原则强调退税流程应简化、快捷，以提高退税效率，降低企业成本。

（二）WTO对出口退税的规制

WTO作为经济全球化的重要推动者，其宗旨在于促进全球贸易的自由化、公平化和便利化。在WTO框架下，出口退税制度被视为一种符合国际贸易规则的税收调整措施。WTO 对出口退税的规制主要体现在以下几个方面：首先，出口退税不得构成出口补贴，即退税额度不得超过企业在国内已缴纳的税款，以避免对其他成员国造成不公平竞争；其次，出口退税应遵循国民待遇原则，确保国内外产品在税收上享受同等待遇；最后，出口退税应符合 WTO 的透明度原则，即相关政策和法规应公开透明，便于成员国了解和监督。

（三）出口退税的实施效果与影响

出口退税制度的实施对国际贸易和各国经济产生了深远的影响。从正面效果来看，出口退税能够降低出口企业的税收成本，提高其国际竞争力，从而促进出口增长和外汇收入增加。同时，出口退税还有助于优化产业结构，引导资源向具有比较优势的行业和领域流动。然而，出口退税制度也存在一定的负面影响。例如，过度依赖出口退税可能导致企业忽视技术创新和品牌建设，长此以往可能削弱其核心竞争力。此外，不合理的退税政策还可能引发国际贸易摩擦和争端。

（四）中国出口退税制度的现状与展望

中国的出口退税制度经过多年的发展和完善，已成为我国税收法律制度的重要组成部分。然而，随着国际贸易形势的变化和 WTO 规则的不断调整，我国出口退税制度也面临着新的挑战和机遇。当前，我国出口退税制度在促进出口增长、优化产业结构等方面发挥了积极作用，但也存在一些问题，如退税政策不够稳定、退税流程繁琐、退税效率不高等。未来，我国应进一步完善出口退税制度，加强与国际规则的对接和协调，提高退税政策的透明度和可预见性。同时，还应加强退税监管和风险防范，确保退税资金的安全和有效使用。此外，还应积极探索新的退税方式和方法，如电子化退税、信用退税等，以提高退税效率和便利性。

综上所述，WTO 框架下的出口退税规则是一个复杂而重要的议题。通过深入分析出口退税的基本概念与原则、WTO 的规制要求、实施效果与影响及中国制度的现状与展望，我们可以更好地理解这一制度在全球贸易中的地位和作用，为推动我国出口退税制度的进一步完善和发展提供有益的参考。

二、国际贸易协定中的退税条款

在国际贸易的广阔舞台上，退税条款作为国际贸易协定中的重要组成部分，对于促进贸易自由化、公平化及各国经济的繁荣发展具有深远影响。以下从四个方面对国际贸易协定中的退税条款进行深入分析。

（一）退税条款的定义与功能

退税条款，简而言之，是指在国际贸易协定中明确规定的，允许出口国政府向出口企业退还其在国内生产、流通等环节已缴纳的税款的一种制度安排。这一条款的核心功能在于消除出口商品在国际市场上的税收负担，使其以不含税的价格参与国际竞争，从而促进国际贸易的公平性和效率。退税条款的实施，有助于降低出口企业的成本，增强其国际竞争力，同时也有助于促进全球资源的优化配置和国际贸易的繁荣。

（二）退税条款的合法性与合规性

在国际贸易协定中，退税条款的合法性与合规性至关重要。首先，退税条款必须遵循WTO等国际组织的相关规则和原则，如不得构成出口补贴、遵循国民待遇原则、保持透明度等。这些原则和规则为退税条款的制定和实施提供了明确的指导和约束，确保其符合国际贸易的公平性和效率要求。其次，退税条款还需要符合各成员国国内法律法规的规定，确保其在法律层面上的有效性和可执行性。

（三）退税条款的实施效果与影响

退税条款的实施对国际贸易和各国经济产生了深远的影响。一方面，退税条款有助于降低出口企业的税收成本，提高其国际竞争力，从而促进出口增长和外汇收入增加。这对于出口导向型经济体而言尤为重要，能够有效推动其经济的快速增长和就业的稳定。另一方面，退税条款的实施也有助于优化全球产业结构，引导资源向具有比较优势的行业和领域流动，促进全球经济的均衡发展。然而，值得注意的是，退税条款的滥用也可能导致国际贸易扭曲、不公平竞争等问题。因此，在制定和实施退税条款时，需要充分考虑其可能带来的影响，并采取有效措施加以防范和化解。

（四）退税条款的未来发展趋势

随着全球经济一体化和国际贸易的不断发展，退税条款在国际贸易协定中的地位和作用日益凸显。未来，退税条款的发展趋势将呈现以下几个特点：一是更加注重与国际贸易规则的衔接和协调，确保其在法律层面上的合法性和合规性；二是更加注重退税政策的稳定性和可预测性，为企业提供更加清晰、明确的政策导向；三是更加注重退税效率的提升和流程的简化，降低企业成本和时间成本；四是更加注重退税政策的灵活性和针对性，根据不同行业和领域的特点制定差异化的退税政策；五是更加注重退税政策的国际协调与合作，加强与其他国家和地区的沟通与协商，共同推动全球贸易的自由化和便利化。

综上所述，国际贸易协定中的退税条款是促进国际贸易公平化、效率化的重要手段之一。在未来发展中，各国应继续加强合作与协调，不断完善和优化退税条款的制定和实施机制，为全球经济的繁荣发展和人类社会的共同进步做出更大的贡献。

三、国际贸易规则对退税政策的影响

在全球化日益加深的今天，国际贸易规则作为国际贸易秩序的基石，对各国经济政策，特别是退税政策，产生了深远的影响。以下从四个方面详细探讨国际贸易规则对退税政策的影响。

（一）规则遵循与退税政策的合法性

国际贸易规则，特别是WTO规则，为各国退税政策提供了明确的法律框架和约束条件。这些规则要求退税政策必须遵循国民待遇原则、非歧视性原则等基本原则，确保退税政策的合法性和公正性。一方面，退税政策不能构成出口补贴，以免对其他国家造成不公平竞争；另一方面，退税政策需要对所有出口企业一视同仁，避免国内企业间的歧视性待遇。这种规则遵循不仅有助于维护国际贸易秩序的稳定，也促进了退税政策的透明度和可预见性。

（二）规则变动与退税政策的调整

国际贸易规则并非一成不变，随着全球经济形势的变化和国际贸易格局的调整，国际贸易规则也会相应地进行修订和完善。这种规则变动对退税政策产生了直接的影响，要求退税政策必须与时俱进，适应国际贸易规则的变化。例如，当WTO规则对出口补贴进行更严格的限制时，各国就需要相应调整其退税政策，以避免触犯规则红线。此外，国际贸易规则中的环境保护、劳工权益等条款也可能对退税政策产生影响，促使退税政策在促进出口的同时，更加注重可持续发展和社会责任。

（三）规则协调与退税政策的国际合作

在国际贸易中，各国之间的退税政策往往存在差异，这种差异可能导致贸易壁垒和贸易摩擦。为了促进国际贸易的顺畅进行，各国需要加强在退税政策方面的国际合作与协调。国际贸易规则为此提供了重要的平台和机制。通过多边或双边贸易协定，各国可以就退税政策进行磋商和谈判，寻求共识和妥协。这种规则协调有助于消除退税政策中的差异和壁垒，促进国际贸易的自由化和便利化。同时，国际合作还可以帮助各国分享退税政策的成功经验和最佳实践，推动全球退税政策体系的不断完善和发展。

（四）规则引导与退税政策的优化

国际贸易规则不仅对退税政策进行约束和限制，还通过其导向作用引导退税政策的优化和升级。在国际贸易规则的引导下，各国退税政策更加注重提高退税效率、降低退税成本、简化退税流程等方面。例如，通过推动退税政策的数字化和信息化建设，可以实现退税流程的自动化和智能化，提高退税效率；通过加强退税政策的宣传和培训，可以提高企业的退税意识和能力；通过加强退税政策的监管和评估，可以及时发现和纠正退税政策中的问题和不足。这些优化措施有助于提升退税政策的实施效果，更好地发挥其在促进国际贸易和经济发展中的积极作用。

综上所述，国际贸易规则对退税政策产生了深远的影响。各国在制定和实施退税政策时，必须充分考虑国际贸易规则的要求和约束，确保退税政策的合法性和公正性；同时，还需要加强国际合作与协调，推动退税政策的优化和升级；最终，通过不断完善和发展退税政策体系，为国际贸易的繁荣发展和全球经济的稳定增长提供有力支撑。

四、遵守国际贸易规则与退税合规性

在全球经济一体化的背景下，国际贸易规则成为各国经济交往的基石，而退税政策的合规性则是确保国际贸易顺利进行、维护公平竞争环境的关键因素。以下从四个方面深入探讨遵守国际贸易规则与退税合规性的重要性及其实现路径。

（一）国际贸易规则对退税合规性的基本要求

国际贸易规则，特别是WTO规则，对退税政策的合规性提出了明确要求。这些规则旨在防止出口补贴等不公平贸易行为，确保各国在国际贸易中能够公平竞争。因此，退税政策必须遵循非歧视性原则、国民待遇原则等国际贸易基本规则，确保退税金额不超过企业在国内已缴纳的税款，避免构成出口补贴。同时，退税政策还需要保持透明度和可预测性，以便国际贸易伙伴能够清晰了解并评估其影响。

（二）退税合规性对企业国际竞争力的影响

退税合规性不仅关乎国家层面的贸易秩序，更直接影响企业的国际竞争力。合规的退税政策能够降低企业的出口成本，提高其产品在国际市场上的价格竞争力。相反，若企业违反退税合规性要求，可能面临高额罚款、追缴税款及滞纳金等严厉处罚，甚至可能触及刑事责任，严重损害企业声誉和信用评级。这不仅会导致企业在国际市场上失去客户信任，还可能引发合作伙伴解约、订单取消等连锁反应，给企业带来巨大的经济损失。

（三）加强内部控制与风险管理以实现退税合规性

为确保退税合规性，企业需要加强内部控制与风险管理。首先，企业应建立完善的财务管理制度，确保出口业务的真实性和准确性，防止虚假业务骗取退税。其次，企业应加强对退税政策的学习和培训，提高员工对退税合规性的认识和重视程度。同时，企业还应建立健全的风险管理机制，对可能存在的退税风险进行识别和评估，并采取相应的防范措施。例如，通过选择信誉良好、经营规范的供应商合作伙伴，降低合作风险；积极寻求专业税务顾问或律师的帮助，确保出口贸易的合规性。

（四）政府角色与退税合规性的保障

政府在保障退税合规性方面扮演着重要角色。政府应加强对退税政策的监管和评估，确保政策的有效执行和合规性。一方面，政府应加强对出口企业的监管力度，通过出口函调等方式核实企业出口业务的真实性，防止虚假业务骗取退税。另一方面，政府应加强对退税政策的宣传和培训力度，帮助企业了解最新的退税规定和操作流程，提高退税效率。此外，政府还应加强与其他国家和地区的合作与交流，共同推动全球贸易规则的完善和发展，为退税合规性提供更加坚实的制度保障。

综上所述，遵守国际贸易规则与退税合规性是企业参与国际贸易、提升国际竞争力的必要条件。企业需要从内部控制、风险管理、政策学习等多个方面入手，确保退税政策的合规性；同时，政府也应加强监管和合作力度，为退税合规性提供更加坚实的制度保障。只有这样，才能在全球经济一体化的背景下实现国际贸易的公平、公正和可持续发展。

第二节　出口退税与国际市场竞争

一、退税政策在国际市场中的竞争力

退税政策，尤其是出口退税，作为国际贸易政策的重要组成部分，对提升国家及企业在国际市场的竞争力具有深远影响。以下从四个方面详细分析出口退税政策如何增强国际市场竞争力。

（一）降低产品成本，提升价格优势

出口退税政策通过退还出口商品在国内生产和流通环节所缴纳的增值税和消费税，直接降低了出口企业的成本负担。这一政策使得出口商品能够以不含税的价格进入国际市场，从而提高了产品的价格竞争力。在全球贸易日益激烈的背景下，价格优势往往成为决定企业市场份额的关键因素。出口退税政策正是通过这一机制，帮助企业在国际市场上获得更大的价格弹性，吸引更多海外买家，提升市场份额。此外，退税政策还鼓励企业加大研发投入，提升产品质量和技术含量，从而在价格之外形成差异化竞争优势，进一步巩固市场地位。

（二）促进产业升级，优化贸易结构

出口退税政策不仅关注短期内的市场竞争力提升，更着眼于通过政策引导促进产业升级和贸易结构优化。通过差异化退税政策，政府可以引导资源向高技术、高附加值产业倾斜，鼓励企业加大技术创新和转型升级力度。这不仅能够提升企业的核心竞争力，还能推动整个行业向更高水平发展。同时，退税政策还有助于优化出口产品结构，减少低附加值、高能耗产品的出口比重，增加高技术、高附加值产品的出口比重，从而提升国家整体贸易结构的合理性和竞争力。

（三）增强企业活力，激发市场潜能

退税政策为企业提供了重要的资金支持，有助于缓解企业的资金压力，增强企业的运营活力和市场竞争力。通过及时退还税款，企业能够更快地回笼资金，提高资金使用效率，进而加大在研发、生产、市场开拓等方面的投入。这种正向循环不仅促进了企业的快速发展，还激发了市场的潜能和活力。在国际市场上，拥有强大资金实力和创新能力的企业往往能够更快地适应市场变化，抓住发展机遇，实现跨越式发展。

（四）促进国际贸易自由化，加强国际合作

出口退税政策作为国际贸易政策的一部分，对于促进国际贸易自由化

和加强国际合作具有重要意义。通过退税政策，国家可以鼓励企业积极参与国际贸易活动，拓展国际市场。同时，退税政策还有助于减少国际贸易中的成本扭曲和壁垒，促进贸易公平和自由化。在国际合作方面，退税政策可以成为国家间加强经贸合作、推动区域经济一体化的重要手段。通过共同制定和执行退税政策，国家可以加强在贸易、投资、技术等方面的合作与交流，共同应对全球经济挑战，实现互利共赢。

综上所述，退税政策在国际市场中具有显著的竞争力提升作用。通过降低产品成本、促进产业升级、增强企业活力及促进国际贸易自由化和国际合作等多方面的综合效应，退税政策为国家和企业在国际市场上赢得了更大的发展空间和竞争优势。未来，随着全球贸易环境的不断变化和退税政策的持续优化完善，退税政策将继续在国际市场竞争中发挥重要作用。

二、不同国家退税政策对市场竞争的影响

在全球经济一体化的背景下，不同国家的退税政策作为国际贸易政策的重要组成部分，对市场竞争格局产生了深远的影响。以下从四个方面详细分析不同国家退税政策对市场竞争的影响。

（一）退税政策差异与比较优势的形成

各国退税政策的差异直接导致了出口商品在国际市场上的比较优势不同。一些国家通过实施高额的出口退税政策，有效降低了出口商品的成本，使得这些商品在国际市场上具有更强的价格竞争力。这种价格优势不仅吸引了大量海外买家，还促使其他国家的企业为了保持竞争力而调整生产结构和经营策略。相比之下，退税政策相对保守的国家，其出口商品在国际市场上的价格竞争力可能较弱，进而影响到市场份额和国际贸易地位。因此，退税政策的差异成为形成国际贸易比较优势的关键因素之一。

（二）退税政策调整与市场反应

退税政策的调整往往会引起国际市场的连锁反应。当一国提高出口退税率时，其出口商品在国际市场上的价格将更具竞争力，从而可能引发其

他国家采取类似的政策措施以维护本国企业的利益。这种政策博弈不仅加剧了国际贸易的复杂性，还可能导致贸易保护主义的抬头。同时，退税政策的调整还会影响企业的生产计划和市场预期。企业需要根据政策变化及时调整生产策略和市场布局，以应对潜在的市场风险和机遇。这种市场反应机制使得退税政策成为影响国际贸易格局的重要因素之一。

（三）退税政策与产业结构优化

不同国家的退税政策在促进产业结构优化方面发挥着不同的作用。一些国家通过实施差异化的退税政策，引导资源向高技术、高附加值产业倾斜，从而推动了产业结构的升级和转型。这种政策导向不仅提升了本国企业的核心竞争力，还促进了国际贸易中高技术产品的比重增加。相比之下，退税政策相对单一或保守的国家，其产业结构可能难以得到有效优化，进而影响到国际贸易中的竞争力。因此，退税政策在促进产业结构优化方面具有重要的战略意义。

（四）退税政策与国际合作和竞争

退税政策不仅影响国内企业的竞争力，还与国际合作和竞争密切相关。在全球贸易体系中，各国之间的退税政策往往存在相互关联和相互影响。一方面，通过加强国际合作，各国可以共同制定和执行退税政策，以促进贸易自由化和区域经济一体化。这种合作有助于减少贸易壁垒和成本扭曲，提高国际贸易的效率和公平性。另一方面，退税政策也可能成为国际竞争中的手段之一。一些国家可能通过提高出口退税率来争夺国际市场份额和话语权，从而引发其他国家的应对措施和反击。这种竞争态势使得退税政策在国际市场中的地位更加凸显。

综上所述，不同国家的退税政策对市场竞争产生了深远的影响。退税政策的差异导致了比较优势的形成和市场反应的变化；退税政策的调整促进了产业结构的优化和国际合作与竞争的发展。因此，在制定和执行退税政策时，各国需要充分考虑国内外经济形势和市场需求的变化，以平衡国家利益和国际贸易关系的稳定。同时，加强国际合作与沟通也是应对退税政策挑战的重要途径之一。

三、企业利用退税政策提升国际竞争力

在全球贸易日益激烈的背景下，企业如何有效利用退税政策来提升自身在国际市场中的竞争力，成为一个值得深入探讨的话题。以下从四个方面详细分析企业如何利用退税政策来增强其在国际市场的地位。

（一）优化成本结构，提升价格竞争力

退税政策作为政府支持出口的重要手段，直接降低了企业出口商品的成本。企业可以通过合理规划生产和出口流程，充分享受退税政策带来的红利。具体而言，企业可以优化供应链管理，减少不必要的中间环节，降低生产成本；同时，加强财务管理，确保出口退税资金的及时回笼和有效利用。通过这些措施，企业能够显著降低出口商品的价格，提升在国际市场上的价格竞争力。这种价格优势不仅有助于吸引更多海外买家，还能在谈判中占据更有利的地位，争取到更优惠的贸易条件。

（二）加大研发投入，提升产品质量和技术含量

退税政策不仅降低了企业的成本负担，还为企业提供了更多的资金支持。企业可以利用这部分资金加大研发投入，提升产品质量和技术含量。通过技术创新和产品升级，企业能够开发出更具竞争力的出口产品，满足国际市场的多样化需求。高质量、高技术含量的产品不仅能够提升企业的品牌形象和市场地位，还能在价格竞争之外形成差异化竞争优势。这种竞争优势有助于企业在国际市场上建立起长期稳定的客户关系，实现可持续发展。

（三）调整市场策略，拓展多元化市场

退税政策为企业提供了拓展国际市场的有力支持。企业可以根据退税政策的变化和市场需求的调整，灵活调整市场策略，积极开拓新的国际市场。具体而言，企业可以关注那些退税政策较为优惠、市场需求旺盛的国家和地区，加大对这些市场的出口力度；同时，利用退税政策带来的成本

优势，积极参与国际竞争，争取更多的市场份额。此外，企业还可以通过多元化市场布局来降低单一市场风险，提高整体抗风险能力。这种市场策略的调整有助于企业在国际市场中保持灵活性和竞争力。

（四）加强内部管理，提高运营效率

退税政策的实施需要企业具备一定的管理能力和运营效率。因此，企业需要通过加强内部管理来确保退税政策的顺利执行和有效利用。具体而言，企业可以建立完善的财务管理体系，确保出口退税资金的准确核算和及时申报；同时，加强供应链管理、生产管理和市场营销管理等各个环节的协同作用，提高整体运营效率。此外，企业还需要关注政策动态和市场变化，及时调整经营策略和管理模式，以适应不断变化的国际市场环境。通过加强内部管理和提高运营效率，企业能够更好地利用退税政策带来的机遇和优势，提升在国际市场中的竞争力。

综上所述，企业可以通过优化成本结构、加大研发投入、调整市场策略和加强内部管理等多种方式来充分利用退税政策提升国际竞争力。这些措施不仅有助于企业在国际市场中获得更大的市场份额和话语权，还能推动企业的持续发展和转型升级。因此，企业应该积极关注退税政策的变化和市场需求的调整，制定科学合理的经营策略和管理模式，以更好地应对国际市场的挑战和机遇。

四、应对国际市场竞争的策略与建议

在全球化日益加深的今天，国际市场竞争愈发激烈，出口退税作为一项重要的政策工具，虽能为企业带来一定的竞争优势，但企业仍需要采取更为全面和深入的策略以应对复杂多变的国际市场环境。以下从四个方面提出应对国际市场竞争的策略与建议。

（一）深化市场研究，精准定位目标市场

面对国际市场，企业应首先深化对目标市场的研究，包括市场规模、消费者需求、竞争态势、政策法规等多个方面。通过精准的市场分析，企

业能够明确自身的市场定位，发现潜在的市场机会，并据此制定针对性的营销策略。同时，企业还需要关注国际市场动态，及时调整市场策略，以应对市场变化带来的挑战。例如，当某个国家或地区的退税政策发生调整时，企业需要快速评估其影响，并考虑是否调整出口策略或开拓新的市场。

（二）加强品牌建设，提升品牌影响力

在国际市场竞争中，品牌是企业重要的无形资产。加强品牌建设，提升品牌影响力，有助于企业在众多竞争者中脱颖而出，赢得消费者的信任和忠诚。企业可以通过提高产品质量、加强营销推广、参与国际展会等方式来增强品牌知名度和美誉度。同时，企业还需要注重品牌文化的塑造和传播，使品牌成为连接企业与消费者之间的情感纽带。一个具有鲜明特色和强大影响力的品牌，将为企业在国际市场上赢得更多的竞争优势。

（三）强化技术创新，提升产品竞争力

技术创新是企业持续发展的不竭动力。在国际市场竞争中，拥有先进技术和高质量产品的企业往往能够占据有利地位。因此，企业应加大研发投入，强化技术创新，不断提升产品的技术含量和附加值。通过技术创新，企业可以开发出更符合市场需求的新产品，提高产品的竞争力和市场占有率。同时，技术创新还有助于企业降低成本、提高生产效率，从而进一步增强企业的盈利能力。

（四）优化供应链管理，提高运营效率

在全球化的生产模式下，供应链管理对于企业的运营效率和市场响应速度至关重要。企业应积极优化供应链管理，加强与供应商、分销商等合作伙伴的沟通与协作，确保供应链的顺畅运行。通过优化供应链管理，企业可以降低库存成本、缩短交货周期和提高客户满意度。同时，企业还需要关注供应链的可持续性和韧性建设，以应对国际市场中的不确定性因素。例如，当国际市场出现波动时，企业可以通过调整供应链布局或寻求多元化的供应商来降低风险。

综上所述，面对国际市场竞争的挑战，企业应采取全面而深入的策略

来应对。通过深化市场研究、加强品牌建设、强化技术创新和优化供应链管理等多个方面的努力，企业可以不断提升自身的竞争力和市场占有率，在国际市场中立于不败之地。同时，企业还需要密切关注国际市场的变化和政策动态，及时调整经营策略和管理模式，以适应不断变化的国际市场环境。

第三节　出口退税与国际贸易结构

一、退税政策对贸易结构的影响机制

退税政策，特别是出口退税，作为国际贸易中一项重要的财政手段，对一国的贸易结构产生着深远的影响。以下将从四个方面详细分析出口退税政策如何影响国际贸易结构，包括降低成本、增强竞争力、优化产品结构及促进产业结构升级。

（一）降低成本，提升出口产品的价格优势

出口退税政策通过退还或减免出口商品在国内生产、流通过程中已缴纳的增值税、消费税等税费，直接降低了出口企业的生产成本。这一政策使得出口企业在国际市场上能够以更加具有竞争力的价格销售其产品，从而提高了产品的价格优势。成本降低不仅有助于企业扩大市场份额，还能促使企业有更多的资金投入到产品研发、技术创新和品牌建设等方面，进一步提升产品的附加值和市场竞争力。此外，退税政策还间接降低了企业的财务成本，如资金占用成本和融资成本，有利于企业保持稳健的财务状况，更好地应对国际市场的变化和挑战。

（二）增强出口企业的国际竞争力

出口退税政策通过降低出口成本，提高了出口企业在国际市场上的竞争力。在全球化的经济背景下，各国出口企业面临着激烈的竞争，价格成

为影响市场份额的重要因素之一。出口退税政策通过减轻企业的税收负担，使得企业能够在保证产品质量的前提下，以更低的价格参与国际竞争，从而赢得更多的市场份额。同时，退税政策还鼓励企业提高生产效率、优化生产流程、降低能耗和减少污染，从而进一步提升企业的综合竞争力。这种竞争力的提升不仅有助于企业自身的发展壮大，还有助于推动整个行业乃至国家经济的发展。

（三）优化出口产品结构，促进产业结构升级

出口退税政策在优化出口产品结构方面也发挥着重要作用。政府可以通过调整不同产品的出口退税率，引导企业调整产品结构，增加高技术、高附加值产品的出口比重。例如，对于符合国家产业政策和环保要求的高科技产品、绿色产品等，可以给予更高的出口退税率；而对于资源消耗大、污染严重的产品，则可以适当降低或取消出口退税。这种政策导向有助于推动企业进行技术创新和产业升级，提高产品的技术含量和附加值，从而增强出口产品的整体竞争力。同时，优化出口产品结构还有助于缓解国际贸易中的贸易摩擦和争端，促进国际贸易的健康发展。

（四）促进国际贸易平衡，增强国家外贸实力

出口退税政策在促进国际贸易平衡方面也具有重要意义。通过退税机制，企业能够以更加公平的价格参与国际贸易，从而避免由于国内外税收差异导致的价格扭曲和贸易障碍。这有助于促进国际贸易的顺畅进行和平衡发展。同时，出口退税政策还有助于增强国家的外贸实力。通过提高出口企业的竞争力和优化出口产品结构，可以增加国家的外汇收入，提高外汇储备水平，为国家的经济发展提供有力的支持。此外，出口退税政策还有助于提升国家的国际形象和地位，增强国际社会对国家的信任和认可。

综上所述，出口退税政策通过降低成本、增强竞争力、优化产品结构和促进国际贸易平衡等多个方面对国际贸易结构产生着深远的影响。因此，在制定和调整出口退税政策时，需要充分考虑国内外经济形势的变化和国际贸易的发展趋势，科学合理地确定退税范围和退税率水平，以充分发挥出口退税政策在促进国际贸易和经济发展中的积极作用。

二、优化退税政策以促进贸易结构升级

在全球经济一体化深入发展的背景下，优化退税政策成为推动贸易结构升级、增强国际贸易竞争力的重要手段。以下从四个方面深入分析如何通过优化退税政策来促进贸易结构的升级。

（一）精准定位，差异化退税支持

优化退税政策的首要任务是精准定位不同产业、不同产品的实际需求，实施差异化的退税支持措施。这意味着政府应根据国家发展战略、产业政策和市场需求，对不同行业、不同技术含量的产品设定不同的退税率。例如，对于高新技术产品、绿色环保产品等符合未来发展趋势的产业，应给予更高的退税支持，以鼓励企业加大研发投入，提升产品技术含量和附加值。同时，对于传统劳动密集型产业中的低附加值产品，则可以适当调整退税率，引导企业转型升级，逐步向高技术、高附加值领域发展。通过精准定位和差异化支持，可以有效促进贸易结构的优化升级。

（二）强化政策引导，促进产业升级

退税政策不仅是减轻企业税负的手段，更是政府引导产业升级的重要工具。政府可以通过调整退税政策，明确产业发展方向，引导企业加大技术创新和产业升级力度。具体而言，可以加大对创新型企业、高新技术企业及产业链关键环节的退税支持力度，鼓励企业加大研发投入，提升自主创新能力。同时，对于通过技术改造、兼并重组等方式实现转型升级的企业，也可以给予一定的退税优惠，以减轻其转型过程中的财务压力。通过强化政策引导，可以加速产业升级步伐，推动贸易结构向高技术、高附加值方向转变。

（三）完善退税管理机制，提高政策执行效率

优化退税政策还需要不断完善退税管理机制，提高政策执行效率。这包括简化退税流程、缩短退税时间、加强退税监管等方面。一方面，政府

应加快信息化建设步伐，实现退税申报、审核、支付等环节的电子化、网络化操作，提高退税效率。另一方面，应加强对退税资金的监管力度，确保退税资金的安全和有效使用。同时，还应建立健全退税企业的信用评价体系和风险防范机制，对违规骗取退税的行为进行严厉打击和惩处。通过完善退税管理机制，可以确保退税政策的有效实施和落地见效。

（四）加强国际合作，共同推动贸易结构升级

在全球化的今天，任何国家的贸易结构升级都离不开国际合作的支持。因此，在优化退税政策的过程中，应加强与周边国家及主要贸易伙伴的沟通和合作。通过签署双边或多边贸易协定、建立自由贸易区等方式，加强贸易往来和合作交流。同时，在退税政策上也可以探索建立跨国界的协调机制，共同制定符合双方利益的退税政策。通过加强国际合作，可以共同推动贸易结构的升级和优化，实现互利共赢的发展目标。

综上所述，优化退税政策对于促进贸易结构升级具有重要意义。通过精准定位、差异化支持、强化政策引导、完善退税管理机制及加强国际合作等措施的实施，可以充分发挥退税政策在推动贸易结构升级中的积极作用。这不仅有助于提升我国出口产品的国际竞争力，还有助于推动我国经济的持续健康发展。

三、分析特定行业或产品的退税效果

出口退税政策作为国际贸易中的重要财政工具，对特定行业或产品的出口表现具有显著影响。以下将从退税政策对成本结构的影响、市场竞争力的提升、产业升级的推动及国际贸易关系的塑造四个方面，深入分析特定行业或产品的退税效果。

（一）退税政策对成本结构的优化作用

针对特定行业或产品实施出口退税政策，最直接的效果是优化其成本结构。退税政策通过退还出口商品在国内生产和流通过程中已缴纳的税款，直接减轻了企业的税收负担，降低了产品的出口成本。这种成本降低效应

在不同行业和产品中表现各异，但总体而言，退税政策使得出口企业能够在国际市场上以更具竞争力的价格销售产品，从而增强了产品的价格优势。对于成本敏感型行业，如劳动密集型制造业，退税政策的这一效果尤为显著，有助于提升这些行业在国际市场上的竞争力。

（二）提升市场竞争力与扩大市场份额

退税政策不仅降低了出口成本，还通过价格优势提升了特定行业或产品的市场竞争力。在国际市场上，价格往往是决定消费者购买决策的重要因素之一。退税政策使得出口企业能够以更低的价格提供高质量的产品，从而吸引更多国际买家，扩大市场份额。此外，退税政策还鼓励企业加大研发投入，提升产品质量和技术含量，以进一步巩固和扩大市场地位。这种市场竞争力的提升不仅有助于企业自身的发展壮大，还有助于推动整个行业乃至国家经济的发展。

（三）推动产业升级与技术创新

退税政策在促进特定行业或产品出口的同时，也间接推动了产业升级与技术创新。政府通过调整不同产品的退税率，可以引导企业调整产品结构，增加高技术、高附加值产品的出口比重。这种政策导向有助于激发企业的创新活力，推动其加大技术研发投入，提升产品的技术含量和附加值。此外，退税政策还鼓励企业引进先进技术和设备，提升生产效率和产品质量。这些努力共同推动了产业升级和技术创新，为出口企业提供了更加广阔的发展空间和更加坚实的竞争基础。

（四）塑造国际贸易关系与增强国际合作

退税政策在促进特定行业或产品出口的过程中，还间接塑造了国际贸易关系并增强了国际合作。一方面，退税政策使得出口企业能够以更具竞争力的价格参与国际市场竞争，从而加深了与各国贸易伙伴的经济联系和合作。这种合作不仅有助于推动贸易规模的扩大和贸易结构的优化，还有助于促进各国之间的经济互利共赢。另一方面，退税政策还促使各国政府加强沟通和协调，共同应对国际贸易中的挑战和问题。例如，在应对贸易保护主义、推动贸易自由化便利化等方面，各国政府可以通过协商和谈判达成共识和协议，以维护国际贸易秩序和促进全球经济的稳定增长。这种国际合作的加强有助于构建更加公平、合理和稳定的国际贸易环境，为各国出口企业提供更加广阔的发展空间和更加坚实的保障。

综上所述，退税政策对特定行业或产品的出口表现具有显著影响。通过优化成本结构、提升市场竞争力与扩大市场份额、推动产业升级与技术创新及塑造国际贸易关系与增强国际合作等方面的努力，退税政策为出口企业提供了有力的支持和保障，促进了其健康、稳定和可持续的发展。

四、推动贸易结构多元化与平衡发展

在全球经济一体化日益加深的今天，推动贸易结构多元化与平衡发展已成为各国政府关注的焦点。出口退税政策作为国际贸易政策的重要组成部分，对于促进贸易结构多元化、优化资源配置、增强国家经济抗风险能力等方面具有不可替代的作用。以下从三个方面详细分析出口退税政策如何推动贸易结构多元化与平衡发展。

（一）促进出口市场多元化

出口退税政策通过降低出口成本，提升了出口产品的国际竞争力，为出口企业拓展海外市场提供了有力支持。在这一政策的推动下，企业不再局限于传统的出口市场，而是积极寻求新的出口机会，开拓多元化市场。这有助于分散出口风险，减少对单一市场的依赖，提高出口贸易的稳定性和可持续性。同时，多元化市场战略还有助于企业更好地了解不同市场的需求和特点，调整产品结构和营销策略，以适应不同市场的变化和挑战。

（二）优化出口产品结构

出口退税政策不仅关注出口市场的多元化，还通过调整不同产品的退税率来优化出口产品结构。政府可以根据国家发展战略、产业政策和市场需求，对高技术、高附加值产品给予更高的退税支持，以鼓励企业加大这些产品的生产和出口。这种政策导向有助于推动出口产品结构的转型升级，提高出口产品的技术含量和附加值，增强国家在全球价值链中的地位和竞争力。同时，优化出口产品结构还有助于减少资源消耗和环境污染，促进可持续发展。

（三）平衡内外贸发展

出口退税政策在促进出口贸易发展的同时，也有助于平衡内外贸发展。在全球化背景下，国际贸易与国内贸易紧密相连、相互促进。通过实施出口退税政策，可以降低出口企业的成本负担，提高其盈利能力，从而增加其对国内市场的投入和贡献。这有助于促进国内市场的繁荣和稳定，增强国内经济的内生增长动力。同时，平衡内外贸发展还有助于减少对外部市场的依赖和冲击，提高国家经济的抗风险能力。

第四节　出口退税与国际贸易壁垒

一、退税政策与贸易壁垒的关系

退税政策，特别是出口退税政策，作为国际贸易中的一种重要经济手段，其初衷是为了提升本国出口产品的国际竞争力，促进对外贸易的发展。然而，这一政策在实际操作中，往往与贸易壁垒之间存在着复杂而微妙的关系。

首先，出口退税政策在一定程度上可以降低出口企业的成本，提高出口产品的价格优势，从而在国际市场上获得更多份额。然而，当一国过度依赖退税政策来提升出口时，可能会引发其他国家采取贸易保护措施，如反倾销、反补贴等，以维护自身市场利益。这是因为高额的退税政策可能被视为对出口产品的补贴，进而引发国际贸易争端。

其次，退税政策还可能加剧地方保护主义，形成非关税贸易壁垒。例如，一些地方政府可能通过调整退税政策来鼓励本地企业采购本地产品，限制外地产品进入本地市场。这种地方保护主义行为不仅阻碍了商品的正常流通，也扭曲了市场资源的配置，最终影响国际贸易的健康发展。

因此，退税政策与贸易壁垒之间存在着相互影响、相互制约的关系。在制定和执行退税政策时，需要充分考虑其可能带来的贸易壁垒效应，确保政策的合理性和有效性。

二、利用退税政策应对反倾销与反补贴

面对反倾销与反补贴等贸易保护措施，退税政策可以在一定程度上发挥积极作用。

首先，通过合理调整退税政策，可以降低出口企业的成本负担，提高其应对反倾销与反补贴调查的能力。例如，在反倾销调查中，如果出口企业能够证明其产品在国内市场的销售价格受到退税政策的影响而低于正常价值，那么就可以在一定程度上减轻反倾销税的征收。

其次，退税政策还可以作为谈判筹码，在国际贸易争端中争取更有利的解决方案。例如，在双边或多边贸易谈判中，出口国可以通过承诺调整退税政策来换取进口国在反倾销与反补贴问题上的让步或支持。

然而，需要注意的是，退税政策并非万能的解决方案。在应对反倾销与反补贴时，还需要综合运用法律、外交、经济等多种手段，形成合力以维护国家利益和出口企业的合法权益。

三、减少退税政策引发的贸易摩擦

为了减少退税政策引发的贸易摩擦，需要从多个方面入手。

首先，要完善退税政策的制定和执行机制，确保其符合国际贸易规则和惯例。在制定退税政策时，应充分考虑其可能带来的贸易影响，避免过度干预市场运行和引发贸易争端。

其次，要加强与国际社会的沟通与协调，增进相互理解和信任。通过积极参与国际贸易谈判和规则制定过程，推动建立更加公平、合理、透明的国际贸易环境。同时，加强与主要贸易伙伴的磋商与合作，共同应对贸易摩擦和挑战。

此外，还需要推动出口企业转型升级和创新发展，提高产品附加值和竞争力。通过加强技术研发、品牌建设、市场开拓等方面的努力，提升出口企业的整体素质和实力，从根本上减少退税政策对国际贸易的依赖和引发的贸易摩擦。

四、加强国际合作以消除贸易壁垒

加强国际合作是消除贸易壁垒、推动国际贸易健康发展的重要途径。

首先，各国应秉持开放包容、互利共赢的原则，加强政策协调和沟通，共同推动贸易自由化和便利化。通过减少关税和非关税壁垒、优化贸易流程、提高贸易效率等措施，降低贸易成本、扩大贸易规模，促进全球经济增长。

其次，各国应加强在数字经济、科技创新等领域的合作与交流。数字经济和科技创新是推动全球经济发展的重要动力源泉。通过加强合作与交流，可以促进技术转移和产业升级、推动绿色贸易和可持续发展、共同应对气候变化等全球性挑战。

此外，各国还应加强在贸易争端解决机制方面的合作与协调。通过建立更加高效、公正、透明的争端解决机制，可以及时化解贸易争端、维护多边贸易体制的稳定性和权威性。同时，各国还应加强在知识产权保护、劳工权益保障等方面的合作与协调，共同推动全球贸易和投资环境的优化与改善。

第九章　出口退税与外汇管理

第一节　出口退税与外汇收入的关系

一、退税对外汇收入的直接贡献

（一）促进出口增长，直接增加外汇收入

出口退税政策作为国家鼓励出口、优化贸易结构的重要手段，其最直接的效果便是促进了企业的出口积极性，进而带动了外汇收入的显著增加。通过退还企业在国内生产环节中已缴纳的增值税和消费税等间接税，出口退税政策有效降低了出口商品的成本，使得这些商品在国际市场上更具价格竞争力。这种成本优势的增强，不仅帮助企业扩大了市场份额，还提升了出口总量，从而直接增加了国家的外汇收入。

具体来说，出口退税政策减少了出口企业的财务负担，使其能够将更多资金投入到产品研发、市场开拓等关键环节，进一步提升出口产品的质量和附加值。这种良性循环不仅增强了出口企业的国际竞争力，还促进了整个出口产业链的健康发展。随着出口规模的不断扩大，外汇收入也随之稳步增长，为国家的宏观经济稳定和可持续发展提供了坚实的支撑。

（二）优化出口结构，提升外汇收入质量

出口退税政策在促进出口增长的同时，还通过优化出口结构来提升外汇收入的质量。国家通常会根据产业发展战略和国际贸易形势，对不同的

出口产品实施差异化的退税政策。例如，对于高技术、高附加值的产品，国家会给予更高的退税比例，以鼓励企业加大研发投入，提升产品的技术含量和附加值。而对于"高耗能、高污染、资源性"产品，则可能采取较低的退税比例或不予退税的措施，以引导企业调整产品结构，减少对环境的影响。

这种差异化的退税政策，有助于推动出口企业向高技术、高附加值领域转型升级，提升出口产品的整体竞争力。随着出口结构的不断优化，外汇收入的质量也得到了显著提升。高技术、高附加值产品的出口增加，不仅带来了更多的外汇收入，还提高了出口产品的国际声誉和品牌价值，为国家的长远发展奠定了坚实基础。

（三）缓解贸易摩擦，改善国际收支状况

在国际贸易中，出口与进口往往存在着一定的不平衡现象。出口退税政策通过促进出口增长，有助于缓解这种贸易失衡问题，减少贸易摩擦的发生。通过调整出口退税率，国家可以灵活地应对国际贸易环境的变化，保持出口的稳定增长。这种稳定性不仅有助于提升国家的国际形象和信誉，还增强了与国际贸易伙伴之间的合作与互信。

此外，出口退税政策还有助于改善国际收支状况。随着出口收入的增加，国家的外汇储备也随之增长，为应对外部经济风险提供了有力保障。同时，外汇储备的增加还提升了国家的国际支付能力，为企业在国际市场上的收付汇款提供了更多便利和保障。这种良性循环不仅促进了国际贸易的健康发展，还提升了国家的整体经济实力和国际地位。

（四）带动相关行业发展，增强外汇收入后劲

出口退税政策对出口企业的支持，不仅促进了出口本身的增长，还带动了相关行业的发展。例如，出口退税政策可以刺激原材料生产、加工制造、物流运输等相关产业的发展。这些产业的发展不仅提升了整个产业链的竞争力，还创造了更多的就业机会和税收收入。这种多元化的发展模式不仅增强了外汇收入的稳定性，还为其持续增长提供了有力支撑。

具体来说，出口退税政策降低了出口企业的成本负担，使其能够将更多资金投入到相关产业链的建设和升级中。这种投入不仅提升了产业链的整体水平，还促进了技术创新和产业升级。随着产业链的不断完善和提升，出口产品的质量和附加值也得到了显著提升。这种良性循环不仅增强了出口企业的国际竞争力，还带动了整个行业的健康发展，为外汇收入的持续增长提供了强劲动力。

二、退税政策对出口外汇收入稳定性的影响

(一) 降低出口成本，增强国际竞争力

退税政策通过退还出口企业在国内生产和流通环节中已缴纳的税款，直接降低了出口商品的成本。这种成本降低的效应，使得出口商品在国际市场上具有更强的价格竞争力，从而有助于企业扩大市场份额，稳定甚至增加出口量。在国际竞争日益激烈的背景下，退税政策成为企业抵御外部风险、保持出口稳定增长的重要支撑。因此，退税政策对于维护出口外汇收入的稳定性具有至关重要的作用。

进一步地，退税政策还有助于企业提升产品质量和附加值。在成本降低的基础上，企业可以将更多的资金投入到产品研发、技术创新和品牌建设等方面，从而提高出口产品的技术含量和品质水平。这种提升不仅有助于增强企业的国际竞争力，还能够在一定程度上缓解国际贸易中的价格竞争压力，为出口外汇收入的稳定增长提供更为坚实的基础。

(二) 调节出口结构，优化外汇收入来源

退税政策还通过调节出口结构的方式，对出口外汇收入的稳定性产生积极影响。国家通常会根据产业发展战略和国际贸易形势的变化，对不同类别的出口产品实施差异化的退税政策。这种差异化的政策导向，有助于引导企业调整出口产品结构，增加高技术、高附加值产品的出口比重，减少低附加值、资源消耗型产品的出口。

优化后的出口结构不仅能够提升出口外汇收入的质量，还能够增强其

稳定性。高技术、高附加值产品的出口往往具有更强的市场适应性和抗风险能力，能够在国际市场需求波动时保持相对稳定的出口量。同时，这些产品往往具有更高的利润空间，能够为企业带来更多的外汇收入。因此，退税政策通过调节出口结构的方式，为出口外汇收入的稳定增长提供了有力保障。

（三）应对国际贸易环境变化，增强抗风险能力

退税政策在应对国际贸易环境变化方面也具有重要作用。在全球经济一体化程度不断加深的背景下，国际贸易环境复杂多变，各种贸易壁垒和贸易摩擦时有发生。退税政策作为国家支持出口的重要手段之一，可以在一定程度上缓解国际贸易环境对出口企业的影响。

具体来说，退税政策可以通过调整退税率等方式，帮助企业降低出口成本、提高产品竞争力，从而有效应对国际贸易环境的变化。在国际贸易环境不利时，退税政策可以为企业提供更多的支持和保障，减轻其经营压力和市场风险；在国际贸易环境有利时，退税政策则可以进一步激发企业的出口潜力，促进出口外汇收入的快速增长。因此，退税政策在增强出口企业抗风险能力方面具有重要意义。

（四）促进出口企业稳定发展，保障外汇收入持续增长

退税政策还通过促进出口企业稳定发展的方式，对出口外汇收入的稳定性产生深远影响。退税政策不仅降低了出口企业的成本负担，还为其提供了更多的资金支持和发展空间。这些支持有助于企业加强内部管理、提升技术水平、拓展国际市场等方面的工作，从而实现稳定发展。

出口企业的稳定发展是保障出口外汇收入持续增长的重要基础。只有企业实现了稳定发展，才能够保持持续的出口能力和市场竞争力，从而为国家带来更多的外汇收入。退税政策通过促进出口企业的稳定发展，为出口外汇收入的稳定增长提供了有力保障。同时，退税政策还有助于增强出口企业的国际信誉和品牌形象，为其在国际市场上赢得更多客户和订单创造有利条件。

三、退税款作为外汇收入管理的重点

（一）退税款作为外汇收入的重要组成部分

退税款，作为国家对出口企业的一种税收优惠政策，其本质是对企业出口商品在国内生产环节所缴纳税款的退还。这一政策不仅直接减轻了企业的财务负担，增强了其国际竞争力，同时也为国家的外汇收入注入了重要的一股力量。退税款作为外汇收入的重要组成部分，其规模和稳定性直接影响国家外汇储备的总量和结构，对于维护国家经济安全、促进国际贸易平衡具有重要意义。

具体而言，退税款的发放是基于企业出口实绩的，即企业实际出口并收汇的货物金额。这意味着，退税款的多少直接反映了企业出口外汇收入的规模。因此，加强退税款的管理，确保其及时、足额地发放到企业手中，对于提高外汇收入的使用效率、促进外汇市场的稳定发展具有积极作用。

（二）退税款管理对提升外汇收入质量的作用

退税款的管理不仅关乎其规模和稳定性，更关乎其对外汇收入质量的提升作用。

一方面，通过优化退税款的审批流程、提高审批效率，可以确保企业能够及时获得退税款，从而缓解其资金压力，促进其扩大生产、提高产品质量和附加值。这有助于提升出口商品在国际市场上的竞争力，进而增加外汇收入的来源和质量。

另一方面，加强退税款的监管和核查工作，防止退税款的虚报、冒领等违规行为，可以确保退税款的合法性和真实性。这有助于维护国家税收秩序的稳定和公正，同时也有助于提升外汇收入的真实性和可靠性。真实可靠的外汇收入是国家进行宏观经济调控、制定外汇政策的重要依据，对于维护国家经济安全、促进国际贸易平衡具有重要意义。

（三）退税款管理对调节外汇市场供需平衡的影响

退税款的管理还对外汇市场的供需平衡产生重要影响。

一方面，退税款的发放增加了企业的外汇收入，有助于缓解外汇市场上的供不应求状况。在国际贸易中，企业往往需要支付进口原材料、设备等费用，这些费用通常以外汇形式支付。退税款的发放为企业提供了更多的外汇资金来源，有助其更好地满足进口需求，从而调节外汇市场的供需平衡。

另一方面，退税款的管理可以根据外汇市场的实际情况进行灵活调整。例如，在外汇市场供过于求、汇率升值压力较大的情况下，国家可以适当降低退税率或调整退税政策，以减少外汇收入的流入量，缓解汇率升值压力；相反，在外汇市场供不应求、汇率贬值压力较大的情况下，国家则可以适当提高退税率或优化退税政策，以增加外汇收入的流入量，稳定汇率水平。这种灵活调整有助于保持外汇市场的稳定和健康发展。

（四）退税款管理与外汇收入风险防控的关联

退税款管理与外汇收入风险防控之间存在着密切的关联。外汇收入风险主要包括汇率风险、信用风险等。退税款作为外汇收入的重要组成部分，其管理水平和效率直接影响到外汇收入风险的大小和防控能力。

一方面，加强退税款的管理可以降低汇率风险。通过优化退税款的审批和发放流程、提高审批效率等措施，可以确保企业能够及时获得退税款并将其转化为外汇资金进行使用。这有助于企业更好地应对汇率波动带来的风险挑战，减少因汇率变动而导致的损失。

另一方面，加强退税款的管理可以提高外汇收入的信用风险管理水平。通过加强对退税款申报、审核、发放等环节的监管和核查工作，可以及时发现并防范虚假申报、冒领退税款等违规行为的发生。这有助于维护国家税收秩序的稳定和公正，同时也有助于提高外汇收入的信用水平和可靠性。这对于促进国际贸易的健康发展、维护国家经济安全具有重要意义。

四、外汇收入变化对退税政策调整的需求

(一) 外汇收入波动与退税政策调整的必要性

在全球经济一体化的背景下，外汇收入的波动成为常态。这种波动不仅受到国际市场供需关系、汇率变动等多种因素的影响，还与一国的出口竞争力、贸易政策等密切相关。退税政策作为促进出口、稳定外汇收入的重要手段，其调整成为应对外汇收入变化、保持经济稳定增长的关键。当外汇收入出现大幅波动时，适时调整退税政策，可以为企业提供必要的财务支持，增强其抵御外部风险的能力，从而稳定出口规模，减少外汇收入的波动性。

(二) 退税政策调整与外汇收入结构优化

外汇收入的结构优化是国家经济结构调整的重要目标之一。通过调整退税政策，可以引导企业优化出口产品结构，提高高技术、高附加值产品的出口比重，降低低附加值、资源消耗型产品的出口。这种调整有助于提升出口商品的整体竞争力，增加外汇收入的来源和质量，从而优化外汇收入结构。例如，对于符合国家产业发展方向的高技术产品，可以给予更高的退税比例，以鼓励企业加大研发投入，提升产品质量；而对于低附加值、资源消耗型产品，则可以适当降低退税比例或取消退税，以引导企业调整出口产品结构。

(三) 退税政策调整与外汇市场风险应对

外汇市场风险是企业在国际贸易中面临的重要风险之一。汇率波动、国际贸易摩擦等因素都可能对外汇收入产生不利影响。退税政策作为政府宏观调控的重要手段，其调整可以在一定程度上帮助企业应对外汇市场风险。例如，在汇率升值压力较大的情况下，国家可以适当提高退税比例，以减轻企业出口成本负担，提高其国际竞争力；在国际贸易摩擦加剧时，则可以通过调整退税政策来支持受影响的出口企业，保障其稳定运营。此

外，退税政策还可以与外汇市场管理工具相结合，形成协同效应，共同应对外汇市场风险。

（四）退税政策调整与国际贸易关系协调

退税政策不仅关乎国内经济的稳定发展，还与国际贸易关系的协调密切相关。在全球贸易体系中，各国之间的贸易政策相互影响、相互制约。通过调整退税政策，国家可以积极应对国际贸易环境的变化，维护自身贸易利益。例如，在国际贸易摩擦中，国家可以通过调整退税政策来支持受影响的出口企业，降低其经营成本，提高竞争力；同时，也可以利用退税政策来引导企业拓展新的国际市场，减少对单一市场的依赖。此外，退税政策还可以作为国际贸易谈判中的筹码，通过与其他国家进行协商和合作，共同推动全球贸易体系的完善和发展。

综上所述，外汇收入变化对退税政策调整的需求是多方面的、复杂的。政府需要根据国内外经济形势的变化、外汇收入的波动情况及企业的实际需求来灵活调整退税政策，以实现稳定外汇收入、优化外汇收入结构、应对外汇市场风险和协调国际贸易关系等多重目标。同时，政府还需要加强与其他国家的沟通和合作，共同推动全球贸易体系的完善和发展。

第二节 退税款的外汇结算与兑换

一、退税款外汇结算的流程与规定

（一）退税款外汇结算的基本流程

退税款外汇结算的基本流程涉及多个环节，从退税申请的提交到最终外汇的兑换，每个步骤都至关重要。

首先，企业需要确保已完成出口货物的报关手续，并获得了相关退税凭证，如出口货物报关单、出口收汇核销单、增值税专用发票等。这些凭证是后续退税申请的重要依据。

接下来，企业需要在规定的时间内（通常为货物报关出口之日起90日内）向退税部门提交退税申请。退税部门会对企业提交的退税资料进行全面审核，确认其真实性、完整性和有效性。审核通过后，退税部门会签署审核意见，并上报至上级税务机关进行审批。

一旦退税申请获得批准，退税部门将向企业出具"收入退还书"。企业凭此"收入退还书"到指定的银行办理退税手续。此时，退税款将以人民币的形式打入企业指定的银行账户。然而，若企业有外汇需求，还需要进一步进行外汇兑换操作。

在外汇兑换环节，企业需要向银行提供外汇兑换所需的相关文件和资料，如"收入退还书"、企业的外汇账户信息等。银行在核实无误后，将按照当日的外汇牌价将退税款兑换成相应的外币，并存入企业的外汇账户。至此，退税款外汇结算的基本流程完成。

（二）退税款外汇结算的汇率规定

退税款外汇结算的汇率规定是确保退税过程公平、透明的重要环节。根据国家税务总局的相关规定，退税款外汇结算的汇率通常采用中国人民银行公布的当日人民币外汇牌价的中间价或银行买入价作为基准。这意味着，退税款在兑换成外币时，将按照这一汇率进行计算。

然而，需要注意的是，汇率是实时变动的，因此退税款在兑换时的实际汇率可能与企业预期存在差异。为了降低汇率波动带来的风险，企业可以在办理退税前密切关注汇率走势，选择合适的时机进行外汇兑换。

此外，对于大额退税款的外汇兑换，企业还可以考虑与银行签订汇率锁定协议，以锁定一个相对稳定的汇率进行兑换。这样虽然可能牺牲一定的汇率优势，但能有效避免因汇率波动带来的不确定性风险。

（三）退税款外汇结算的合规性要求

退税款外汇结算的合规性要求是企业必须严格遵守的法律法规。

首先，企业必须确保退税申请的真实性和合法性，不得通过虚假手段骗取退税。一旦发现违规行为，企业将面临严重的法律后果。

其次，在办理退税款外汇结算时，企业需要按照银行和相关监管机构的要求提供完整的资料和文件。这些资料和文件包括但不限于退税申请书、退税凭证、外汇账户信息等。任何缺失或虚假的资料都可能导致退税款外汇结算的失败。

最后，企业需要密切关注外汇管理政策的变化和更新。外汇管理政策可能随着国际经济环境的变化而调整，企业应及时了解并适应这些变化，以确保退税款外汇结算的合规性。

（四）退税款外汇结算的风险管理与控制

退税款外汇结算过程中存在多种风险，如汇率风险、合规性风险等。为了有效管理和控制这些风险，企业需要采取一系列措施。

首先，在汇率风险管理方面，企业可以通过多元化货币结算、签订汇率锁定协议等方式来降低汇率波动带来的风险。同时，企业还可以加强对汇率走势的预测和分析，以便在合适的时机进行外汇兑换。

其次，在合规性风险控制方面，企业应建立完善的内部控制机制，确保退税申请和外汇结算的合规性。这包括加强对员工的培训和教育、建立严格的审核和审批流程等。

最后，企业需要与银行和相关监管机构保持良好的沟通和合作关系。这有助于企业及时了解外汇管理政策的变化和更新，以及获得银行在退税款外汇结算方面的专业指导和支持。

综上所述，退税款外汇结算的流程与规定涉及多个方面，包括基本流程、汇率规定、合规性要求及风险管理与控制等。企业需要充分了解并遵守这些规定和要求，以确保退税款外汇结算的顺利进行和合规性。

二、汇率波动对退税款兑换成本的影响

（一）汇率波动对退税款兑换金额的直接作用

汇率波动对退税款兑换金额具有直接且显著的影响。退税款通常以人民币形式发放给企业，但企业往往有将退税款兑换为外币的需求，以满足

其国际支付、债务偿还或外汇储备等需求。在这个过程中，汇率的变动将直接决定退税款兑换成外币后的具体金额。

当人民币升值时，即人民币对外币的汇率上升，意味着相同数量的人民币可以兑换到更少的外币。因此，企业在将退税款兑换为外币时，将面临兑换金额减少的情况。反之，当人民币贬值时，即人民币对外币的汇率下降，相同数量的人民币可以兑换到更多的外币，企业的退税款兑换金额将相应增加。

这种汇率波动对退税款兑换金额的影响，要求企业在进行外汇兑换时必须具备高度的市场敏感性和预判能力，以选择最佳的兑换时机，降低汇率风险。

（二）汇率波动对退税款兑换成本的经济效应

汇率波动不仅影响退税款兑换金额，还对企业的经济效应产生深远影响。从成本角度来看，退税款是企业的一项重要收入来源，其兑换成本的高低直接影响企业的盈利能力。

当汇率波动导致退税款兑换成本上升时，企业的实际收益将受到压缩。为了维持盈利水平，企业可能需要通过提高产品售价、降低成本或寻求其他收入来源等方式来弥补损失。然而，这些措施可能带来市场竞争力的下降、客户满意度的降低等不利后果。

相反，当汇率波动有利于退税款兑换成本的降低时，企业的盈利能力将得到增强。企业可以利用这一优势进行更多的国际投资、市场拓展或研发创新等活动，进一步提升其国际竞争力。

（三）汇率波动对退税款兑换策略的影响

面对汇率波动带来的不确定性，企业需要制定相应的退税款兑换策略以应对风险。这些策略可能包括但不限于以下几个方面：

（1）多元化货币结算：通过在不同国家和地区使用多种货币进行结算，分散汇率风险。这要求企业应具备全球化的视野和灵活的市场应变能力。

（2）汇率锁定协议：与银行签订汇率锁定协议，在一定期限内以固定汇率进行退税款兑换。这可以确保企业在汇率波动时仍能获得稳定的兑换收益。

（3）灵活调整兑换时机：密切关注国际金融市场动态和汇率走势，灵活调整退税款兑换时机以获取最佳汇率。这需要企业应具备敏锐的市场洞察力和高效的决策机制。

（四）企业应对汇率波动的措施与建议

为了有效应对汇率波动对退税款兑换成本的影响，企业可以采取以下措施与建议：

（1）加强汇率风险管理：建立健全的汇率风险管理体系，包括定期评估汇率风险、制定风险应对策略和建立风险预警机制等。

（2）提高财务管理水平：加强财务管理和内部控制，确保退税款等外汇资金的合理使用和有效管理。同时，加强与银行、金融机构等合作伙伴的沟通和合作，共同应对汇率风险。

（3）增强市场竞争力：通过提高产品质量、优化产品结构、加强品牌建设等方式增强市场竞争力，以应对汇率波动可能带来的不利影响。

（4）关注政策动态：密切关注国家外汇管理政策和退税政策等相关法律法规的动态变化，及时调整企业经营策略以适应政策环境的要求。

汇率波动对退税款兑换成本具有显著影响。企业需要充分了解汇率波动带来的风险和挑战，并采取相应的措施和建议来有效应对。通过加强汇率风险管理、提高财务管理水平、增强市场竞争力和关注政策动态等方式，企业可以降低汇率波动对退税款兑换成本的不利影响，确保企业的稳健运营和可持续发展。

三、优化退税款外汇兑换的策略

（一）多元化货币策略以分散风险

在优化退税款外汇兑换的策略中，多元化货币策略是降低汇率风险的有效手段。企业不应仅依赖于单一外币进行退税款的兑换，而应根据其业务需求和国际市场情况，灵活选择多种外币进行结算和兑换。

首先，企业应评估其业务伙伴、主要出口市场及未来投资方向等因素，确定哪些外币对其具有重要性。随后，在退税款到账后，企业可以根据当前汇率和市场预期，将退税款按比例分配到不同的外币账户中。这样，即使某种外币汇率出现大幅波动，企业整体的外汇资产也不会受到太大影响，从而实现了风险的分散。

此外，多元化货币策略还有助于企业把握不同货币之间的汇率变动机会，通过合理的货币组合和交易策略，实现外汇资产的保值增值。

（二）利用金融衍生品进行风险管理

金融衍生品是企业在外汇市场中常用的风险管理工具。通过购买或出售远期合约、期权、掉期等金融衍生品，企业可以锁定未来的汇率水平，从而降低汇率波动对退税款兑换成本的影响。

例如，企业可以与银行签订远期外汇合约，约定在未来某一特定日期以固定汇率兑换一定数量的外币。这样，无论未来汇率如何变动，企业都能以约定的汇率进行退税款的兑换，从而避免了汇率波动带来的不确定性风险。

需要注意的是，金融衍生品的使用需要企业具备一定的专业知识和经验。因此，在运用这些工具时，企业应谨慎评估自身风险承受能力，并咨询专业金融机构的意见。

（三）灵活调整兑换时机以捕捉有利汇率

汇率市场是高度动态的，汇率的变动往往受到多种因素的影响。因此，企业在兑换退税款时，应密切关注汇率市场的变化，灵活调整兑换时机以捕捉有利汇率。

企业可以通过订阅专业的汇率信息服务、关注国际金融市场动态及分析宏观经济数据等方式，获取最新的汇率信息。在此基础上，企业可以根据自身的资金需求和汇率预期，选择合适的时机进行退税款的兑换。例如，当某种外币汇率处于相对低位时，企业可以加大该外币的兑换力度；而当汇率处于高位时，则可以适当减少兑换或等待更好的时机。

（四）加强内部管理和培训以提升应对能力

优化退税款外汇兑换的策略不仅涉及外部市场的操作技巧，还需要企业内部管理的有力支持。因此，企业应加强内部管理和培训，提升员工对汇率风险的认识和应对能力。

首先，企业应建立健全的外汇风险管理制度和流程，明确各部门在外汇风险管理中的职责和权限。通过制度化的管理手段，确保外汇风险管理的有效性和规范性。

其次，企业应加强对外汇风险管理人员的培训和教育。通过组织专业培训、邀请专家授课及开展内部交流等方式，提升员工的专业素养和实战能力，使员工能够熟练掌握外汇市场的操作技巧和风险管理方法，为企业优化退税款外汇兑换策略提供有力支持。

最后，企业应加强与其他企业和金融机构的交流和合作。通过分享经验、学习先进做法及建立合作关系等方式，不断提升自身的外汇风险管理水平和应对能力。

四、外汇兑换风险管理措施

（一）建立全面的外汇风险识别机制

在外汇兑换风险管理中，首要任务是建立全面的外汇风险识别机制。这意味着企业需要对其所有涉及外汇兑换的业务活动进行细致的分析和评估，以识别可能存在的汇率风险。

企业应设立专门的风险管理部门或团队，负责监控国内外汇市场动态、分析汇率变动趋势，并结合企业的实际业务情况，定期评估外汇风险敞口。同时，企业应建立风险预警系统，当汇率波动超过预设阈值时，及时发出警报，以便管理层能够迅速做出反应。

此外，企业还应加强与银行、金融机构等合作伙伴的沟通与合作，共享风险信息，共同识别和管理外汇风险。

（二）制定详细的风险评估与量化模型

在识别外汇风险的基础上，企业需要制定详细的风险评估与量化模型，以准确衡量外汇风险对企业财务状况和经营成果的影响。

风险评估模型应综合考虑多种因素，包括汇率波动幅度、风险敞口大小、业务周期、市场流动性等。通过运用统计方法、金融工程技术和历史数据分析等手段，企业可以对不同情景下的外汇风险进行模拟和预测，进而评估其潜在损失和概率分布。

量化模型则可以帮助企业将外汇风险转化为具体的财务指标，如风险价值（VaR）、压力测试值等。这些指标可以为企业制定风险管理策略提供科学依据，并帮助企业更好地掌握外汇风险的规模和性质。

（三）实施有效的风险对冲策略

为了降低外汇风险对企业的影响，企业需要实施有效的风险对冲策略。这包括利用金融衍生品进行套期保值、调整业务结构以减少外汇风险敞口及建立外汇储备等。

在利用金融衍生品进行套期保值时，企业应根据自身风险承受能力和业务需求选择合适的衍生品工具，如远期合约、期权、掉期等。通过合理的衍生品组合和交易策略，企业可以锁定未来的汇率水平或降低汇率波动对财务状况的影响。

同时，企业还可以通过调整业务结构来减少外汇风险敞口。例如，通过多元化出口市场、优化收款货币结构及加强与国内供应商的合作等方式，降低对单一外币的依赖程度。

此外，建立外汇储备也是企业应对外汇风险的重要手段之一。通过积累一定数量的外汇储备，企业可以在汇率波动时灵活应对市场变化，降低汇率风险对企业经营的冲击。

（四）加强内部控制与合规管理

外汇兑换风险管理不仅涉及外部市场的操作策略，还需要企业内部管理的有力支持。因此，企业需要加强内部控制与合规管理，确保外汇风险管理活动的有效性和合规性。

企业应建立健全的内部控制体系，明确各部门在外汇风险管理中的职责和权限。通过制定详细的操作流程和风险控制措施，确保外汇风险管理活动的规范性和一致性。同时，企业还应加强内部审计和监督力度，定期对外汇风险管理活动进行审查和评估，及时发现并纠正存在的问题。

在合规管理方面，企业应密切关注国内外相关法律法规和监管要求的变化情况。通过加强法律法规培训、完善合规管理制度及建立合规风险预警机制等方式，确保企业的外汇兑换活动符合法律法规和监管要求的规定。这不仅有助于降低企业的合规风险，还有助于提升企业的声誉和信誉度。

第三节　外汇管理政策对退税的影响

一、外汇管理政策概述及其对退税的关联

（一）外汇管理政策的基本概述

外汇管理政策是指一国政府为实现其经济目标，通过干预外汇市场和国内经济活动，对汇率进行管理和调节的政策。这一政策的核心在于平衡国际收支、稳定汇率波动、促进经济增长，并保护本国货币、资本和产业安全。外汇管理政策的实施需要综合考虑国内外经济、政治、社会等多方面因素，同时与货币政策、财政政策等经济政策紧密配合，以实现最佳效果。

在中国，外汇管理政策经历了从计划经济时期的固定汇率制度到市场经济时期的浮动汇率制度和资本项目可兑换的多次变革。当前，我国外汇管理政策正朝着市场化改革方向迈进，旨在推动人民币国际化进程，提高跨境资本流动的监管和管理水平。这一过程中，外汇管理政策不仅关注汇率的稳定和市场的开放，还致力于防范外部冲击和金融风险，确保国家经济安全。

（二）外汇管理政策对退税政策实施的直接影响

外汇管理政策与退税政策之间存在着紧密的关联。退税政策作为促进出口、优化外贸结构的重要手段，其实施效果在很大程度上受到外汇管理政策的影响。具体来说，外汇管理政策通过影响汇率水平和资本流动，间接调节了出口企业的成本和收益，进而影响了退税政策的实际效果。

一方面，外汇管理政策通过稳定汇率，降低了出口企业因汇率波动而面临的汇率风险，使得出口企业能够更加稳定地预测和安排其生产和出口计划。这有助于出口企业提高出口积极性，增加出口量，从而扩大了退税政策的适用范围和效果。

另一方面，外汇管理政策对资本流动的监管也影响了退税政策的实施。在资本项目可兑换程度较高的情况下，跨境资本流动更加自由，这可能导致部分企业通过虚假贸易等方式骗取退税款。因此，外汇管理部门需要加强对跨境资本流动的监管，确保退税政策的真实性和有效性。

（三）外汇管理政策对退税政策实施的间接影响

除了直接影响外，外汇管理政策还通过影响宏观经济环境和政策协调等方面，对退税政策的实施产生间接影响。

一方面，外汇管理政策通过调节国际收支平衡，改善了国家的宏观经济环境。当国际收支出现顺差时，外汇管理部门可以通过增加外汇储备、调节汇率等手段来平衡国际收支，从而减轻国内经济压力。这种宏观经济环境的改善为退税政策的实施提供了更加有利的条件，使得退税政策能够更好地发挥其促进出口、优化外贸结构的作用。

另一方面，外汇管理政策与货币政策、财政政策等经济政策的协调配合，影响了退税政策的实施效果。例如，当货币政策采取宽松立场时，银行体系流动性增加，有助于降低出口企业的融资成本，提高其出口竞争力。这在一定程度上增强了退税政策对出口企业的吸引力，促进了退税政策的实施。

（四）外汇管理政策与退税政策的未来发展趋势

展望未来，外汇管理政策与退税政策将继续保持紧密的关联，并共同推动国家经济的稳定和发展。

一方面，随着人民币国际化进程的加快和跨境资本流动管理的加强，外汇管理政策将更加注重平衡国际收支、稳定汇率波动和防范金融风险。这将为退税政策的实施提供更加稳定和有利的外部环境，使得退税政策能够更好地发挥其促进出口、优化外贸结构的作用。

另一方面，退税政策将继续适应国内外经济形势的变化，进行必要的调整和完善。例如，通过优化退税流程、提高退税效率、加强退税监管等措施，进一步提高退税政策的真实性和有效性。同时，退税政策还将与外贸政策、产业政策等相协调配合，共同推动国家经济的可持续发展。

综上所述，外汇管理政策与退税政策之间存在着紧密的关联和相互影响。未来，两者将继续保持协同发展的态势，共同推动国家经济的稳定和发展。

二、外汇管制对退税款汇出的限制与影响

（一）外汇管制的基本框架与目的

外汇管制是一国政府为了维护国家经济安全、稳定金融市场、促进国际收支平衡而实施的一系列管理措施。这些措施通常包括对外汇的买卖、持有、使用和转移等方面的限制和监管。外汇管制的核心目的是确保国家外汇储备的充足性，防止资本外逃，以及保护本国产业免受外部经济冲击。在退税款汇出的环节，外汇管制政策也发挥着重要作用。

（二）外汇管制对退税款汇出的直接限制

外汇管制政策对退税款汇出施加了直接限制。这些限制主要体现在以下几个方面：首先，外汇管制要求退税款汇出必须符合国家外汇管理规定，包括汇率、用途、金额等方面的限制。出口企业在申请退税款汇出时，必

须提供真实有效的贸易单据和税务证明，以证明退税款的合法性和合规性。其次，外汇管制政策可能对外汇转移渠道进行限制，如规定只能通过特定银行或机构进行外汇汇款，这增加了退税款汇出的复杂性和成本。此外，外汇管制还可能对退税款汇出的时间和频率进行限制，以确保外汇资源的合理分配和使用。

（三）外汇管制对退税款汇出的间接影响

除了直接限制外，外汇管制政策还对退税款汇出产生间接影响。这些影响主要体现在以下几个方面：首先，外汇管制政策可能导致汇率波动，进而影响退税款的实际价值。当外汇市场供不应求时，本币升值压力增大，出口企业收到的退税款在兑换成外币后可能面临价值缩水的风险。其次，外汇管制可能增加退税款汇出的不确定性。由于外汇管制政策的复杂性和多变性，出口企业难以准确预测退税款汇出的时间和条件，这增加了企业的财务规划难度和风险。此外，外汇管制还可能影响企业的国际竞争力。当其他国家的退税款汇出更加便捷和高效时，我国出口企业可能面临不利的竞争环境，影响其出口业务的拓展和市场份额的保持。

（四）外汇管制下退税款汇出的应对策略与未来展望

面对外汇管制对退税款汇出的限制与影响，出口企业需要采取积极的应对策略。首先，企业应加强与外汇管理部门的沟通和协调，及时了解外汇政策动态和变化，确保退税款汇出的合规性和及时性。其次，企业应优化财务管理和资金运作，合理安排退税款的使用和汇出计划，降低汇率波动和资金闲置带来的风险。此外，企业还可以考虑通过多元化经营和跨境投资等方式来分散外汇风险，提高国际竞争力。

展望未来，随着我国外汇管理体制的不断完善和国际经济环境的不断变化，外汇管制对退税款汇出的限制与影响也将逐步减弱。一方面，我国将继续推进外汇管理市场化改革，放宽外汇管制政策限制，提高跨境资本流动的自由度和便利性。另一方面，我国将加强与国际经济组织的合作与交流，推动建立更加公平、透明和稳定的国际经济秩序，为退税款汇出提供更加有利的外部环境和条件。同时，我国还将加强出口退税政策的宣传和解释工作，提高出口企业的政策知晓率和遵从度，促进退税政策的顺利实施和退税款汇出的便捷高效。

三、外汇市场变化对退税政策效果的评估

（一）外汇市场变化的基本特征与趋势

外汇市场作为全球经济的重要组成部分，其变化具有高度的复杂性和不确定性。外汇市场的变化主要受到国际经济形势、货币政策、地缘政治事件等多重因素的影响。近年来，随着全球化的深入发展和国际经济体系的日益复杂，外汇市场的波动性显著增强，呈现出以下基本特征与趋势。

（1）汇率波动加剧：国际经济环境的不确定性导致汇率波动频繁且幅度增大，增加了出口企业面临的汇率风险。

（2）资本流动加速：随着金融市场的开放和跨境投资的增加，资本在国际间的流动速度加快，对各国货币汇率和外汇市场产生深远影响。

（3）人民币国际化进程加快：作为全球第二大经济体，中国在国际经济中的地位不断提升，人民币国际化进程加速，为外汇市场带来了新的机遇和挑战。

（二）外汇市场变化对退税政策直接效果的评估

外汇市场的变化直接影响出口企业的成本和收益，进而对退税政策的直接效果产生显著影响。具体表现如下：

（1）汇率波动影响退税款的实际价值：当本币升值时，出口企业收到的退税款在兑换成外币后价值减少，降低了退税政策的实际收益。反之，本币贬值则有助于增加退税款的实际价值。

（2）资本流动影响退税政策的实施：跨境资本的流动可能引发外汇市场的剧烈波动，进而影响退税政策的实施效果。例如，资本外逃可能导致外汇储备减少，影响退税款的及时支付。

（3）人民币国际化对退税政策的影响：随着人民币国际化进程的加快，越来越多的国家和地区接受人民币作为结算货币，这有助于降低出口企业

的汇率风险和交易成本，提高退税政策的实施效率。

（三）外汇市场变化对退税政策间接效果的评估

外汇市场的变化不仅直接影响退税政策的直接效果，还通过影响宏观经济环境、企业竞争力等方面对退税政策产生间接影响。具体表现如下：

（1）宏观经济环境的影响：外汇市场的变化可能引发通货膨胀、经济衰退等宏观经济问题，进而影响出口企业的经营状况和退税政策的实施效果。例如，通货膨胀可能导致出口产品价格上升，降低国际竞争力；经济衰退则可能减少出口需求，降低退税政策的实际需求。

（2）企业竞争力的变化：外汇市场的变化影响出口企业的成本和收益，进而改变其在国际市场上的竞争力。竞争力强的企业能够更好地应对汇率波动等风险，享受退税政策带来的优惠；而竞争力弱的企业则可能面临更大的经营压力，退税政策的实际效果有限。

（3）政策调整的需求：外汇市场的变化要求政府根据国内外经济形势的变化及时调整退税政策，以更好地发挥政策效果。例如，在汇率波动较大的时期，政府可以考虑提高退税率或优化退税流程等措施，以减轻出口企业的负担。

（四）应对外汇市场变化对退税政策影响的策略与建议

针对外汇市场变化对退税政策的影响，政府和企业应采取以下策略与建议：

（1）加强外汇风险管理：出口企业应建立健全外汇风险管理制度，通过套期保值等方式降低汇率波动带来的风险。政府也应加强外汇市场的监管和调控，维护外汇市场的稳定。

（2）优化退税政策：政府应根据国内外经济形势的变化及时调整退税政策，提高政策的针对性和有效性。例如，可以根据不同行业、不同产品的出口情况制定差异化的退税政策。

（3）推动人民币国际化：政府应继续推动人民币国际化进程，扩大人民币在国际结算、投资等领域的使用范围，降低出口企业的汇率风险和交易成本。

（4）加强国际合作与交流：政府应加强与国际经济组织的合作与交流，共同应对外汇市场变化带来的挑战。通过加强信息共享、政策协调等方式提高应对外汇市场变化的能力。

综上所述，外汇市场变化对退税政策效果具有显著影响。政府和企业应密切关注外汇市场的变化动态，采取有效措施应对其带来的挑战和机遇，以更好地发挥退税政策在促进出口、优化外贸结构等方面的作用。

四、适应外汇管理政策的退税策略调整

（一）深入理解外汇管理政策变化

面对外汇管理政策的不断调整与优化，企业首要任务是深入理解这些政策变化的内涵与意图。外汇管理政策往往涉及汇率形成机制、跨境资本流动管理、外汇账户管理等多个方面，这些变化直接影响企业的外汇收支、资金运作及退税流程。因此，企业应密切关注国家外汇管理局发布的最新政策动态，通过参加培训、咨询专家等方式，确保对政策有全面而准确的理解。同时，企业还需要结合自身业务特点，分析政策变化可能带来的机遇与挑战，为制定适应性退税策略奠定基础。

（二）优化退税资金管理与汇率风险管理

外汇管理政策的变化要求企业更加注重退税资金的管理与汇率风险的防控。在退税资金管理方面，企业应建立健全退税资金池，合理安排退税资金的流入与流出，确保退税资金的及时到位和有效利用。同时，企业还应加强与银行等金融机构的合作，利用外汇衍生品等金融工具进行汇率风险管理，降低因汇率波动导致的退税款价值损失。此外，企业还应关注国际金融市场动态，把握汇率走势，为退税资金的兑换和使用提供有力支持。

（三）调整退税流程与操作规范

外汇管理政策的调整往往伴随着退税流程与操作规范的变化。为了确保退税政策的顺利实施和退税资金的及时到位，企业应根据外汇管理政策

的新要求，及时调整退税流程与操作规范。这包括但不限于：完善退税申报材料，确保信息的真实性和完整性；优化退税审核流程，提高审核效率和准确性；加强与税务、海关等部门的沟通协调，确保退税政策的无缝对接。同时，企业还应加强对员工的培训和教育，提高员工对退税政策的理解和执行力，确保退税工作的顺利进行。

（四）强化合规意识与风险管理能力

外汇管理政策的严格性要求企业在退税过程中必须强化合规意识与风险管理能力。企业应建立健全内部合规体系，确保退税工作的合规性。这包括制定完善的退税管理制度和操作流程，明确责任分工和权限设置；加强内部监督与审计，及时发现并纠正违规行为；建立合规风险预警机制，对可能存在的合规风险进行预判和防控。此外，企业还应注重提升风险管理能力，建立完善的风险管理体系，对退税过程中可能出现的各种风险进行识别、评估和控制，确保退税工作的安全性和稳定性。

综上所述，适应外汇管理政策的退税策略调整需要企业从多个方面入手。通过深入理解外汇管理政策变化、优化退税资金管理与汇率风险管理、调整退税流程与操作规范及强化合规意识与风险管理能力等措施，企业可以更好地应对外汇管理政策带来的挑战和机遇，确保退税政策的顺利实施和退税资金的及时到位。这不仅有助于提升企业的国际竞争力和市场占有率，还有助于促进国家经济的稳定和发展。

第四节　跨境贸易人民币结算与退税

一、人民币结算在跨境贸易中的发展趋势

（一）跨境贸易人民币结算的持续增长与国际化进程

近年来，人民币在跨境贸易结算中的使用呈现出显著的增长趋势，这

不仅是中国经济实力增强的体现，也是国际货币体系多元化发展的必然结果。据中国银行发布的《2024年人民币国际化白皮书》显示，2023年中国跨境人民币结算量突破52.3万亿元，同比增长24.1%，这一数据表明人民币在跨境贸易中的使用越来越广泛。上海作为国际金融中心，其跨境人民币资金结算量占比超过全国总量的四成，进一步凸显了人民币国际化的强劲势头。

人民币结算量的持续增长得益于多方面的因素。首先，中国经济的稳定增长为人民币国际化提供了坚实的基础。作为全球第二大经济体，中国的贸易规模持续扩大，吸引了越来越多的国家和地区使用人民币进行结算。其次，人民币币值相对稳定且利率较低，使得使用人民币进行结算的企业能够降低汇率风险和融资成本。此外，中国政府积极推动人民币国际化，通过签署双边本币互换协议、建立人民币清算行等方式，为人民币跨境使用提供了便利。

随着人民币国际化的不断深入，其在跨境贸易中的地位也将进一步提升。未来，人民币有望在更多国家和地区成为主要结算货币之一，为中国的对外贸易和全球贸易体系的多元化发展做出更大贡献。

（二）跨境贸易人民币结算与退税政策的协同作用

跨境贸易人民币结算与退税政策之间存在着密切的协同作用。根据相关政策规定，采用跨境人民币结算的出口货物可以享受退（免）税政策。这一政策不仅降低了企业的出口成本，提高了出口竞争力，还促进了人民币在跨境贸易中的使用。

具体而言，企业使用跨境人民币结算出口货物后，只需要提供相关凭证即可申请退税，无须再进行外汇核销等繁琐手续。这一流程简化不仅提高了退税效率，还减轻了企业的财务负担。同时，退税政策的实施也进一步增强了企业使用人民币结算的意愿和信心，推动了人民币国际化的进程。

此外，退税政策还具有一定的引导作用。通过给予使用人民币结算的出口货物以退税优惠，政府可以引导企业更多地使用人民币进行跨境贸易结算，从而加快人民币国际化的步伐。这种政策协同作用不仅体现在退税环节上，还贯穿于整个跨境贸易流程中，为人民币国际化提供了有力的支持。

（三）跨境贸易人民币结算对贸易便利化的贡献

跨境贸易人民币结算对贸易便利化做出了重要贡献。

首先，使用人民币进行结算可以简化跨境贸易流程。在传统的跨境贸易中，企业需要面对复杂的汇率波动和外汇管理政策，而使用人民币结算则可以避免这些问题。企业可以直接使用人民币进行交易和结算，降低了汇率风险和交易成本。

其次，跨境贸易人民币结算提高了贸易效率。由于人民币在国际市场上的流通性不断增强，越来越多的国家和地区接受人民币作为结算货币。这使得企业可以更加便捷地进行跨境贸易，缩短了交易时间和周期。同时，人民币结算还促进了贸易融资的便利化，为企业提供了更多的融资渠道和选择。

最后，跨境贸易人民币结算有助于加强国际贸易合作。随着人民币国际化的推进，越来越多的国家和地区开始关注人民币在国际贸易中的地位和作用。通过使用人民币进行结算，各国可以加强经济合作和贸易往来，促进全球贸易的繁荣和发展。

（四）跨境贸易人民币结算的未来展望与挑战

展望未来，跨境贸易人民币结算将迎来更加广阔的发展前景。随着中国经济的持续增长和人民币国际化的深入推进，人民币在跨境贸易中的地位将进一步提升。未来，人民币有望成为更多国家和地区的主要结算货币之一，为中国的对外贸易和全球贸易体系的多元化发展做出更大贡献。

然而，跨境贸易人民币结算也面临着一些挑战。首先，国际货币体系的竞争日益激烈，人民币需要不断提升自身的竞争力和影响力。其次，跨境贸易人民币结算需要更加完善的金融基础设施和法律制度保障。例如，需要建立更加便捷、高效的跨境支付系统和清算机制；需要完善相关法律法规和政策措施；需要加强国际金融监管合作等。

为了应对这些挑战并推动跨境贸易人民币结算的进一步发展，中国政府和企业需要采取一系列措施，如加强与国际金融机构的合作与交流；推动金融市场的开放与创新；加强跨境贸易风险管理和防控等。同时，还需要加强宣传和推广工作，提高国内外企业和个人对人民币国际化的认识和接受度。

二、人民币结算对退税流程的影响

（一）退税流程的简化与效率提升

在跨境贸易中采用人民币结算，对退税流程产生了显著的简化作用，从而提升了退税效率。传统上，企业在申请退税时，需要提交包括外汇核销单在内的多种材料，以证明其出口收入的来源和真实性。这一流程不仅繁琐，而且耗时较长。然而，当企业采用跨境贸易人民币结算时，由于直接以人民币进行交易和结算，避免了外汇兑换和核销的环节，因此在申请退税时无须再提供外汇核销单等证明材料。这一变化大大简化了退税流程，减少了企业的时间成本和人力成本。

此外，随着信息技术的不断发展，税务部门也逐步实现了退税流程的电子化、无纸化操作。企业可以通过电子税务局等在线平台提交退税申请，并实时查询退税进度和结果。这种高效的退税服务不仅提高了企业的满意度，也进一步推动了退税流程的优化和升级。

（二）退税政策的灵活性与适应性

跨境贸易人民币结算的推广，也为退税政策提供了更多的灵活性和适应性。一方面，政府可以根据市场需求和国际形势的变化，灵活调整退税政策和退税率，以支持企业的出口业务。另一方面，由于人民币在国际市场上的地位不断提升，越来越多的国家和地区开始接受人民币作为结算货币。这使得企业在选择结算货币时具有更多的自主权，可以根据自身情况和市场需求灵活选择。同时，这也为退税政策提供了更多的可能性，政府可以针对不同国家和地区的结算货币制定不同的退税政策，以更好地服务企业的出口业务。

（三）退税风险的降低与防控

跨境贸易人民币结算有助于降低退税风险并加强防控。在传统的跨境贸易中，由于外汇兑换和核销等环节的存在，企业面临着汇率风险和外汇管理风险等多重风险。这些风险不仅可能影响企业的出口收入和利润水平，还可能对退税产生不利影响。然而，当企业采用跨境贸易人民币结算时，由于避免了外汇兑换和核销等环节，因此降低了汇率风险和外汇管理风险。同时，由于退税流程的简化和电子化操作，也使得退税过程更加透明和规范，有助于降低退税过程中的欺诈和违规行为。

（四）退税服务的优化与提升

跨境贸易人民币结算的推广促进了退税服务的优化和提升。为了支持企业更好地开展跨境贸易人民币结算业务并享受退税政策优惠，税务部门不断加强退税服务的建设和改进。一方面，税务部门通过加强政策宣传和培训力度，提高企业对跨境贸易人民币结算和退税政策的了解和认识；另一方面，税务部门通过优化退税流程、提高退税效率、加强退税监管等措施，为企业提供更加优质、高效、便捷的退税服务。这些措施不仅有助于提升企业的满意度和忠诚度，也有助于推动跨境贸易人民币结算业务的健康、持续发展。

综上所述，跨境贸易人民币结算对退税流程产生了多方面的影响。通过简化退税流程、提高退税效率、降低退税风险、加强退税服务等措施，跨境贸易人民币结算为企业提供了更加便捷、高效、安全的退税体验。同时，这也为税务部门加强退税监管和防控提供了有力支持，有助于推动跨境贸易人民币结算业务的健康、持续发展。

三、利用人民币结算优化退税管理的措施

（一）加强政策引导与宣传，提升认知度

为了充分利用人民币结算优化退税管理，首要任务是加强政策引导与

宣传，提升企业对跨境贸易人民币结算及其退税政策的认知度。税务部门应联合商务部、人民银行等相关机构，通过线上线下的方式，举办专题讲座、研讨会、培训班等活动，深入解读跨境贸易人民币结算的优势、操作流程、退税政策等内容，确保企业全面了解并熟练掌握相关政策。同时，利用官方网站、社交媒体等渠道发布政策解读、操作指南、常见问题解答等信息，提高政策宣传的覆盖面和影响力。

（二）完善退税申报系统，实现便捷化操作

针对跨境贸易人民币结算的特点，税务部门应进一步完善退税申报系统，实现便捷化操作。一方面，优化退税申报界面和流程，简化申报材料，减少不必要的填写项，降低企业申报难度和成本。另一方面，开发跨境贸易人民币结算退税专用模块，实现数据自动抓取、比对、审核等功能，提高退税处理效率和准确性。此外，还应加强系统与银行、海关等部门的互联互通，实现信息共享和协同作业，为企业提供更加高效、便捷的退税服务。

（三）强化风险防控机制，确保退税安全

在利用人民币结算优化退税管理的过程中，必须强化风险防控机制，确保退税安全。税务部门应建立健全跨境贸易人民币结算退税风险防控体系，加强对企业申报数据的审核和比对，及时发现并处理异常情况。同时，加强与银行、海关等部门的合作，建立联合监管机制，共同打击骗取退税等违法行为。此外，还应加强对企业退税资金使用的监管，确保退税资金用于合法合规的用途，防止资金流失和滥用。

（四）推动退税政策创新，增强企业竞争力

为了更好地利用人民币结算优化退税管理，税务部门还应积极推动退税政策创新，增强企业竞争力。一方面，根据市场需求和企业实际情况，适时调整退税政策和退税率，为企业提供更加优惠的退税待遇。另一方面，探索实施更加灵活多样的退税方式，如加速退税、预退税等，以满足企业不同阶段的资金需求。此外，还可以考虑将退税政策与产业升级、技术创

新等相结合，引导企业加大研发投入、优化产品结构、提升市场竞争力。

综上所述，利用人民币结算优化退税管理需要税务部门、企业及相关部门的共同努力和配合。通过加强政策引导与宣传、完善退税申报系统、强化风险防控机制及推动退税政策创新等措施的实施，可以进一步提升退税管理的效率和水平，为企业开展跨境贸易提供更加有力的支持和保障。同时，这也将有助于推动人民币国际化的进程，提升我国在全球经济中的地位和影响力。

四、跨境人民币结算的退税合规性考量

（一）明确跨境人民币结算的退税政策与法规框架

跨境人民币结算的退税合规性首先依赖于清晰明确的政策与法规框架。国家税务总局及相关部门应持续完善跨境贸易人民币结算的退税政策，明确其适用范围、申报流程、审核标准等关键要素，确保企业在享受退税优惠时有据可依、有章可循。同时，应加强对政策执行情况的监督与评估，及时发现并纠正政策执行中的偏差，保障退税政策的公平性和有效性。

（二）强化企业退税申报的合规性审核

企业在利用跨境人民币结算进行退税申报时，需要严格遵守相关法律法规及政策要求，确保申报材料的真实、准确、完整。税务部门应加强对企业退税申报的合规性审核，重点审查企业是否具备退税资格、申报数据是否与实际交易相符、是否存在虚假申报等违规行为。通过严格的审核机制，防范和打击骗取退税等违法行为，维护退税秩序的稳定和公正。

（三）加强跨部门协作与信息共享

跨境贸易人民币结算的退税管理涉及税务、海关、外汇等多个部门，因此需要加强跨部门协作与信息共享，形成合力提升退税管理的效率和效果。税务部门应与海关、外汇管理部门等建立常态化的信息共享机制，及时获取企业的进出口数据、外汇收支情况等关键信息，为退税审核提供有

力支撑。同时，各部门应加强沟通与协作，共同解决退税管理中遇到的问题和困难，推动退税政策的顺利实施。

（四）提升企业税务合规意识与能力

企业在利用跨境人民币结算进行退税时，应树立高度的税务合规意识，自觉遵守相关法律法规及政策要求。企业应加强内部税务管理，建立健全的税务合规体系，明确税务合规责任与义务，确保税务管理的规范化和制度化。同时，企业还应加强税务人员的培训与教育，提高其税务专业知识和操作技能，确保能够准确理解和执行退税政策，避免因理解偏差或操作失误导致的税务风险。

综上所述，跨境人民币结算的退税合规性考量需要从退税政策与法规框架、企业退税申报的合规性审核、跨部门协作与信息共享及企业税务合规意识与能力共四个方面进行全面分析。通过不断完善退税政策与法规框架、强化企业退税申报的合规性审核、加强跨部门协作与信息共享及提升企业税务合规意识与能力等措施的实施，可以进一步提升跨境人民币结算的退税合规性水平，为企业开展跨境贸易提供更加有力的支持和保障。同时，这也将有助于推动人民币国际化的进程，提升我国在全球经济中的地位和影响力。

第五节　外汇合规与退税风险管理

一、外汇合规管理的重要性

外汇合规管理在跨境贸易中占据着举足轻重的地位，其重要性体现在多个方面。

首先，外汇合规管理是企业合法经营的基础。随着全球经济一体化的深入发展，跨境贸易日益频繁，企业在进行国际贸易时必须严格遵守外汇管理法规，确保交易的真实性和合法性。外汇合规管理能够帮助企业规避因违法违规操作而引发的法律风险和经济损失。

其次，外汇合规管理有助于提升企业的国际竞争力。在国际贸易中，合规经营的企业更容易获得合作伙伴和金融机构的信任与支持，从而降低融资成本，提高交易效率。同时，合规管理还能帮助企业树立良好的企业形象，增强品牌信誉，为企业的长远发展奠定坚实基础。

最后，外汇合规管理是企业实现可持续发展的关键。随着国际政治经济环境的变化，外汇管理政策不断调整和完善。企业只有加强外汇合规管理，才能及时适应政策变化，确保业务的连续性和稳定性。同时，合规管理还能帮助企业降低汇率风险、提高资金利用效率，为企业的可持续发展提供有力保障。

二、外汇合规与退税风险的关系

外汇合规与退税风险在跨境贸易中紧密相连，相互影响。一方面，外汇合规管理不当可能引发退税风险。例如，企业在跨境贸易中未按规定进行外汇收支申报或违反外汇管理规定，可能导致退税申请被拒绝或退税金额被扣减。此外，外汇合规问题还可能影响企业的信用评级和融资能力，进而增加退税过程中的不确定性。另一方面，退税过程中的外汇合规风险也不容忽视。退税涉及复杂的税务和外汇管理政策，企业需要准确理解和执行相关政策要求，确保退税申报的真实性和合规性。若企业在退税过程中存在外汇违规行为，如虚假申报、套汇等，将面临严重的法律后果和经济损失。

因此，企业在进行跨境贸易和退税申报时，必须高度重视外汇合规管理，确保各项操作符合法律法规和政策要求，以降低退税风险并保障企业的合法权益。

三、退税过程中的外汇合规风险识别

在退税过程中，企业需要密切关注外汇合规风险并采取有效措施进行识别和管理。具体而言，企业可以从以下几个方面入手：

（1）政策解读与培训：加强对退税政策和外汇管理政策的解读和培训，确保企业员工充分了解政策要求和操作流程，避免因政策理解偏差而引发的合规风险。

（2）交易真实性审查：严格审查跨境贸易交易的真实性和合法性，确保退税申报的交易与实际交易相符。同时，加强对交易单据和凭证的审核与管理，防止虚假申报和套汇行为的发生。

（3）外汇收支申报管理：按照外汇管理规定进行外汇收支申报和结算，确保申报数据的准确性和及时性。加强与银行、海关等部门的沟通协调，确保外汇收支信息的畅通无阻。

（4）风险评估与应对：建立退税过程中的外汇合规风险评估机制，定期对企业面临的合规风险进行评估和排查。针对发现的风险点制定具体的应对措施和预案，确保风险得到有效控制和管理。

四、构建外汇合规与退税风险管理体系

为了有效管理外汇合规与退税风险，企业需要构建完善的风险管理体系。具体而言，可以从以下几个方面入手：

（1）建立健全管理制度：制定和完善外汇合规与退税风险管理制度和流程，明确管理职责和权限划分。建立健全内部控制机制，确保各项管理制度得到有效执行。

（2）加强风险管理团队建设：组建专业的风险管理团队负责外汇合规与退税风险管理工作。团队成员应具备丰富的专业知识和实践经验，能够准确识别和管理各类风险。

（3）引入先进管理工具和技术：利用现代信息技术手段提高风险管理效率和准确性。引入外汇风险管理软件、大数据分析等工具和技术手段对风险进行实时监测和预警。

（4）建立风险应对机制：针对可能发生的合规风险制定具体的应对预案和措施。加强与政府部门、金融机构等外部机构的沟通协调和合作，共同应对风险挑战。

（5）加强合规文化建设：将合规文化融入企业的日常经营和管理中，

形成全员参与、共同维护的合规氛围。加强员工合规培训和教育，提高员工的合规意识和素质。

　　通过以上措施的实施，企业可以构建完善的外汇合规与退税风险管理体系，有效降低合规风险并保障企业的合法权益和可持续发展。

第十章　出口退税与企业发展战略

第一节　出口退税在企业战略规划中的作用

一、退税政策作为战略资源的考量

（一）退税政策在成本控制与财务优化中的战略作用

退税政策，特别是出口退税，在企业的战略规划中扮演着至关重要的角色，尤其是在成本控制与财务优化方面。出口退税政策允许企业在产品出口后，按一定比例退还其在国内生产和流通环节已缴纳的增值税和消费税，这直接降低了企业的运营成本。首先，从成本控制的角度来看，退税政策为企业提供了显著的财务缓冲。在全球化竞争日益激烈的今天，成本的有效控制是企业保持竞争力的关键。出口退税通过减少企业的税务负担，使得企业能够以更具竞争力的价格参与国际市场竞争，进而扩大市场份额。其次，退税政策优化了企业的财务结构。退税资金的及时到账，增强了企业的现金流管理能力，使企业在资金运用上更加灵活，能够更好地应对市场波动和突发事件。最后，退税政策还为企业提供了更多的资金用于再投资和技术升级，从而推动企业向更高层次发展。

（二）退税政策在产品结构优化与市场拓展中的战略价值

退税政策不仅关乎企业的成本控制和财务健康，还深刻影响着企业的产品结构优化和市场拓展战略。一方面，通过实行差异化的退税政策，政府可以引导企业调整出口产品结构，鼓励高附加值、高技术含量产品的出口。这种政策导向促使企业加大研发投入，提升产品质量和技术含量，从而在国际市场上树立高端品牌形象。另一方面，退税政策也为企业拓展新兴市场提供了有力支持。在开拓新市场时，企业往往面临较高的市场进入成本和风险。而退税政策可以有效降低这些成本，增加企业在新市场的竞争力，帮助企业更快地站稳脚跟并扩大市场份额。因此，退税政策在促进企业产品结构优化和市场拓展方面发挥着不可替代的战略价值。

（三）退税政策对增强企业国际竞争力与抗风险能力的战略贡献

退税政策作为国际贸易中的一项重要制度安排，对于增强企业的国际竞争力和抗风险能力具有深远影响。首先，退税政策使得出口商品能够以不含税的价格进入国际市场，从而提高了产品的价格竞争力。在价格敏感的国际市场中，这一优势往往能够决定企业的成败。其次，退税政策增强了企业的抗风险能力。在全球经济不确定性增加的背景下，企业面临着汇率波动、市场需求变化等多种风险。退税资金的及时到账，为企业提供了宝贵的流动资金支持，有助于企业更好地应对这些风险挑战。最后，退税政策还促进了企业与国际市场的深度融合，使企业在国际竞争中更加游刃有余。

（四）退税政策在企业可持续发展与社会责任担当中的战略意义

退税政策不仅关乎企业的短期经济效益，更关乎企业的长期可持续发展和社会责任担当。首先，退税政策通过降低企业成本、优化财务结构等方式，为企业实现可持续发展奠定了坚实基础。在可持续发展理念日益深入人心的今天，企业只有不断提升自身竞争力、实现经济效益与社会效益的双赢，才能赢得市场的认可和尊重。其次，退税政策还鼓励企业积极履行社会责任。通过参与退税政策，企业可以招聘更多符合条件的特定群体员工（如失业人员、残障人士等），这不仅有助于解决社会问题、促进社会和谐稳定，还能够提升企业的社会形象和品牌价值。因此，退税政策在企业可持续发展和社会责任担当中具有重要的战略意义。

二、退税政策对企业市场定位的影响

（一）退税政策与企业市场定位的成本优势构建

出口退税政策在企业战略规划中，首先通过成本优势显著影响企业的市场定位。退税政策直接降低了企业的税负，尤其是针对出口商品的增值税和消费税退还，使得企业在国际市场上的销售价格能够更具竞争力。这种成本优势不仅有助于企业巩固现有市场份额，还能够助力企业开拓新的市场领域。在国际市场中，价格往往是消费者选择产品的重要因素之一，退税政策带来的成本优势能够帮助企业更好地满足消费者需求，提升品牌知名度和市场占有率。同时，退税资金的及时到账也为企业提供了更多的资金用于产品研发、技术创新和市场推广，进一步巩固和提升企业的市场地位。

（二）退税政策对企业市场定位的战略引导

退税政策不仅仅是一种财务优惠，更蕴含着政府对企业市场定位的战略引导。政府通过调整不同产品的退税率，可以引导企业优化出口产品结构，提升出口商品的附加值和技术含量。这种政策导向促使企业更加注重产品的品质和技术的提升，从而在市场上形成差异化的竞争优势。例如，对高科技、高附加值产品给予更高的退税率，可以激励企业加大研发投入，推动产业升级和转型。这种战略引导有助于企业更好地适应市场变化，满足消费者日益增长的品质需求，从而在市场定位上更加精准和有效。

（三）退税政策与企业市场定位的国际化战略融合

在全球化的今天，企业的市场定位已经超越了国界的限制，国际化战略成为越来越多企业的选择。退税政策作为企业国际化战略中的重要一环，为企业提供了有力的支持。退税政策通过降低出口成本，增强企业的国际竞争力，使得企业能够更加自信地参与国际市场竞争。同时，退税政策还促进了企业与国际市场的深度融合，使得企业能够更好地了解国际市场需求和趋势，从而制定更加符合市场需求的国际化战略。这种战略融合不仅有助于企业拓展国际市场，还能够促进企业的技术创新和产业升级，为企业的长期发展奠定坚实基础。

（四）退税政策对企业市场定位的社会责任与品牌形象的塑造

退税政策不仅关乎企业的经济效益，还涉及企业的社会责任和品牌形象。通过参与退税政策，企业可以积极履行社会责任，招聘符合政策的特定群体员工（如失业人员、残障人士等），这不仅有助于解决社会问题，还能够提升企业的社会形象和品牌价值。在消费者越来越注重企业社会责任和品牌形象的今天，这种积极履行社会责任的行为无疑会为企业赢得更多的消费者信任和尊重。同时，退税政策还促使企业更加注重产品质量和服务的提升，以满足消费者的需求和期望。这种以消费者为中心的理念和行动将进一步巩固和提升企业的市场地位，塑造出更加积极、健康、负责任的品牌形象。

三、退税策略与企业长期目标的一致性

（一）退税策略与企业成本控制的长期目标契合

退税策略在企业战略规划中，与实现成本控制的长期目标高度契合。退税政策作为政府对企业出口行为的直接经济激励，通过退还企业在国内生产和流通环节已缴纳的税款，直接降低了企业的运营成本。这种成本节约不仅体现在短期的财务报表上，更深远地影响着企业的长期竞争力。企业可以利用退税资金进行再投资，优化生产流程，引入更高效的生产技术和设备，从而进一步降低单位产品的生产成本。长期来看，这种成本控制的良性循环将使企业能够持续保持价格优势，增强市场竞争力，为企业的长期稳定发展奠定坚实基础。

（二）退税策略与企业市场拓展的长期愿景协同

退税策略不仅是成本控制的工具，更是企业市场拓展长期愿景的重要推手。退税政策降低了企业出口产品的价格，使得企业在国际市场上更具竞争力，有助于企业开拓新的市场领域，扩大市场份额。随着市场的不断拓展，企业的品牌知名度和影响力也将随之提升，进而吸引更多的潜在客

户和合作伙伴。这种市场拓展的良性循环将不断推动企业向更高层次发展，实现其长期愿景。同时，退税政策还鼓励企业关注市场需求变化，调整产品结构，以满足不同国家和地区消费者的多样化需求，从而在全球市场中占据更加有利的位置。

（三）退税策略与企业技术创新和产业升级的长期规划对接

退税策略与企业技术创新和产业升级的长期规划紧密相连。政府通过调整退税政策，可以引导企业加大研发投入，推动技术创新和产业升级。退税资金为企业提供了宝贵的资金支持，使企业能够更加自信地投入到高风险、高回报的技术创新项目中。这些项目的成功实施将不仅提升企业的技术水平，还将带动整个产业链的升级和转型。长期来看，技术创新和产业升级将成为企业持续发展的重要动力，推动企业在激烈的市场竞争中保持领先地位。

（四）退税策略与企业可持续发展的长期战略融合

退税策略与企业可持续发展的长期战略深度融合。在全球环保意识日益增强的今天，企业越来越注重可持续发展和社会责任。退税政策通过鼓励企业出口环保、低碳、绿色的产品，引导企业向可持续发展方向转型。同时，退税资金还可以用于支持企业的环保设施建设、节能减排项目等，促进企业的绿色生产和循环经济。这种可持续发展的理念和实践将不仅提升企业的社会形象和品牌价值，还将为企业带来更加广阔的发展空间和机遇。因此，退税策略与企业可持续发展的长期战略相辅相成，共同推动企业健康、稳定和可持续地发展。

四、退税政策的调整与变化对企业战略调整的引导

（一）退税政策的调整与对企业市场布局的战略引导

退税政策的调整，作为政府宏观调控的重要手段，往往蕴含着对企业市场布局的战略引导。当政府提高或降低特定产品的退税率时，实际上是在向企业传递市场导向信号，鼓励或限制某些产品的出口。企业需要敏锐

捕捉这些政策变化，及时调整市场布局，以顺应政策导向和市场趋势。例如，若政府提高高技术、高附加值产品的退税率，企业可能会加大对这些产品的研发和生产投入，优化产品结构，提升国际竞争力。同时，企业还应关注不同国家和地区的市场需求和政策环境，灵活调整出口市场布局，以实现多元化、分散化的市场布局，降低市场风险。

（二）退税政策的调整与对企业经营策略的战术调整

退税政策的调整还直接影响企业的经营策略。退税率的提高意味着企业可以获得更多的退税资金，从而有更多的财务资源用于支持企业的运营和发展。这可能会促使企业采取更为积极的经营策略，如扩大生产规模、增加研发投入、拓展市场渠道等。相反，退税率的降低则可能迫使企业采取更为保守的经营策略，如控制成本、减少不必要的开支、优化供应链管理等。因此，企业需要密切关注退税政策的变化，及时评估其对自身财务状况和经营策略的影响，并据此进行战术调整，以确保企业的稳健运营和持续发展。

（三）退税政策的调整与企业长期战略规划的协同性

退税政策的调整与企业的长期战略规划应保持高度的协同性。企业应将退税政策视为其长期战略规划中的重要因素之一，通过深入研究政策导向和市场趋势，制定符合自身实际情况的长期战略规划。在战略规划中，企业应充分考虑退税政策对企业财务状况、市场布局、产品结构等方面的影响，并据此制定相应的应对措施。同时，企业还应加强内部管理，提高运营效率，增强抵御政策风险和市场风险的能力。通过保持退税政策调整与企业长期战略规划的协同性，企业可以更好地应对复杂多变的市场环境，实现可持续发展。

（四）退税政策的调整与变化对企业战略灵活性的要求

退税政策的频繁调整要求企业应具备高度的战略灵活性。企业需要建立快速响应机制，密切关注政策变化和市场动态，及时调整战略方向和经营策略。同时，企业还应加强内部沟通和协作，确保各部门之间信息畅通、协调一致地应对政策变化带来的挑战。此外，企业还应注重培养员工的创新意识和应变能力，鼓励员工积极参与战略调整和创新实践。通过提高战略灵活性，企业可以更好地适应退税政策的变化，抓住市场机遇，实现稳健发展。

　　总之，退税政策的变化对企业战略调整具有重要的引导作用。企业需要密切关注政策变化和市场动态，及时评估其对自身财务状况和经营策略的影响，并据此进行战略调整和战术应对。同时，企业还应加强内部管理、提高运营效率、增强战略灵活性等方面的建设，以更好地应对复杂多变的市场环境和政策风险。

第二节　出口退税政策与企业国际化进程

一、退税政策对企业国际化布局的推动作用

　　退税政策，特别是出口退税政策，在推动企业国际化布局中发挥着至关重要的作用。这一政策不仅直接减轻了企业的财务负担，还通过多个维度促进了企业的国际竞争力提升和全球市场拓展。以下从资金支持、成本控制、市场扩展和风险管理四个方面详细分析退税政策对企业国际化布局的推动作用。

（一）资金支持：助力企业技术创新与品牌建设

　　退税政策直接为企业提供了资金支持，这些资金可以用于企业的技术创新、市场扩张和品牌建设等关键领域。在国际化的进程中，技术创新是企业提升竞争力的核心要素。退税资金为企业注入了研发创新的动力，使其能够加大在新技术、新产品上的投入，从而在国际市场上占据技术制高点。同时，品牌建设也是企业国际化的重要一环，退税资金可以用于品牌推广和市场营销活动，提升企业在国际市场的知名度和美誉度，进而增强品牌的国际影响力。

此外，退税资金还可以用于人才引进和培养，为企业的国际化战略提供人才支持。在全球化竞争的背景下，高素质的人才是企业持续发展的关键。通过退税政策获得的资金，企业可以吸引和留住更多具有国际视野和专业技能的人才，为企业的国际化布局提供坚实的人才保障。

（二）成本控制：增强企业国际价格竞争力

退税政策通过减轻企业的税收负担，降低了企业的运营成本，从而增强了其在国际市场上的价格竞争力。在国际市场中，价格优势往往是决定企业市场份额的关键因素之一。退税政策使得企业在出口产品时能够退还已缴纳的进口关税、增值税和消费税等税费，直接降低了产品的成本。这种成本优势使得企业能够以更具竞争力的价格销售产品，吸引更多的国际客户，从而扩大市场份额。

同时，退税政策还有助于企业优化供应链管理，降低物流成本和库存成本。企业可以利用退税资金改善物流设施，提高物流效率，减少运输时间和成本。此外，退税资金还可以用于优化库存管理，减少库存积压和资金占用，提高企业的资金周转率。这些措施都有助于企业降低运营成本，提升整体竞争力。

（三）市场扩展：推动国际市场份额的扩大

退税政策为企业拓展国际市场提供了有力支持。通过退税政策获得的资金，企业可以用于海外市场的营销和推广活动，包括参加国际展会、开展广告宣传、建立销售渠道等。这些活动有助于提升企业在国际市场的知名度和影响力，吸引更多的潜在客户和合作伙伴。

同时，退税政策还鼓励企业积极开拓新兴市场，降低进入新兴市场的门槛和风险。在新兴市场中，企业往往需要投入更多的资源和精力进行市场调研和品牌推广。退税政策为企业提供了必要的资金支持，降低了这些活动的成本，使得企业能够更加灵活地应对市场变化，抓住市场机遇。

此外，退税政策还有助于企业建立多元化的国际销售网络。通过在不同国家和地区设立分支机构或代理商，企业可以更加便捷地接触当地客户和市场，了解当地的文化和消费习惯，从而提供更加符合市场需求的产品和服务。这种多元化的销售网络有助于企业分散市场风险，提高整体抗风险能力。

（四）风险管理：提升企业国际竞争力与抗风险能力

退税政策在提升企业国际竞争力和抗风险能力方面也发挥着重要作用。

首先，退税政策通过减轻企业的财务负担，增强了企业的资本储备和现金流稳定性。这使得企业在面对国际市场波动和不确定性时能够更加从容地应对，减少因资金链断裂而导致的经营风险。

其次，退税政策有助于企业优化财务结构，降低财务成本。通过合理利用退税资金进行债务偿还、资产重组或投资并购等活动，企业可以优化财务结构，降低融资成本，提高财务效益。这种财务优化有助于企业在国际市场上保持稳健的财务表现，赢得更多投资者的信任和支持。

最后，退税政策还有助于企业建立更加完善的内部控制和风险管理体系。通过加强财务管理和内部控制，企业可以及时发现和应对潜在的财务风险和市场风险，保障企业的稳健运营和可持续发展。这种风险管理能力的提升有助于企业在国际市场上树立更加稳健和可靠的企业形象，赢得更多客户和合作伙伴的信任和支持。

综上所述，退税政策在推动企业国际化布局中发挥着多方面的作用。通过提供资金支持、降低成本、扩展市场和加强风险管理等措施，退税政策有助于提升企业的国际竞争力和抗风险能力，推动其更好地融入全球化发展潮流中。

二、国际化进程中退税政策的适应性分析

在企业的国际化进程中，出口退税政策作为一项重要的财税支持措施，其适应性对于企业的全球布局和市场竞争力具有深远影响。以下从政策调整灵活性、行业差异性、企业成长阶段和国际贸易环境变化四个方面，对出口退税政策的适应性进行详细分析。

（一）政策调整灵活性：适应市场与企业需求变化

出口退税政策的灵活性是其适应企业国际化进程的关键。随着国际市场的不断变化和企业需求的多样化，出口退税政策需要保持高度的灵活性和可调整性，以快速响应市场变化和企业需求。政策制定者应根据国内外经济形势、产业结构升级及国际贸易环境的变化，适时调整退税商品范围、退税率及退税方式等，以确保政策能够持续有效地支持企业的国际化发展。

这种灵活性不仅体现在政策内容的调整上，还体现在政策执行和监管的灵活性上。税务部门应建立高效的退税审批机制，简化退税流程，缩短退税时间，降低企业退税成本。同时，加强对退税资金的监管，确保退税资金的安全和有效使用，防止退税资金的滥用和流失。

（二）行业差异性：满足不同行业的特定需求

不同行业在国际化进程中面临的市场环境、竞争态势及挑战各不相同，因此出口退税政策需要充分考虑行业差异性，制定差异化的退税政策。对于制造业等出口导向型行业，应给予较高的退税率和更广泛的退税商品范围，以减轻企业税负，增强其国际竞争力。对于农业、服务业等相对特殊的行业，应根据其行业特点和市场需求，制定专门的退税政策，以支持其国际化发展。

此外，还应关注新兴产业的崛起和传统产业的转型升级。对于新兴产业，如高科技产业、绿色能源产业等，应给予更多的税收优惠和支持，以促进其快速发展和国际化布局。对于传统产业，应通过退税政策引导其进行技术改造和产业升级，提高产品质量和附加值，从而增强其国际竞争力。

（三）企业成长阶段：伴随企业成长提供差异化支持

企业在国际化进程中会经历不同的成长阶段，从初创期到成熟期，每个阶段都面临着不同的挑战和需求。因此，出口退税政策应根据企业的成长阶段提供差异化的支持。在初创期，企业面临资金短缺、市场不确定性等挑战，此时应给予较高的退税支持，帮助企业渡过难关，快速打开国际市场。在成长期，企业应注重技术创新和品牌建设，此时退税政策应重点支持企业的研发投入和品牌推广活动。在成熟期，企业已具备一定的国际竞争力，退税政策应注重优化其财务结构和降低运营成本，以支持其持续稳健发展。

（四）国际贸易环境变化：应对外部挑战与机遇

国际贸易环境的变化对企业国际化进程产生深远影响，出口退税政策需要密切关注国际贸易环境的变化，及时调整和完善政策内容，以帮助企业应对外部挑战和抓住发展机遇。在国际贸易保护主义抬头、贸易摩擦加剧的背景下，退税政策应更加注重保护企业的合法权益，降低企业因贸易壁垒而增加的成本。同时，加强与其他国家和地区的贸易合作，推动自由贸易协定的签订和实施，为企业国际化提供更加有利的外部环境。

此外，退税政策还应关注国际贸易规则的变化和发展趋势。随着全球贸易体系的不断完善和国际贸易规则的日益严格，退税政策需要与国际规则相衔接，确保政策的合法性和有效性。同时，积极参与国际税收规则的制定和修订工作，为我国企业在国际税收领域争取更多的话语权和利益。

综上所述，出口退税政策在企业国际化进程中的适应性分析表明，政策需要保持高度的灵活性和可调整性，充分考虑行业差异性、企业成长阶段及国际贸易环境的变化，以制定更加精准、有效的退税政策，支持企业的国际化发展。

三、利用退税政策拓展海外市场的策略

在全球化背景下，出口退税政策作为企业国际化进程中的重要支持手段，对于拓展海外市场具有不可忽视的作用。以下从优化退税策略、强化财务管理、提升产品质量与品牌影响力及深化国际合作与市场布局四个方面，详细探讨如何利用退税政策有效拓展海外市场。

（一）优化退税策略，最大化退税效益

要充分利用出口退税政策拓展海外市场，企业首先需要深入研究和理

解退税政策的具体规定和操作流程，以优化退税策略，最大化退税效益。这包括关注政策动态，及时了解退税政策的变化和调整，确保企业始终享受最优的退税待遇。同时，企业应合理规划出口产品结构，选择退税比例较高的商品进行出口，以提高退税收益。此外，应加强与税务部门的沟通和合作，确保退税申请的准确性和及时性，避免因信息错误或延误导致的退税失败。

（二）强化财务管理，确保资金有效利用

退税资金的及时到账，为企业提供了宝贵的流动资金，对于支持企业海外市场的拓展至关重要。因此，强化财务管理，确保退税资金的有效利用，是企业拓展海外市场的重要策略之一。企业应建立完善的财务管理体系，对退税资金进行专项管理，确保资金的安全和合理使用。同时，合理规划资金的使用计划，将退税资金优先用于支持海外市场的营销推广、渠道拓展、产品研发等关键环节，以提高资金的使用效率。

（三）提升产品质量与品牌影响力，增强市场竞争力

退税政策虽能降低企业成本，但要想在海外市场取得长期成功，还需要依赖高质量的产品和强大的品牌影响力。企业应不断提升产品质量，加强技术创新和研发投入，以满足海外市场的多元化需求。同时，加强品牌建设和推广，提升品牌知名度和美誉度，以吸引更多海外客户。通过提升产品质量和品牌影响力，企业可以在海外市场中形成差异化竞争优势，增强市场竞争力。

（四）深化国际合作与市场布局，拓宽海外业务渠道

退税政策为企业拓展海外市场提供了有力支持，但要想实现海外市场的深度布局和可持续发展，还需要深化国际合作与市场布局。企业应积极寻求与海外合作伙伴的合作机会，共同开拓海外市场。通过与国际知名企业建立战略合作关系，借助其品牌影响力和市场渠道优势，快速进入海外市场并扩大市场份额。同时，企业还应根据海外市场的特点和需求，灵活调整市场布局和营销策略，以更好地适应市场变化并抓住市

场机遇。

此外，企业还应关注国际贸易规则和政策的变化趋势，及时调整海外市场的拓展策略。例如，随着《区域全面经济伙伴关系协定》（RCEP）等自由贸易协定的签署和实施，企业可以充分利用这些协定带来的贸易便利化措施和优惠政策，加强与协定成员国的经贸合作，进一步拓宽海外业务渠道并降低贸易成本。

综上所述，利用退税政策拓展海外市场需要企业在优化退税策略、强化财务管理、提升产品质量与品牌影响力及深化国际合作与市场布局等方面做出努力。通过综合运用这些策略措施，企业可以充分利用退税政策的优势资源，实现海外市场的快速拓展和可持续发展。

四、国际化进程中的退税风险管理

在企业的国际化进程中，出口退税政策作为一项重要的财税支持措施，虽能显著减轻企业负担并提升其国际市场竞争力，但同时也伴随着一系列的风险与挑战。有效管理这些风险，对于确保企业顺利享受退税政策红利，实现国际化战略目标至关重要。以下从退税政策理解与应用、内部风险控制体系构建、外部协同与沟通及持续监控与调整四个方面，深入分析国际化进程中的退税风险管理。

（一）退税政策理解与应用：确保精准无误

退税政策的理解与应用是退税风险管理的首要环节。企业需要深入研究并准确理解出口退税政策的各项规定、条件及操作流程，避免因政策理解偏差导致的退税申请失败或退税金额不符等问题。这要求企业设立专门的退税管理部门或岗位，负责跟踪政策动态，及时学习和掌握最新政策要求，确保企业在退税申请过程中能够精准无误地执行政策。

（二）内部风险控制体系构建：筑牢退税安全防线

构建完善的内部风险控制体系是降低退税风险的关键。企业应建立健全的退税单证管理制度，确保所有退税单证的真实性、完整性和合规性。

这包括加强对购货合同、海运提单、报关单等关键单证的审核与管理，确保单证之间的信息一致性和逻辑合理性。同时，企业应建立严格的内部审批流程，对退税申请进行多层把关，防止内部人员违规操作或失误导致的退税风险。此外，企业还应加强财务与税务部门的沟通与协作，确保退税数据的准确性和及时性，为退税申请提供有力支持。

（三）外部协同与沟通：打造良好退税环境

退税风险管理不仅限于企业内部，还需要与外部相关机构保持良好的沟通与协作。企业应积极与税务局、海关、外汇管理局等政府部门建立紧密的联系，及时了解政策变化和监管要求，确保退税业务的合规性。同时，企业应加强与供应商、货代公司等外部合作伙伴的沟通与协作，确保退税所需资料的完整性和准确性。通过建立顺畅的沟通机制和有效的合作模式，企业可以共同应对退税过程中可能遇到的风险和挑战，为退税业务的顺利进行创造良好的外部环境。

（四）持续监控与调整：确保退税政策适应性

退税政策并非一成不变，随着国内外经济形势和国际贸易环境的变化，退税政策也会相应调整。因此，企业需要对退税政策进行持续监控和评估，确保退税策略与政策要求保持高度一致。这要求企业应建立退税政策监控机制，定期收集和分析政策信息，评估政策变化对企业退税业务的影响，并及时调整退税策略以应对政策变化。同时，企业还需要对退税业务进行定期自查和审计，及时发现并纠正存在的问题和风险点，确保退税业务的合规性和稳健性。

综上所述，国际化进程中的退税风险管理需要企业从多个方面入手，包括准确理解与应用退税政策、构建完善的内部风险控制体系、加强外部协同与沟通及持续监控与调整退税策略等。通过这些措施的实施，企业可以有效降低退税风险，确保顺利享受退税政策红利，为国际化战略的顺利实施提供有力保障。

第三节　出口退税政策与产品创新和升级

一、退税政策对产品创新的激励作用

退税政策，特别是出口退税政策，在推动企业产品创新和升级方面发挥着至关重要的作用。以下从四个方面详细分析这一政策对产品创新的激励作用。

（一）降低企业成本，增强创新投入能力

退税政策通过直接减少企业的税负，显著降低了企业的运营成本。对于出口企业而言，出口退税政策能够有效减轻因缴纳增值税等税费而产生的资金压力，使得企业拥有更多的流动资金用于产品研发和创新。这种资金上的支持，使得企业能够加大在新技术、新材料、新工艺等方面的研发投入，进而推动产品的创新升级。具体而言，退税政策为企业提供了稳定的现金流，使得企业可以更加自信地投入到风险较高但潜力巨大的创新项目中，从而加速产品更新换代，提升市场竞争力。

此外，退税政策还通过改善企业的财务状况，增强了企业的融资能力。当企业的现金流充裕、盈利能力提升时，更容易获得银行和其他金融机构的贷款支持，进而为企业的创新活动提供更加坚实的资金保障。这种资金与资源的双重支持，为企业持续开展创新活动提供了强大的动力。

（二）优化资源配置，引导创新方向

退税政策在降低企业成本的同时，还通过政策导向作用，优化了企业内部的资源配置。政府通过调整退税比例和范围，可以引导企业向高技术、高附加值、绿色环保等方向进行创新。例如，对于符合国家产业政策和战略新兴产业导向的产品，政府可以给予更高的退税比例，从而激励企业加大在这些领域的研发投入。这种政策导向作用，有助于推动产业结构的优

化升级，促进经济的高质量发展。

同时，退税政策还通过影响市场需求和消费者偏好，间接引导了企业的创新方向。当出口产品在国际市场上获得退税支持后，其价格优势将更加明显，从而更容易被国际市场接受。这种市场需求的变化，将促使企业更加注重产品的质量和性能，进而推动企业进行技术创新和产品升级。

（三）提升市场竞争力，激发创新活力

退税政策通过降低出口企业的成本，提高了其产品的国际竞争力。在国际市场上，价格优势是企业赢得市场份额的重要因素之一。退税政策使得出口企业能够以更具竞争力的价格销售产品，从而扩大市场份额，提升品牌影响力。这种市场竞争力的提升，将激发企业更加积极地开展创新活动，以不断满足市场需求，保持竞争优势。

此外，退税政策还通过改善企业的财务状况，增强了企业的抗风险能力。在激烈的市场竞争中，企业面临着各种不确定性和风险。退税政策为企业提供了稳定的现金流和盈利空间，使得企业能够更好地应对市场波动和风险挑战，从而保持持续的创新活力。

（四）促进产学研合作，加速科技成果转化

退税政策不仅直接作用于企业本身，还通过促进产学研合作，加速了科技成果的转化和应用。政府通过退税政策鼓励企业与高校、科研机构等开展合作，共同进行技术研发和产品创新。这种合作模式有助于整合各方资源，实现优势互补，提高创新效率和质量。同时，退税政策还通过为合作项目提供资金支持，降低了合作门槛和风险，使得更多的企业愿意参与到产学研合作中来。

产学研合作的加强，将推动更多的科技成果转化为实际生产力，进而推动产业的创新升级。这种创新升级不仅体现在产品本身的技术含量和附加值上，还体现在企业的生产流程、管理模式等方面。通过不断优化和创新，企业将形成更加完善的创新体系，为持续的产品创新提供有力支撑。

综上所述，退税政策在推动企业产品创新和升级方面发挥着至关重要的作用。通过降低企业成本、优化资源配置、提升市场竞争力及促进产学

研合作等多方面的作用机制，退税政策为企业提供了强大的创新动力和支持保障。在未来的发展中，政府应继续完善和优化退税政策体系，以更好地发挥其在推动企业产品创新与升级方面的积极作用。

二、退税优惠与高新技术产品的发展

出口退税政策作为一项重要的财政激励措施，对高新技术产品的发展具有深远影响。以下从四个方面详细探讨退税优惠如何促进高新技术产品的创新与升级。

(一) 降低研发成本，促进技术创新

高新技术产品的研发往往需要大量资金投入，而出口退税政策通过退还出口商品在国内已缴纳的增值税、消费税等税款，直接降低了企业的生产成本和研发负担。这一政策优惠使得企业能够将更多资金投入到技术创新和产品研发中，加快新技术、新材料、新工艺的研发进程。同时，退税优惠还鼓励企业采用更加先进的生产设备和技术，提高生产效率和产品质量，从而在国际市场上获得更强的竞争力。这种正向循环不仅促进了高新技术产品的快速迭代，也推动了整个产业链的升级和发展。

(二) 引导资源配置，优化产业结构

出口退税政策通过调整退税比例和范围，能够引导社会资源向高新技术领域倾斜。政府可以根据国家产业政策和经济发展战略，对特定的高新技术产品给予更高的退税比例，从而吸引更多企业和资本进入这些领域。这种政策导向作用有助于优化产业结构，促进经济转型升级。同时，退税优惠还促进了产学研用深度融合，推动了科技成果的转化和应用。通过加强与高校、科研机构的合作，企业能够更快地获取前沿技术信息，加速技术成果的商业化进程，推动高新技术产品的不断创新和升级。

(三) 增强国际竞争力，拓展海外市场

在全球贸易竞争日益激烈的背景下，出口退税政策成为提升我国高新技术产品国际竞争力的重要手段。通过退还出口商品在国内缴纳的税款，

企业能够以更具竞争力的价格进入国际市场，扩大市场份额。这不仅有助于提升我国高新技术产品的国际知名度和品牌影响力，还能够带动相关产业链上下游企业的发展。此外，退税优惠还鼓励企业积极参与国际竞争和合作，通过引进先进技术和管理经验，不断提升自身的创新能力和管理水平。这种国际化的视野和合作方式，为高新技术产品的持续创新和发展提供了更加广阔的空间和机遇。

（四）促进可持续发展，实现绿色转型

随着全球环保意识的不断提高，绿色、低碳、环保已成为高新技术产品发展的重要趋势。出口退税政策可以通过对环保型高新技术产品给予更高比例的退税优惠，引导企业加大在绿色技术研发和环保产品生产方面的投入。这种政策激励有助于推动高新技术产业的绿色转型和可持续发展。同时，退税优惠还鼓励企业采用更加环保的生产方式和流程，减少能源消耗和环境污染，提高资源利用效率。这种绿色生产模式的推广和应用，不仅有助于提升我国高新技术产品的国际竞争力，还能够为全球环境保护和可持续发展做出积极贡献。

综上所述，出口退税政策在促进高新技术产品的发展与升级方面发挥着重要作用。通过降低研发成本、引导资源配置、增强国际竞争力和促进可持续发展等多方面的作用机制，退税优惠为高新技术产品的持续创新和发展提供了强有力的支持和保障。未来，随着全球贸易形势的不断变化和国内经济的持续发展，出口退税政策将继续发挥其独特优势，为高新技术产品的繁荣与兴盛注入新的活力和动力。

三、退税政策引导下的产品升级路径

出口退税政策作为政府调控经济、促进产业升级的重要手段，对引导企业产品升级具有显著影响。以下从四个方面详细阐述退税政策如何引导企业实现产品升级的路径。

（一）优化资源配置，聚焦高技术产品

退税政策通过差异化退税比例，鼓励企业向高技术、高附加值产品领

域倾斜资源。具体而言，政府对于符合产业升级方向、技术含量高的产品给予更高的退税比例，这使得企业在决策时更倾向于投资于这些领域。这种资源配置的优化，不仅促进了高技术产品的快速发展，也推动了企业内部的转型升级。企业通过加大在高技术产品上的研发投入，提升产品的技术含量和附加值，进而在国际市场上获得更强的竞争力。

同时，退税政策还促进了产业链上下游的协同发展。高技术产品的生产往往需要多个环节的紧密配合，退税政策通过降低整个产业链的成本，提高了产业链的运作效率。这有助于企业形成更加完善的产业链布局，实现上下游企业的互利共赢，共同推动产品升级。

（二）增强企业创新能力，推动技术创新

退税政策为企业提供了更多的资金支持，增强了企业的创新能力。企业在享受退税优惠的同时，可以将更多资金投入到技术创新和产品研发中。这不仅有助于提升产品的技术含量和附加值，还有助于企业形成自主知识产权和核心竞争力。技术创新是企业产品升级的重要驱动力，通过不断的技术创新，企业可以开发出更具市场竞争力的新产品，满足消费者日益多样化的需求。

此外，退税政策还促进了企业与高校、科研机构的合作。政府通过退税政策鼓励企业加强与高校、科研机构的产学研合作，共同开展技术研发和产品创新。这种合作模式有助于企业获取前沿技术信息，加速技术成果的转化和应用，从而推动企业产品的快速升级。

（三）提升产品质量与品牌形象，增强国际竞争力

退税政策通过降低企业成本，提高了产品的价格竞争力。然而，仅凭价格优势难以在国际市场上长期立足。因此，退税政策还引导企业注重提升产品质量和品牌形象。企业通过加强质量管理、提高生产标准、完善售后服务等方式，不断提升产品的质量和性能。同时，企业还注重品牌建设和营销推广，提升品牌知名度和美誉度。这些措施有助于企业在国际市场上树立良好的品牌形象，增强产品的国际竞争力。

退税政策还鼓励企业积极参与国际认证和标准制定。通过获得国际认

证和参与国际标准制定，企业可以提升自身在国际市场上的地位和影响力。这不仅有助于企业扩大市场份额和销售渠道，还有助于企业了解国际市场需求和趋势，为产品升级提供有力支持。

（四）促进产业结构优化升级，实现可持续发展

退税政策在引导企业产品升级的同时，也促进了产业结构的优化升级。政府通过调整退税政策的方向和力度，引导社会资源向高技术、高附加值、绿色环保等产业领域倾斜。这有助于推动传统产业的转型升级和新兴产业的快速发展，实现产业结构的优化升级。

同时，退税政策还鼓励企业加强环保投入和绿色生产。政府对于符合环保要求的产品给予更高的退税比例，这有助于激励企业采用更加环保的生产方式和流程，减少能源消耗和环境污染。这种绿色生产模式的推广和应用，不仅有助于提升企业的社会责任感和可持续发展能力，还有助于推动整个社会的绿色发展。

综上所述，退税政策在引导企业产品升级方面发挥了重要作用。通过优化资源配置、增强企业创新能力、提升产品质量与品牌形象及促进产业结构优化升级等多方面的作用机制，退税政策为企业产品升级提供了有力支持和保障。未来，随着全球贸易形势的不断变化和国内经济的持续发展，退税政策将继续发挥其独特优势，为企业产品升级和产业升级注入新的活力和动力。

第四节　出口退税政策与供应链优化

一、退税政策对供应链成本的影响

（一）降低企业成本，提升竞争力

出口退税政策作为国际贸易中的重要政策工具，直接作用于企业的成

本结构，对供应链成本产生深远影响。通过退还出口货物在生产和流通过程中已缴纳的增值税和消费税等税费，出口退税政策显著降低了企业的出口成本。这一政策优势使得出口企业在国际市场上能够以更具竞争力的价格销售产品，从而提升其市场份额和盈利能力。

具体而言，退税政策通过减少企业的税负，使得企业有更多的资金用于产品研发、市场拓展和技术升级，进而提升整个供应链的运营效率和质量。对于生产企业而言，退税政策能够直接降低其出口产品的成本，提高其在国际市场上的价格优势。同时，对于供应链中的贸易企业而言，退税政策也为其提供了更多的资金流动性，有助于其更好地管理库存、优化物流网络，并提升客户服务水平。

此外，退税政策还促进了供应链中的资金回流，缓解了企业的资金压力。特别是在全球经济不确定性增加的背景下，退税政策的及时性和有效性对于保障供应链的稳定运行至关重要。通过优化退税流程、提高退税效率，企业能够更快地获得退税资金，从而增强其抵御市场风险和应对突发事件的能力。

（二）促进供应链协同，提升整体效率

退税政策不仅直接作用于企业的成本结构，还通过促进供应链各环节的协同合作，提升了整个供应链的效率。在退税政策的激励下，供应链中的各个环节更加紧密地联系在一起，共同致力于降低成本、提高质量、缩短交货期等目标。

一方面，退税政策促进了生产企业和贸易企业之间的合作。生产企业通过向贸易企业提供具有竞争力的产品，并享受退税政策带来的成本优势，从而吸引更多的贸易企业与之合作。贸易企业则利用自身的渠道和客户资源，将产品销往国际市场，并帮助生产企业实现出口创汇。这种合作模式不仅降低了供应链的整体成本，还提高了供应链的响应速度和灵活性。

另一方面，退税政策还促进了供应链中的物流、金融等服务的协同发展。物流企业通过优化运输路线、提高装载率等方式降低物流成本；金融企业则通过提供融资、保险等金融服务支持企业的出口业务。这些服务的协同发展进一步降低了供应链的整体成本，提升了供应链的运作效率。

（三）优化资源配置，推动产业升级

退税政策在降低企业成本的同时，还通过优化资源配置推动了产业升级。在退税政策的引导下，企业更加注重技术创新和产品研发，以提升产品的附加值和市场竞争力。这种趋势促进了资源向高技术、高附加值产业流动，推动了产业结构的优化升级。

具体而言，退税政策鼓励企业增加对技术研发的投入，提高产品的技术含量和创新能力。同时，退税政策还促进了企业之间的技术交流和合作，推动了产业链上下游企业的协同发展。这种协同发展不仅降低了企业的研发成本和市场风险，还提升了整个产业链的竞争力。

此外，退税政策还促进了外资的引进和利用。通过降低外资企业的税负成本，退税政策吸引了更多的外资企业来华投资兴业。这些外资企业带来了先进的技术和管理经验，促进了国内产业的升级和转型。同时，外资企业的进入也加剧了市场竞争，推动了国内企业不断提升自身的竞争力和创新能力。

（四）增强企业抗风险能力，保障供应链稳定

在全球经济不确定性增加的背景下，退税政策为企业提供了重要的抗风险保障。通过降低企业的税负成本和资金压力，退税政策增强了企业的抗风险能力，使其能够更好地应对市场波动和突发事件。

一方面，退税政策为企业提供了稳定的现金流支持。在市场需求下降或价格波动较大的情况下，退税政策能够为企业提供及时的资金支持，帮助其稳定生产和经营。这种稳定的现金流支持有助于企业保持供应链的连续性和稳定性，避免因资金链断裂而导致的供应链中断风险。

另一方面，退税政策还促进了企业之间的合作与共赢。在退税政策的激励下，企业更加注重与供应链上下游企业的合作与协同，共同应对市场挑战和风险。这种合作与协同不仅降低了企业的运营成本和风险，还提升了整个供应链的抗风险能力。同时，退税政策还促进了企业与政府之间的沟通与协作，为企业提供了更多的政策支持和保障。

综上所述，退税政策对供应链成本产生了深远的影响。通过降低企业

成本、促进供应链协同、优化资源配置和增强企业抗风险能力等方面的作用，退税政策推动了供应链的优化升级和可持续发展。在未来的发展中，应继续完善和优化退税政策体系，以更好地发挥其在促进外贸发展、优化产业结构、提升国际竞争力等方面的积极作用。

二、利用退税政策优化供应链布局

（一）优化生产布局，实现资源高效配置

出口退税政策作为国际贸易中的重要激励措施，为企业优化生产布局提供了有力支持。通过合理利用退税政策，企业可以根据市场需求、成本结构和税收政策等因素，灵活调整生产布局，实现资源的高效配置。

首先，退税政策能够引导企业在具备税收优惠的地区设立生产基地。这些地区往往拥有较为完善的产业配套、较低的生产成本和便捷的物流条件，有助于企业降低生产成本，提高生产效率。企业可以充分利用退税政策带来的成本优势，将部分或全部生产环节转移至这些地区，实现生产布局的优化。

其次，退税政策还能促进企业间的合作与协同。在退税政策的激励下，企业更倾向于与供应链上下游企业建立紧密的合作关系，共同分享税收优惠带来的利益。这种合作与协同不仅有助于降低企业的交易成本，还能提升整个供应链的运营效率和质量。企业可以通过与供应商、分销商等合作伙伴的紧密合作，实现生产资源的共享和优化配置，进一步降低生产成本，提高市场竞争力。

（二）调整产品结构，提升出口竞争力

退税政策不仅影响企业的生产布局，还对企业的产品结构产生重要影响。通过合理利用退税政策，企业可以调整产品结构，提升出口产品的竞争力和附加值。

一方面，退税政策能够激励企业加大对高技术、高附加值产品的研发和投入。高技术、高附加值产品往往具有较高的出口退税率和市场竞争力，

能够为企业带来更高的利润和市场份额。企业可以通过增加对这类产品的研发和投入，提升产品的技术含量和附加值，从而在国际市场上占据更有利的位置。

另一方面，退税政策能引导企业关注市场需求的变化和趋势。企业可以根据市场需求和退税政策的变化，灵活调整产品结构，生产更符合市场需求的产品。例如，在退税政策对某些产品给予更高退税率的情况下，企业可以优先考虑生产这些产品，以满足市场需求并获得更多的退税优惠。

（三）优化物流网络，降低运输成本

退税政策在优化供应链布局中，还对企业的物流网络产生积极影响。通过合理利用退税政策，企业可以优化物流网络，降低运输成本，提高物流效率。

首先，退税政策能够激励企业选择更加经济、高效的物流方式。在退税政策的支持下，企业可以选择更加符合自身需求和成本效益的物流方式，如海运、铁路运输等，以降低运输成本并提高物流效率。同时，企业还可以与具备退税服务经验的物流合作伙伴建立长期合作关系，确保退税操作的便捷性和准确性。

其次，退税政策还能促进企业加强物流信息化建设。通过引入先进的物流信息技术和管理系统，企业可以实时掌握物流动态和库存情况，提高物流管理的精细化水平。这种信息化建设不仅有助于降低物流成本和提高物流效率，还能为企业提供更好的客户服务和市场响应能力。

（四）加强供应链管理，提升整体效益

退税政策在优化供应链布局中，最终目标是提升企业的整体效益和市场竞争力。通过加强供应链管理，企业可以充分利用退税政策的优势，实现供应链的优化和升级。

首先，企业需要加强供应链的协同管理。通过建立紧密的供应链合作关系和协同机制，企业可以确保供应链的顺畅运作和高效协同。这种协同管理不仅有助于降低企业的运营成本和提高运营效率，还能提升整个供应链的竞争力和抗风险能力。

其次，企业需要加强供应链的风险管理。在全球经济不确定性增加的背景下，供应链风险日益凸显。企业需要建立完善的供应链风险管理体系，对可能出现的风险进行预测和评估，并制定相应的应对措施。通过加强风险管理，企业可以确保供应链的稳定性和可持续性发展。

最后，企业需要注重供应链的可持续发展。在退税政策的支持下，企业可以更加注重供应链的环保和社会责任等方面的发展。通过推广绿色生产、节能减排等措施，企业可以降低供应链的环境风险和社会风险，提升企业的社会形象和品牌价值。同时，企业还可以积极参与国际标准和认证体系的建设，提高供应链的国际竞争力和可持续发展能力。

综上所述，退税政策在优化供应链布局中发挥着重要作用。通过合理利用退税政策，企业可以优化生产布局、调整产品结构、优化物流网络和加强供应链管理等方面的工作，实现供应链的优化和升级。这将有助于企业降低生产成本、提高运营效率和市场竞争力，实现可持续发展。

三、退税政策促进供应链协同与整合

（一）强化供应链各环节的协同关系

出口退税政策作为国际贸易中的一项重要激励措施，其核心作用不仅在于直接降低企业的税负成本，更在于通过政策引导，强化供应链各环节的协同关系。退税政策促使企业更加注重与供应商、生产商、分销商等合作伙伴之间的紧密合作，以实现资源的高效配置和成本的共同降低。

在退税政策的激励下，供应链上下游企业开始建立更加紧密的合作关系，通过信息共享、协同计划和联合库存管理等手段，提高供应链的透明度和协同效率。这种协同关系不仅有助于降低企业的运营成本，还能提升供应链的响应速度和灵活性，以更好地应对市场变化和客户需求。

（二）促进供应链的垂直整合与水平协作

退税政策在促进供应链协同的同时，也推动了供应链的垂直整合与水平协作。垂直整合指的是企业通过收购、兼并等方式，将供应链中的上下游环节纳入自身管理体系，以实现对供应链全程的控制和优化。而水平协作则是指企业之间在供应链同一环节或相似环节上的合作，通过共享资源、共同研发等方式，提升整个供应链的竞争力和创新能力。

退税政策通过提供税收优惠，降低了企业进行垂直整合和水平协作的成本和风险。企业可以更加积极地寻求与供应链上下游企业的合作机会，通过整合和协作，实现资源的优化配置和成本的共同降低。这种整合与协作不仅有助于提升企业的市场竞争力，还能促进整个产业链的升级和发展。

（三）优化供应链资源配置，提升整体效率

退税政策在促进供应链协同与整合的过程中，还优化了供应链的资源配置，提升了整体效率。退税政策通过降低企业的税负成本，使得企业有更多的资金用于技术研发、市场拓展和供应链优化等方面。这些资金的投入不仅有助于提升企业的核心竞争力，还能推动供应链各环节的技术升级和效率提升。

在退税政策的引导下，企业开始更加注重供应链资源的优化配置。通过引入先进的生产技术和管理手段，企业提高了生产效率和产品质量；通过优化物流网络和库存管理，企业降低了运输成本和库存成本；通过加强供应链信息化建设，企业提高了信息共享和协同管理的水平。这些措施共同作用于供应链，提升了整体效率和竞争力。

（四）推动供应链可持续发展，增强抗风险能力

退税政策在促进供应链协同与整合的过程中，还注重推动供应链的可持续发展和增强抗风险能力。随着全球经济的不断发展和市场环境的不断变化，供应链面临着越来越多的挑战和风险。为了应对这些挑战和风险，企业需要建立更加稳定、可靠和可持续的供应链体系。

退税政策通过提供税收优惠和资金支持，鼓励企业加强供应链的可持续发展建设。企业可以投入更多资金用于环保技术的研发和应用、节能减排项目的实施及社会责任的履行等方面。这些投入不仅有助于提升企业的社会形象和品牌价值，还能增强供应链的抗风险能力和可持续发展能力。

同时，退税政策还促进了供应链中各环节之间的风险共担和利益共享

机制的建设。通过加强合作与协同，企业可以共同应对市场风险、汇率风险、供应链中断等挑战，降低单一环节的风险对整个供应链的影响。这种风险共担和利益共享机制有助于提升供应链的稳定性和可靠性，为企业的长期发展提供有力保障。

综上所述，退税政策在促进供应链协同与整合方面发挥着重要作用。通过强化供应链各环节的协同关系、促进供应链的垂直整合与水平协作、优化供应链资源配置及推动供应链可持续发展等措施，退税政策有助于提升供应链的整体效率和竞争力，为企业的长期发展提供有力支持。

四、供应链优化中的退税合规性考量

在全球化贸易环境中，出口退税政策作为企业减轻税负、增强竞争力的重要手段，与供应链优化紧密相连。然而，在追求供应链效率与成本优化的同时，确保退税操作的合规性同样至关重要。以下从四个方面详细分析供应链优化中退税合规性的考量。

（一）退税政策理解与适用准确性

企业在享受出口退税政策时，首要任务是深入理解并准确适用相关政策。退税政策的复杂性要求企业应具备高度的税务专业知识，确保所有退税申请均符合法律法规的要求。这包括准确界定退税范围、计算退税金额、提交必要的申报材料等环节。任何对政策理解的偏差或适用上的不当，都可能导致退税申请被拒绝或面临税务处罚的风险。

为了确保退税政策的准确适用，企业应加强与税务机关的沟通与交流，及时获取最新的政策解读和指导意见。同时，企业还应建立完善的内部培训机制，提升财务、税务等相关人员的专业素养和操作能力，确保退税工作的顺利开展。

（二）供应链交易真实性与合规性审查

退税政策的享受以真实的出口交易为基础。因此，在供应链优化过程中，企业必须加强对交易真实性和合规性的审查。这要求企业建立健全的内部控制体系，对供应链各环节的交易进行严格把关，确保所有交易均符合法律法规和商业惯例的要求。

具体而言，企业应对供应商的选择与管理、采购合同的签订与执行、货物的出口报关与运输等环节进行全面监控，确保交易的真实性和合规性。同时，企业还应建立完善的档案管理系统，妥善保存与退税相关的各类凭证和资料，以备税务机关的核查。

（三）税务筹划的合法性与合理性

在供应链优化中，企业往往会通过税务筹划来降低税负成本。然而，税务筹划必须在合法合规的前提下进行，任何以逃避税收为目的的筹划行为都将面临严重的法律后果。

企业在进行税务筹划时，应充分考虑法律法规的约束和税务风险的防控。筹划方案应基于真实的商业目的和合理的商业安排，避免采用虚假交易、虚构成本等违法手段来谋取不当利益。同时，企业还应密切关注税收政策的变化和税务机关的监管动态，及时调整和优化筹划方案，确保其合法性和有效性。

（四）退税流程的规范性与效率性

退税流程的规范性和效率性直接关系到企业退税资金的及时到账和税务风险的防控。因此，在供应链优化中，企业应注重退税流程的规范化和标准化建设，确保退税操作的准确性和高效性。

具体而言，企业应建立完善的退税管理制度和操作流程，明确各部门和岗位的职责和权限，确保退税工作的有序开展。同时，企业还应引入先进的信息化技术手段，如电子税务局、智能退税系统等，提高退税申报的自动化水平和处理效率。此外，企业还应加强与税务机关的沟通与协作，及时了解退税进度和反馈意见，确保退税工作的顺利进行。

总之，供应链优化中的退税合规性考量是企业不可忽视的重要环节。企业应在享受退税政策带来的红利的同时，严格遵守法律法规的要求，加强内部控制和风险管理，确保退税操作的合规性和有效性。只有这样，企业才能在激烈的市场竞争中保持稳健的发展态势和良好的企业形象。

第五节　出口企业税务筹划与退税策略

一、企业税务筹划的基本原则

企业税务筹划，作为企业管理的重要组成部分，旨在通过合法合规的方式优化税务结构，降低税收负担，从而提升企业经济效益。其基本原则包括以下几个方面：

1.合法性原则

合法性原则是企业税务筹划的基石。任何税务筹划活动都必须在遵循国家税收法律法规的前提下进行，确保筹划方案的合法性和有效性。企业在进行税务筹划时，应深入研究《税法》条款，确保筹划措施不触及法律红线，避免因此产生的法律风险。

2.事前筹划原则

事前筹划原则强调税务筹划的预见性和前瞻性。企业应在经济活动发生前，根据《税法》规定和自身经营特点，制订科学合理的税务筹划方案。这种提前规划不仅有助于企业更好地控制税收成本，还能为企业的发展提供有力的税务支持。

3.目标性原则

目标性原则要求企业在进行税务筹划时，必须明确筹划的目标和预期效果。这包括降低税负、优化税务结构、提高资金利用效率等多个方面。企业应根据自身实际情况和长远发展规划，制定符合自身利益的税务筹划目标，并通过科学的方法和手段实现这些目标。

4.全局性原则

全局性原则强调税务筹划的整体性和系统性。企业在进行税务筹划时，应充分考虑各种税种、各种税务政策之间的相互影响和制约关系，从全局出发，制订综合性的筹划方案。同时，企业还应关注国内外税收政策的变化趋势，及时调整和完善筹划方案，确保筹划活动的持续性和有效性。

二、退税政策在税务筹划中的应用

退税政策是国家为鼓励特定行业或地区发展而制定的一种税收优惠措施。在税务筹划中，合理利用退税政策可以有效降低企业的税收负担，提高企业的经济效益。

1.深入了解退税政策

企业应密切关注国家发布的退税政策信息，深入了解政策的适用范围、申请条件和退税比例等关键要素。通过深入研究政策内容，企业可以精准把握政策导向，为制订退税筹划方案提供有力支持。

2.合理规划出口业务

对于出口企业而言，合理利用出口退税政策是降低税收负担的重要途径。企业应根据市场需求和自身产能情况，合理规划出口业务规模和产品结构。通过优化出口业务布局，企业可以最大限度地享受出口退税政策带来的税收优惠。

3.加强与税务机关的沟通

退税政策的实施涉及多个环节和部门，企业需要与税务机关保持密切的沟通和联系。通过与税务机关的沟通交流，企业可以及时了解退税政策的最新动态和具体操作流程，确保退税申请工作的顺利进行。

三、制定高效的退税筹划策略

制定高效的退税筹划策略是企业实现退税目标的关键。以下是一些具体的策略建议：

1.精准把握退税政策要点

企业应对退税政策的各项要点进行深入分析和研究，确保在筹划过程中能够精准把握政策导向和具体要求。这有助于企业制订更加科学合理的退税筹划方案，提高退税申请的成功率。

2.优化退税申请流程

企业应不断优化退税申请流程，提高申请效率和质量。这包括完善退税申请资料、加强内部审核和审批流程、提高与税务机关的沟通协调效率等方面。通过优化流程，企业可以缩短退税周期，降低退税成本。

3.加强风险防控

退税筹划过程中存在一定的风险和挑战。企业应建立健全风险防控机制，加强风险评估和预警工作。通过及时发现和应对潜在风险点，企业可以确保退税筹划活动的顺利进行和退税资金的安全回收。

四、税务筹划与退税策略的合规性审查

税务筹划与退税策略的合规性审查是确保筹划活动合法合规的重要环节。以下是一些具体的审查要点：

1.审查筹划方案的合法性

企业应对税务筹划方案进行全面深入的合法性审查。这包括检查筹划方案是否符合国家税收法律法规的要求、是否存在偷税漏税等违法行为等方面。通过合法性审查，企业可以确保筹划方案的合法性和有效性。

2.审查退税申请资料的真实性

退税申请资料的真实性是退税审核的重要依据。企业应对退税申请资料进行全面细致的真实性审查。这包括检查资料是否齐全、准确、真实可靠等方面。通过真实性审查，企业可以确保退税申请工作的顺利进行和退税资金的合法回收。

3.加强内部控制和审计

企业应建立健全内部控制和审计机制，加强对税务筹划和退税活动的监督和管理。通过加强内部控制和审计工作，企业可以及时发现和纠正存在的问题和不足，确保税务筹划和退税活动的合规性和有效性。同时，企业还应加强对员工的《税法》培训和教育，提高员工的《税法》意识和合规意识。

第十一章　结论与展望

第一节　研究总结

一、研究问题的回顾与总结

本研究聚焦于外贸企业出口退税这一核心议题，旨在深入探讨其运行机制、影响因素、政策效果及优化策略。随着全球经济一体化的深入发展，出口退税作为促进国际贸易、增强出口企业竞争力的重要手段，其重要性日益凸显。然而，在实际操作中，出口退税政策执行效率、退税额度确定、退税流程简化等问题成为制约外贸企业发展的重要因素。因此，本研究通过文献综述、案例分析、数据统计分析等方法，全面梳理了出口退税的现状、问题与挑战，以期为政策制定者和外贸企业提供有价值的参考。

二、主要研究发现与结论

（1）政策效应显著：研究发现，出口退税政策对外贸企业出口规模的扩大具有显著的正向促进作用，有效降低了企业出口成本，提高了产品在国际市场上的竞争力。

（2）退税流程复杂：当前出口退税流程涉及多个政府部门和环节，信息不对称、审批周期长等问题普遍存在，影响了退税效率和企业资金周转。

（3）风险防控机制不健全：部分外贸企业在享受退税政策的同时，也面临着骗税、虚报出口等违法行为的诱惑，而现有的风险防控机制尚不完善，难以有效遏制此类行为。

（4）政策差异影响企业决策：不同行业、不同地区间的出口退税政策存在差异，这种差异在一定程度上影响了企业的出口产品结构、市场布局及战略决策。

（5）数字化转型需求迫切：随着信息技术的快速发展，利用大数据、云计算等先进技术优化退税流程、提高退税效率成为外贸企业的迫切需求。

三、研究过程中的创新点与亮点

（1）多维度分析框架：本研究构建了包括政策环境、企业行为、市场反应等多维度的分析框架，全面审视了出口退税政策的综合效应。

（2）实证数据支撑：通过收集大量外贸企业的出口退税数据，运用统计模型进行实证分析，使研究结论更具说服力和科学性。

（3）案例深度剖析：选取典型外贸企业作为案例，深入剖析其出口退税过程中的具体问题与解决方案，为其他企业提供可借鉴的经验。

（4）政策建议具体化：针对研究中发现的问题，提出了具有针对性和可操作性的政策建议，为政策制定者提供了参考依据。

四、对理论和实践的贡献与意义

（1）理论贡献：本研究丰富了出口退税领域的理论研究，为理解出口退税政策的传导机制、评估政策效果提供了新的视角和工具。

（2）实践指导：通过揭示出口退税过程中的实际问题与改进方向，为外贸企业优化退税管理、提高出口效率提供了实践指导。

（3）政策优化：研究成果为政策制定者提供了关于完善出口退税政策、简化退税流程、加强风险防控等方面的具体建议，有助于提升政策的有效性和针对性。

（4）促进国际贸易：优化出口退税政策有助于增强我国外贸企业的国际竞争力，促进国际贸易的健康发展，为我国经济的高质量发展贡献力量。

第二节　展望与建议

一、未来出口退税政策的可能发展方向

在未来，出口退税政策将继续作为国家支持外贸发展的重要手段，其发展方向将紧密围绕国际贸易环境的变化和国内经济发展的需求进行调整。

首先，政策将更加注重灵活性和针对性，以应对复杂多变的国际贸易形势。随着全球经济一体化的深入和贸易保护主义的抬头，出口退税政策需要更加灵活地调整退税率、退税范围等关键要素，以支持重点行业、重点企业和重点市场的出口。同时，针对不同类型、不同规模的外贸企业，政策将实施差异化支持，确保政策红利能够精准落地。

其次，政策将更加注重数字化和智能化发展。随着信息技术的不断进步，数字化和智能化将成为未来出口退税政策的重要特征。通过构建数字化退税平台、利用大数据和人工智能技术优化退税流程、提高退税效率，将大大降低企业的退税成本和时间成本，提升企业的国际市场竞争力。此外，数字化手段还能有效增强退税政策的透明度和监管能力，防范骗税等违法行为的发生。

再次，政策将更加注重绿色和可持续发展。在全球气候变化和资源环境约束日益加剧的背景下，绿色和可持续发展已成为各国政策制定的重要考量因素。未来出口退税政策将更加注重对绿色产品和环保技术的支持，通过提高绿色产品的退税率、降低环保技术的退税门槛等方式，引导外贸企业向绿色化、低碳化方向发展，推动实现经济与环境的双赢。

最后，政策将更加注重国际协调和合作。在全球化的今天，国际贸易已经不再是单一国家的事情，而是需要各国共同参与和协作的过程。未来出口退税政策将更加注重与国际规则和标准的对接，积极参与国际退税制度的改革和完善，推动形成更加公平、透明、可预测的国际贸易环境。同

时，加强与主要贸易伙伴的沟通和协调，共同应对贸易保护主义等挑战，维护全球贸易的稳定和发展。

二、外贸企业在退税政策调整下的应对策略

面对未来出口退税政策的调整，外贸企业需要积极应对，制定科学合理的策略以应对政策变化带来的挑战和机遇。

首先，企业应密切关注政策动态，及时了解退税政策的最新变化和要求。通过参加政策解读会、咨询专业机构等方式，确保对政策有全面准确的理解，为制定应对策略提供有力支持。

其次，企业应优化内部管理，提高退税效率。通过完善退税管理流程、加强内部培训和指导等方式，确保退税工作的规范化和标准化。同时，加强与税务部门的沟通和协调，及时解决退税过程中遇到的问题和困难，确保退税资金的及时到位。

再者，企业应注重产品创新和转型升级。在退税政策调整的背景下，外贸企业需要更加注重产品创新和转型升级，提高产品的附加值和市场竞争力。通过加大研发投入、引进先进技术和管理经验等方式，不断提升产品的技术含量和品质水平，以满足国际市场的多样化需求。

最后，企业应积极拓展国际市场，分散出口风险。在全球化贸易环境中，单一市场的出口风险较大。外贸企业应积极拓展国际市场，实现出口市场的多元化和分散化。通过参加国际展览会、建立海外销售网络等方式，加强与国外客户的沟通和合作，提高出口市场的稳定性和可持续性。

三、对政策制定者的建议与启示

针对未来出口退税政策的制定和实施，政策制定者需要充分考虑国内外经济形势的变化和外贸企业的实际需求，制定科学合理、具有前瞻性的政策。

首先，政策制定者应加强政策调研和评估工作，深入了解外贸企业的实际情况和需求，确保政策能够精准对接企业的痛点和难点问题。

其次，政策制定者应注重政策的稳定性和可预期性。政策的频繁变动会给外贸企业带来较大的不确定性和风险。因此，政策制定者应在制定政策时充分考虑其稳定性和可预期性，避免政策出现"朝令夕改"的情况。同时，通过加强政策宣传和解读工作，提高政策的透明度和公信力。

再次，政策制定者应加强与国际规则的对接和协调。在全球化的今天，国际贸易规则日益复杂多变。政策制定者应加强与国际组织和主要贸易伙伴的沟通和协调，积极参与国际退税制度的改革和完善工作，推动形成更加公平、透明、可预测的国际贸易环境。

最后，政策制定者应注重政策的创新和引领作用。面对复杂多变的国际贸易形势和国内经济发展的需求变化，政策制定者应不断创新政策思路和方法手段，推动出口退税政策向数字化、智能化、绿色化等方向发展。同时，通过加强政策宣传和引导工作，激发外贸企业的创新活力和发展潜力，推动外贸实现高质量发展。

第三节　研究局限与未来研究方向

一、研究过程中存在的局限与不足

在深入探讨外贸企业出口退税的研究过程中，尽管我们力求全面、深入地剖析其机制与影响，但仍不可避免地存在一些局限与不足。

首先，数据获取的限制是本研究面临的一大挑战。尽管我们尽力收集了广泛的数据样本，但由于数据公开的时效性、完整性和准确性等方面的限制，部分分析结果可能未能完全反映实际情况。此外，不同企业间的数据差异较大，数据标准化和可比性处理上存在一定难度，这可能对结论的普适性造成一定影响。

其次，研究方法的局限性也值得关注。本研究主要采用了文献综述、数据统计分析等方法，这些方法在揭示出口退税政策的基本规律和趋势方面发挥了重要作用，但在深入探讨政策效果的微观机制、企业行为背后的动因等方面存在不足。未来研究可考虑引入更多的质性研究方法，如深度访谈、案例分析等，以获取更加丰富、深入的研究素材。

再次，研究视角的单一性是本研究的一个局限。本研究主要聚焦于出口退税政策本身及其对企业出口行为的影响，而对其他相关政策、市场环境、企业能力等外部因素的关联分析相对较少。实际上，出口退税政策的效果往往受到多种因素的共同影响。因此，未来研究应更加注重跨学科、多角度的综合分析，以全面把握出口退税政策的复杂性和多样性。

最后，研究结论的时效性需要关注。由于国际贸易环境和国内政策环境的不断变化，本研究所得结论的适用性可能受到一定限制。因此，未来研究应持续关注政策动态和市场变化，及时对研究结论进行更新和完善。

二、未来研究可以拓展的领域与方向

未来研究在出口退税领域有着广阔的拓展空间。

首先，可以进一步细化研究对象和范围。例如，针对不同行业、不同类型、不同规模的外贸企业进行分类研究，以揭示其在出口退税政策下的差异化表现和应对策略。同时，也可以将研究范围拓展至不同国家和地区，探讨不同政策背景下的出口退税实践及其效果。

其次，可以加强政策效果的微观机制研究。通过引入更多的质性研究方法和技术手段，如行为经济学、实验经济学等，深入剖析政策如何影响企业的出口决策、生产行为、市场开拓等方面，以及这些影响背后的心理、经济和社会动因。

再次，可以关注出口退税政策的长期效应和动态变化。现有研究多集中于政策短期效果的评估，而对政策长期效应的跟踪和评估相对较少。未来研究应加强对政策长期效应的跟踪和评估工作，以揭示政策效果的持续性和稳定性。同时，也可以关注政策动态变化对企业行为和出口绩效的影响，以提供更为全面、深入的政策建议。

最后，可以加强跨学科、国际化的合作研究。出口退税问题涉及多个学科领域和多个国家或地区，需要跨学科、国际化的合作研究来共同应对。

未来研究应加强与经济学、管理学、政治学等相关学科的交叉融合，以及与国际组织和国外研究机构的合作与交流，共同推动出口退税领域的研究和发展。

三、提升研究深度与广度的建议

为提升出口退税研究的深度与广度，建议从以下几个方面入手：一是加强数据收集和处理能力。通过构建完善的数据收集和处理体系，提高数据的时效性、完整性和准确性，为深入研究提供坚实的数据基础。二是引入更多的研究方法和技术手段。如采用大数据分析、机器学习等先进技术手段对海量数据进行深度挖掘和分析；采用质性研究方法对企业行为进行深入剖析等。三是加强跨学科合作与交流。通过跨学科、国际化的合作与交流，共同探讨出口退税问题的复杂性和多样性；通过借鉴其他学科的理论和方法来丰富和完善研究框架和思路。四是注重实践导向和政策建议的针对性。在研究过程中应密切关注政策动态和市场变化；在提出政策建议时应充分考虑其实用性和可操作性；通过与企业、政府等利益相关方的沟通与合作来推动研究成果的转化和应用。

四、跨学科合作与国际化研究的展望

跨学科合作与国际化研究是推动出口退税领域研究发展的重要途径。未来研究应更加注重跨学科之间的合作与交流；通过借鉴不同学科的理论和方法来拓展研究视野和思路；通过跨学科团队的共同努力来攻克复杂的研究难题。同时，也应加强与国际组织和国外研究机构的合作与交流；通过参与国际学术会议、合作项目等方式来拓宽国际视野；通过分享研究成果和经验来推动全球范围内出口退税研究的共同进步和发展。此外，还应注重培养具有国际视野和跨文化交流能力的研究人才，通过加强人才培养和引进工作来提高我国在该领域的研究水平与国际竞争力。

参考文献

[1]陈宗智.出口退税实务[M].上海：立信会计出版社，2012.

[2]段从军.进出口税收和出口退税实务与案例[M].北京：中国市场出版社，2016.

[3]国家税务总局货物和劳务税司.全国出口退（免）税操作实务[M].北京：中国税务出版社，2017.

[4]何海东.出口退税会计实训[M].沈阳：东北财经大学出版社，2018.

[5]焦建平，徐静.外贸企业会计实务[M].北京：中国市场出版社，2009.

[6]刘计华，张轲，唐建民.外贸企业财务综合实训[M].武汉：华中科技大学出版社，2020.

[7]万顾钧，公华.外贸会计[M].上海：立信会计出版社，2020.

[8]王文清，陈东康.现行出口退（免）税实务指南[M].上海：立信会计出版社，2018.

[9]温伟雄.外贸全流程攻略：进出口经理跟单手记[M].北京：中国海关出版社，2014.

[10]翁佩君.出口退税技巧[M].北京：中国海关出版社，2008.

[11]徐玉树，罗玉芳.外贸企业免抵退税实务：经验·技巧分享[M].北京：中国海关出版社，2016.

[12]徐玉树，罗玉芳.外贸企业免退税实务：经验·技巧分享[M].第2版.北

京：中国海关出版社，2020.

[13]徐玉树.生产企业免抵退税实务：经验·技巧分享[M].第2版.北京：中国海关出版社，2013.

[14]杨芬，章雁峰.外贸跟单实务[M].北京：北京理工大学出版社，2020.

[15]应志雄.企业全新税收优惠政策汇编与解读[M].北京：中国法制出版社，2019.

[16]周朝勇.外贸企业出口退（免）税常见错误解析100例[M].北京：中国海关出版社，2013.